東アジア
梵鐘生産史の研究

五十川 伸矢

岩田書院

序　　言

　　大晦日の年越し番組で梵鐘をゴーンと撞き鳴らす善男善女が映し出されたら、ほどなくして家族にあけましておめでとうをいう、これが日本人の年始まりの儀式である。梵鐘は、いまや一般の人々には、季節を知らせる道具としてしか機能していないのかもしれないが、かつては仏教に欠くことのできない音響をかもしだす道具であり、鐘声が長く続いて遠くまで聞こえることが重要だとされてきた。

　　この梵鐘と筆者とのかかわりは長く、その研究の経緯は本書に詳しく記したが、これまでに寺社を訪ねて見学させていただいた日本鐘、はるか海を越え車を飛ばしてたどりついた博物館に安置されていた中国鐘・朝鮮鐘には、それぞれに思い出がつきまとって忘れられないことが多い。そして、所在地がどんな遠隔の地であっても、ここまで来て良かった、この梵鐘を見られて良かったと思わないことは一度もない。

　　日本の鐘では、古代の梵鐘には風格があり、中世の梵鐘には優雅さがある。しかし、筆者は考古学を研究しているので、その個性の輝きを、様式と技術という二つの側面でとらえようとする作業を十年近く続けてきた。もちろん、先学坪井良平氏のような総合的体系的な研究にはとうてい到達できず、ただ重箱の隅をつついているのにすぎないが、大型鋳物である梵鐘を、どのように作ったのだろうという素朴な疑問を、問題意識の根底に据えておこなってきた検討結果を整理し、本書に書き付けた。読者の皆様には、忌憚なきご批判とご意見をたまわりたいと思う。

　　なお、本書の刊行にあたっては、京都橘大学学術刊行物出版助成をうけた。関係各位に謝意を表したい。

　　また、貴重な至宝梵鐘の見学をおゆるしいただいた寺社や文化財機関の関係者の皆様には、厚くお礼を申し上げたい。

　2015年6月22日　　　　　　　　　　　　　　　　　　　　　五十川　伸矢

例　言

1　本書は、東アジアに生成展開してきた梵鐘について、坪井良平氏が解明された研究成果を確認するとともに、新しい資料と新しい視点も追加して検討した結果を考察したものである。

2　新しい資料とは、中国に現存する唐鐘をはじめとする中国古鐘の実物資料のことを指す。これらの古鐘資料については、これまで多くの研究者が注目してきたが、様式と技術の両面にわたる十分な調査はまだまだおこなわれていない。本書では、筆者が中国各地にでかけて古鐘の観察をおこなった結果を報告して検討をおこなう。

3　新しい視点とは、梵鐘製作における造型（鋳型作り）と鋳造（溶金注入）の技術に関して鋳造遺跡・梵鐘の実物を対象にして、鋳鐘民俗技術を参考にしながら、様々な角度から検討をおこなったことである。

4　参考文献・参考資料の提示について、本書では複雑なことをしているので注意されたい。すなわち、梵鐘の鋳造遺跡や個々の梵鐘資料に関する参考文献・参考資料は、資料を解説した部分の末尾または一覧表に記した。そのほかの梵鐘研究に関する参考文献として引用あるいは参照したものは、本文中に［著者名・編者名　発表年］の形式であらわし、巻末の参考文献に著者・編者別にまとめて記載した。

5　参考文献など、現代の資料に関するものの年代は、すべて西暦年号で表記した。その他の歴史的な年代表記は、東アジア各国の紀年表記や干支を先にあげ、その後の括弧内に西暦年数を併記した。

6　謝辞を、巻末の参考文献の後に記したが、お世話になった方々は、あまりにも多いため、十分な記述ができていない。本当に申しわけなく思っており、例言に記してご寛恕を願う次第である。

7　本書は、全編にわたって、挿図や罫表を版面の適切と思われる位置に割り付けたのちに、余った基本版面に文章を埋めてゆくという方法によって作成した。つまり、レイアウトをしながら製作していった。図書としての体裁がまずいところがあるならば、それは、すべて筆者のエディトリアル・センスの欠如によるものである。

東アジア梵鐘生産史の研究　目　次

第1章　梵鐘研究への招待─────────────────────────1
　Ⅰ　梵鐘とはどんなものか───────────────────────1
　　　東アジアの梵鐘[1]・梵鐘の部分名称[2]・梵鐘の様式と技術[2]
　Ⅱ　梵鐘研究の軌跡─────────────────────────4
　　　坪井良平氏による梵鐘の様式研究[4]・梵鐘鋳造遺跡の調査研究[5]・鋳鐘民俗の研究[6]・
　　　鋳鐘技術の調査研究[7]・様々な研究方法の総合化[10]・調査研究の国際化[10]・
　　　本書の構想と読み方[11]・鋳造技術関連用語解説（1）・（2）・（3）[12・14・15]

第2章　梵鐘鋳造遺跡────────────────────────17
　Ⅰ　日本の梵鐘鋳造遺跡───────────────────────17
　　　鋳造遺跡から何がわかるか[17]・鋳造土坑の構造と鋳造技術[18]・
　　　鋳型から復原できる技術と様式[24]・送風装置と溶解炉[28]
　Ⅱ　中国・韓国の梵鐘鋳造遺跡─────────────────────36
　　　中国の梵鐘鋳造遺跡[36]・韓国の梵鐘鋳造遺跡[39]・日本の梵鐘鋳造遺跡との比較[40]
　Ⅲ　梵鐘鋳造の造型技術の変化────────────────────42
　　　梵鐘鋳造技術の再検討[42]・梵鐘鋳造土坑のジョウと内型・外型との組合せ[44]・
　　　民俗技術との比較検討[48]・技術変化の意義[48]
　Ⅳ　鋳造遺跡からみた梵鐘生産────────────────────50
　　　梵鐘鋳造の場の立地[50]・古代の梵鐘鋳造の操業形態[52]・中世の梵鐘鋳造の操業形態[53]

第3章　日本鐘の様式と技術───────────────────────55
　Ⅰ　日本鐘の様式─────────────────────────55
　　　撞座の位置の低下[55]・龍頭の方向と撞座の配置[56]・時代を代表する様式[56]
　Ⅱ　日本鐘の技術─────────────────────────58
　　　鋳型分割[58]・湯口系[60]
　Ⅲ　古代的梵鐘の成立展開と中世的梵鐘の生成過程────────────62
　　　技術からの検討[62]・古代～中世の鋳型分割[76]・古代～中世の湯口系[78]・
　　　古代的梵鐘の成立展開と中世的梵鐘の生成過程[80]
　Ⅳ　関東物部姓鋳物師の梵鐘づくり──────────────────82
　　　関東物部姓鋳物師の梵鐘[82]・物部姓鋳物師による梵鐘の技術[86]
　Ⅴ　丹治姓鋳物師の梵鐘づくり────────────────────88
　　　丹治姓鋳物師の梵鐘[88]・丹治姓鋳物師による梵鐘の技術[92]
　Ⅵ　日本古代中世の鋳鐘生産─────────────────────94
　　　古代鋳鐘生産と「空白の二世紀」[94]・中世河内鋳物師[95]・中世鋳物師の遍歴[95]

iii

第4章　中国鐘の様式と技術 ———————————————————97

I　中国鐘の調査研究 ———————————————————97
日本における中国鐘研究[97]・中国における中国鐘研究[98]・
北京大鐘寺古鐘博物館[100]・中国鐘の調査[102]

II　陳鐘の様式と技術 ———————————————————108
奈良国立博物館蔵陳鐘ＣＨ①の様式[108]・奈良国立博物館蔵陳鐘ＣＨ①の技術[108]

III　唐鐘の様式と技術 ———————————————————110
唐鐘資料集成[110]・唐鐘の銘文[126]・唐鐘の様式と技術[130]

IV　唐代以降元代の中国鐘の様式と技術 ———————————————————134
唐代以降元代の中国鐘資料[134]・唐代以降元代の中国鐘の様式と技術[150]

第5章　朝鮮古鐘の様式と技術 ———————————————————157

I　朝鮮古鐘の調査研究 ———————————————————157
これまでの研究と課題[157]・朝鮮古鐘の技術の調査[158]

II　朝鮮古鐘の様式と技術 ———————————————————164
新羅鐘[164]・高麗前期鐘[170]・高麗後期鐘[175]

III　朝鮮古鐘の鋳鐘技術 ———————————————————176
韓国に現存する鋳鐘技術[176]・鋳鐘技術の研究視点[176]・朝鮮古鐘の造型と鋳造[178]・
朝鮮古鐘と日本鐘との関連[180]・大鐘と少女献身伝説[180]

第6章　鋳鐘民俗の世界 ———————————————————183

I　日本の鋳鐘民俗 ———————————————————183
現代日本の梵鐘づくり[183]・西澤梵鐘鋳造所の鋳鐘技術[184]・
日本の鋳鐘民俗の特徴[188]

II　中国の鋳鐘民俗 ———————————————————190
中国の鋳鐘民俗調査[190]・『天工開物』にみえる鋳鐘技術[191]・
温廷寛氏が紹介した華北軍区の鋳鐘技術[194]・中国の鋳鐘民俗技術の聞き取り調査[196]・
中国の鋳鐘民俗に関する写真資料・映像資料[198]・中国の鋳鐘民俗の特徴[200]

III　南屏晩鐘の鋳造 ———————————————————202
梵鐘の設計プラン[202]・梵鐘の造型技術[203]・銅合金の溶解と鋳込み[210]・結語[211]

IV　韓国の鋳鐘民俗 ———————————————————212
鋳鐘技術の基本[212]・梵鐘の製作工程[212]・韓国の鋳鐘民俗の特徴[215]

V　絵で見てわかる梵鐘鋳造技術 ———————————————————216
鋳造遺跡・鋳物生産の民俗例からの技術の視覚化[216]・鋳造状況の解説図[216]・
技術解明のために描く[218]

第7章　梵鐘をめぐる東アジア文化交流————————221
　Ⅰ　日本鐘成立の経緯————————————221
　　　日本鐘の成立[221]・中国鐘と朝鮮古鐘[222]
　Ⅱ　日本鐘の展開と定型化への道————————224
　　　日本鐘の展開と定型化[224]・国風文化と定型化[224]・東アジア梵鐘文化の交流[225]
　Ⅲ　混淆型式鐘の意味—————————————226
　　　混淆型式鐘と模倣鐘[226]・日本の古洋鐘[228]・様式と技術の混淆型式鐘[229]
　Ⅳ　東アジア文化交流の世界———————————230
　　　東アジア梵鐘文化に関する研究会[230]・
　　　東アジア梵鐘文化における伝播・混淆・伝統そして文化的景観[232]

参考文献——————————————————————234

謝　　辞——————————————————————240

研究助成補助金・出版助成補助金————————————241

あとがき——————————————————————242

論文の初出一覧————————————————————244

要約（英文・中文・ハングル）———————————245

第1章　梵鐘研究への招待

　今から三十数年前、筆者は、青年後期から壮年前期にかかろうとしていたころで、京都大学埋蔵文化財研究センターに勤務し、京都大学キャンパスの遺跡調査にあたっていた。そして、1981～1982年に、1・2回生に対する教養教育をおこなっていた殺伐とした教養部キャンパスにおいて、吉田食堂新営のために1716㎡の面積の発掘現場を担当することとなった。上層から順に近世・中世と遺物包含層を掘り下げてゆくと、古代の遺構として、一辺約2mの四角い穴2個とやや小さめの穴1個を検出した。これらの遺構が、梵鐘鋳造に関わるものであることを当時の埋蔵文化財研究センター長の樋口隆康教授がするどく確認された。これが筆者と梵鐘とのはじめての出会いであり、その後の研究の原点ともなった。

　それでは、梵鐘とは普段なじみの少ない読者にも親近感がもてるように、東アジアに分布する梵鐘とは、どんなものかを解説することから、本書をはじめることとしたい。

Ⅰ　梵鐘とはどんなものか

（1）　東アジアの梵鐘

　日本においては、寺の鐘楼に吊されて、朝夕の勤行や大晦日に定期的に鳴らされている鐘のことを、我々は梵鐘と呼んでいる。それは読んで字のごとく仏教に使用される鐘の意であり、寺院に不可欠な梵音具として大切に保存されてきた。そして、時を知らせる鐘として寺院周辺の共同体の運営のためにも活用され、戦時には陣鐘として、軍勢の進退や陣中の合図のために鳴らされた。こうした多様な用途をもった梵鐘を、生産という側面から検討してみたい。

　中国においては、仏教寺院の梵鐘（仏鐘）のほかに、道教の鐘（道鐘）・朝廷の鐘（朝鐘）・時刻を告げる鐘（更鐘）があり、仏教の鐘と道教の鐘をまとめて、寺観鐘と呼ぶこともある。しかし、これらの鐘には、造型上からみて違いが認められないとされている［全2000 p19］。そこで本書では、多様な用途の違いを気にせず、東アジアにおいて展開した、これらの鐘全体を梵鐘という名称で一括して取り扱うこととする。

　東アジアには、この梵鐘が分布するが、日本で生産使用されたものを日本鐘、中国のものを中国鐘と呼ぶこととし、和鐘や支那鐘という言葉は使用しない。また、韓国に所在する梵鐘を韓国鐘と呼ぶことがあるが、朝鮮半島において、これまでに製作されてきた梵鐘を朝鮮鐘あるいは朝鮮古鐘と表記することとする。このほか、東南アジアにも個性をもった梵鐘があって、中国鐘と関連をもっているが、それについては中国鐘を検討する際に少し言及する。

（２） 梵鐘の部分名称（図１）

　梵鐘とは、どのようなものなのかを知るためには、坪井氏の提唱による日本鐘の部分名称を頭にいれなければならない。まず、梵鐘の全体を鐘体、天井部を除いた円筒形の部分を鐘身と呼ぶ。鐘体の最上部を構成する天井部の笠形には、龍頭（蒲牢）がつく。鐘身部の紋様の基本構成は袈裟襷であり、それを表現するための構成要素として上帯・中帯・下帯・縦帯を配置している。そして、袈裟襷という紋様の基本構成要素の上帯・中帯・下帯によって生じた空間として、乳の間・池の間・草の間、そして駒の爪があり、特定の部分に配置する特徴のある紋様構成単位として、乳と撞座がある［坪井1970 pp15-20］。これら日本鐘の部分名称は、最初は難しいと感じられるかもしれないが、梵鐘がどのようなものかを知れば、当を得たものであることがわかるであろう。なお、中国における梵鐘の部分名称は、日本鐘の呼称とはやや異なっている［庾2014 p35］。本書では、中国鐘の部分名称を、日本鐘の部分名称にならったものにした。朝鮮鐘については、坪井氏の使用された名称にしたがった。日本鐘や中国鐘は、鐘身の空間を縦横の区画によって整理し、その中に必要な構成要素を充塡するが、朝鮮鐘の鐘身は、上帯と下帯の間の広い空間に、乳郭・撞座や天人などの単位紋様を一定の原則に沿って、独立して配置する点で大きく異なっている。

（３） 梵鐘の様式と技術

　梵鐘をどのようにみるかは、それぞれの人々の梵鐘に対する関心のもちかたや、その得意とする分析方法によって異なっていてしかるべきであるが、筆者は、日本鐘を様式と技術の二つの要素によってとらえる。

　まず、梵鐘の様式とは、梵鐘の鐘体の寸法や形態、鐘体の表面に付されている凹凸の装飾、および文字による銘文など、梵鐘の外形を形成している数多くの装飾的な要素の集合体をいう。これらの装飾的な要素は、次に述べるように、坪井良平氏が、日本鐘や朝鮮鐘について網羅的に資料を集成され、その梵鐘の特徴として抽出された基本的な要素である。

　一方、梵鐘の技術とは、鐘体を形成している金属材料、溶解した金属を流しこむ対象としての鋳型を作る造型方法、常温では固体の金属を高温に熱して液体に変化させて鋳型に流しこむ鋳造方法など、梵鐘を製作する時の製作技術に関わる様々な要素である。

　なお、中国語では、上記の様式は「形制」あるいは「造型」、技術は「工芸」という言葉で表現されている。さらに、それらを総合した概念として「風格」や「作風」という用語もある。

　そして、個々の梵鐘資料に対して、基本的に坪井氏が解明された様式の研究に導かれながら、技術の視点から新たに梵鐘を観察して検討をおこない、その時期や製作者の流派の違いなどを再検討し、梵鐘生産の歴史や、生産に関わった鋳造工人について考えてゆく。

第1章　梵鐘研究への招待

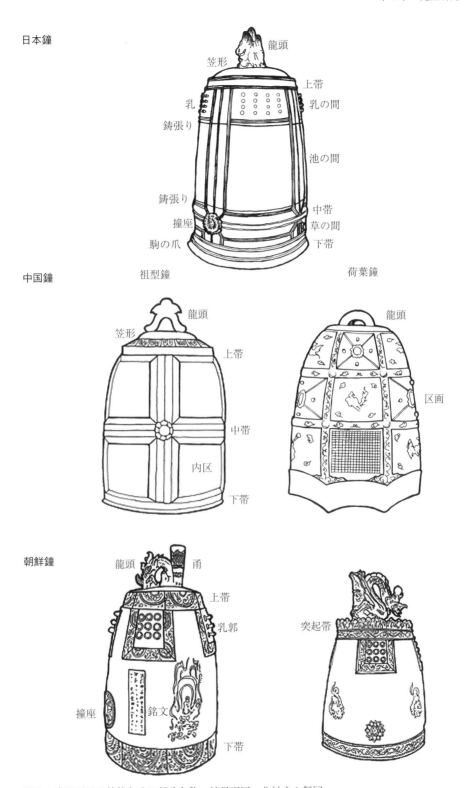

図1　東アジアの梵鐘とその部分名称　縮尺不同　北村まや製図

Ⅱ　梵鐘研究の軌跡

（1）　坪井良平氏による梵鐘の様式研究

　　坪井良平氏による梵鐘研究の公開は、古くは1939年に刊行された『慶長末年以前の梵鐘』（『東京考古学会学報』第2冊）であり、これは、約四百の日本鐘をもとにして、梵鐘の形状と装飾の変遷・銘文・梵鐘変遷の示す時代相を詳説したものであった。その後、1970年に刊行の『日本の梵鐘』（角川書店）では、梵鐘研究の歴史・種類と形状および部分名称・起源・用途・銘文・鋳造・各時代の梵鐘の特徴・梵鐘の鋳物師について論述し、各種の年表・一覧表・索引が付載されており、日本鐘研究の総括となっている。また、『日本古鐘銘集成』（角川書店）と奈良国立文化財研究所の杉山洋氏の編集による『梵鐘実測図集成』上下2巻（奈良国立文化財研究所史料37・38）の両者の刊行によって、梵鐘の銘文と梵鐘実測図が公開され、研究を刺激することとなった。このほか朝鮮鐘に関しては『朝鮮鐘』（角川書店）、奈良文化財研究所飛鳥資料館編『新羅鐘・高麗鐘拓本実測図集成』が公刊され、多数の論考が『歴史考古学の研究』（ビジネス教育出版社）、『梵鐘と考古学』（同）、『梵鐘の研究』（同）に収録されている。

　　さて、坪井良平氏による梵鐘の研究成果については、本書の以下の各章で詳しくとりあげる予定であるが、その研究の特徴は、以下のように整理できるだろう。

①坪井氏の研究は、梵鐘の様式を中心とする研究であり、伝統的な金石文研究によって銘文を読み解き、特徴ある装飾部分を比較して、年代や流派を推定している。

②実物観察にとどまらず、梵鐘の考古学的な実測図を作成し、それにもとづいて多数の梵鐘を比較し、数値的な資料をもとに検討をすすめている。

③日本鐘の生産は、中国南部の梵鐘の様式を継承したものが7世紀に開始されたが、日本鐘の様式は、その成立以後、平安時代の展開をへて、鎌倉時代にかけての12～13世紀ごろに定型化したことを明らかにしている。

④古代において梵鐘生産を担った鋳造工人はわからないことが多いが、中世になると梵鐘銘文によるほか、銘文のないものでも様式的特徴から、各地に本拠地を置いた鋳物師を特定できることを解明した。かれらは、鋳鉄鋳物の鍋釜も生産する有力な鋳物師であることが多く、次の近世へと継続的に展開するものもあった。

　　坪井良平氏の梵鐘研究が、基本的に梵鐘の様式を中心とするものであったと上に記したが、坪井氏は、本書に述べる梵鐘の鋳造遺跡・鋳鐘民俗技術・鋳鐘技術についても、深い関心をもっておられたことは確実である。とくに、梵鐘鋳造遺跡や出土鋳型に関する論文を執筆されており［坪井1977・1983］、発掘調査中の京都大学教養部構内ＡＰ22区に、わざわざ足をお運びいただき、検出したばかりの生々しい鋳造土坑の遺構と出土した鋳型を見学されたことは、今なお筆者の記憶に明瞭に残っている。

（2）　梵鐘鋳造遺跡の調査研究

　前述の京都大学キャンパスの鋳造遺跡のうち、鋳造土坑ＳＫ257は、極めて良好な遺存状態を保っており、当時の埋蔵文化財研究センター主任であった泉拓良氏の的確な指導によって、多くの情報を提供したが、この土坑を発見した1980年代には、埋蔵文化財調査が全国で活発に実施されており、各地で梵鐘鋳造遺跡が調査されつつあった。これに対して1982年7月10日に京都府埋蔵文化財調査研究センターが主宰して「梵鐘鋳造遺構の現状とその諸問題」と題する研修会が開催され、各地の梵鐘鋳造遺跡の調査実例が紹介されるにいたった［京都府埋文センター1982］。これによって、梵鐘は、どのように作られたのかという、これまでにはなかった新しい課題が提出されて、歴史時代の各種の鋳物生産技術の検討という新たな研究領域を生み出すことになった。

　当時、弥生時代以降歴史時代にわたる、金属加工の歴史を考古学的に解明するという課題を追究してきた研究者グループとして、広島大学に本拠を置く、たたら研究会が高い成果を提出していた。しかし、たたら研究会は、鋼鉄の製錬・精錬・鍛冶に関する金属加工技術を主たる研究対象としており、銅合金や鋳鉄の鋳造技術に関心をもつ研究者は多くはなかった。そこで京都造形芸術大学の内田俊秀氏と筆者が世話人代表となり、1991年に鋳造遺跡研究会を設立し、鋳造遺跡の研究という新しい研究分野を開拓することとなった。研究会は、毎年秋期に関西で開催してきたが、2015年で25回を数える。初期の研究会では、鋳造遺跡の発掘調査を担当した調査担当者が出土鋳型を会場に持ち寄り、その鋳型から何を作ったのかを検討するという製品認定が頻繁におこなわれた［五十川2000b］。こうした検討作業や研究報告を積み重ねることによって、考古学的発掘調査を担当する全国の調査機関の研究者の間に、鋳造遺跡の鋳造土坑などの遺構や出土鋳型への理解が次第に浸透して、梵鐘鋳造に関する情報も常識化してゆくこととなった。

　その後、鋳造遺跡研究会は、鋳造遺跡の研究報告や鋳型の製品認定にとどまらず、鋳造関連の伝世遺物・出土遺物の研究、鋳物生産に関する民俗例の研究、鋳物製品の材質や構造などを解明するための文化財科学研究、実験的な手法による鋳造技術の復原研究など、多岐にわたる分野の研究を公開する活動をおこなっており、広く鋳物生産の歴史についての総合的な研究をおこなう組織として、課題を解決し、さらに新たな研究課題を提出している。

　この研究会が始まって25年間に、最も頻繁にとりあげられているテーマが、梵鐘鋳造遺跡であり、いまでは常識となっている梵鐘鋳造土坑の底型（ジョウ）の遺構や掛木の痕跡の解釈を真剣に検討してきた。もしもジョウや掛木という用語に興味をもたれた読者がおられたなら、鋳造土坑における梵鐘鋳造状況の解説図の一案を、本章の15頁に掲載したので、参照していただき、挿図の少ない本章を読みすすめてゆく憂さを晴らしていただきたい。

（3） 鋳鐘民俗の研究

　梵鐘の鋳造遺跡の発掘調査を担当した筆者は、梵鐘がどのようにして作られているかを知る
ために、梵鐘生産をおこなっている鋳物生産工場を訪ね、職人諸氏から鋳物製作の技術の話を
聞くことができた。こうした鋳鐘民俗は、鋳造遺跡で検出された鋳造土坑をはじめとする遺構、
鋳型や溶解炉などの出土遺物を、どのように解釈したらよいかを考える手かがりとなった。

　鋳造遺跡が全国で数多く発見された1980年代以降、民俗学の研究者による鋳物生産の民俗例
の調査研究がすすんだ。たとえば石野律子さんが伯耆倉吉の鋳物師斎江家の鋳物生産を現地に
住み込んで調査し作成した報告『倉吉の鋳物師』は、全編にわたって鋳型・道具や作業手順を
中心とする鋳造技術を、美しい線画で描き、技術の内容を文章で詳しく解説した傑作である。
梵鐘鋳造についても詳しい記載があり、多くのページが割かれている［倉吉市教委1986］。

　その後、滋賀県湖東や大阪府枚方市においても鋳物生産工場の民俗学的調査がおこなわれ、
その調査を主体的に担ったのが、枚方市文化財研究調査会に勤務されていた吉田晶子さんで
あった。とりわけ、吉田さんが報告された滋賀県蒲生郡五個荘町三俣(現東近江市)の西澤梵鐘
鋳造所における古式の梵鐘作り技術は、過去の鋳鐘技術を復原するために有効であり、現地の
工場で操業状況を参観した関係者は感嘆した。当時、筆者は、鋳物生産の民俗技術を鋳造遺跡
の遺構や遺物の解釈に、どのように利用できうるかという課題に取り組んでおり、吉田さんに
「民俗例と鋳造遺跡」というテーマで書いてもらい［吉田2003］、鋳造遺跡研究に参考となる
鋳物生産の民俗例一覧も作成した［吉田・五十川2003］。吉田さんの鋳鐘民俗技術の総括は
『国立民族学博物館研究紀要』29-1（2004年）に掲載された「梵鐘鋳型の造型方法」である。

　その後、2006年12月に北京にある大鐘寺古鐘博物館を訪問した時に、学芸員の庾華女史から
「江蘇揚州伝統鋳鐘技術小記」という鋳鐘民俗報告のコピーを拝領し、筆者は中国の鋳鐘民俗
調査を思い立った。そして、庾華女史や北京芸術博物館の韓戦明氏との学術交流をとおして、
吉田さんとともに中国各地の鋳鐘工人との聞き取り調査を実施した。それらのなかには、日本
の鋳鐘技術とかなり類似するものがあることがわかり、中国鐘の鋳鐘技術は日本鐘とは違った
ものだという思い込みが打破されて、日本と中国の梵鐘生産の歴史を考えなおすことになった。
しかし、吉田晶子さんは、不慮の事故によって2013年3月20日に逝去されてしまい、中国から
ベトナム・韓国へと、東アジア鋳鐘民俗の調査研究を展開する夢はとだえた［五十川2013c］。

　鋳物工場の民俗学的調査では、技術にとどまらず、民俗例にあらわれた鋳造工人の操業形態
や組織形態、あるいは鋳造工人集団の社会的な動向に関しても、注意をはらうべきであろう。
ただし、民俗例の示す世界は、前近代社会の到達点である近世（江戸時代）末の社会像を示す
のが限界であり、それ以前の中世や古代の社会のありかたを考察する材料とは、かならずしも
ならないという指摘もあり、その利用法には今後の検討課題が多い。

（4） 鋳鐘技術の調査研究

　幸いなことに、これまでに筆者は、十分な時間をかけて古代と中世の梵鐘の調査をおこなう機会を２回にわたって与えられて、梵鐘の様式と技術に関する観察を遂行することができた。その一つは、京都大学文学部考古学研究室が滋賀県蒲生郡竜王町所在の雪野寺跡の発掘調査にあたり、1992年２月に龍王寺所蔵の奈良時代の梵鐘について、京都大学文学部の学生とともに梵鐘の様式と技術の観察をおこなうよう依頼されたことである［五十川1992a］。もう一つは、京都大学大学院文学研究科が実施した京都市山科区の安祥寺の調査にあたって、2005年８月に安祥寺が所蔵する鎌倉時代の梵鐘について、京都大学大学院文学研究科生とともに梵鐘の様式と技術の観察をおこなうように依頼されたことである［五十川2006a］。ともに数日間にわたり熱心な学生達とともに梵鐘と対面して、拓本と実測図の作成にあたり、鋳造技術の観察をおこなって、梵鐘を様式と技術の両面から、分析することができた（図２・３）。

　龍王寺鐘は、坪井氏の研究によって、銘文は付されていないが、その様式から日本の初期鐘であることが判明しており、安祥寺鐘は、大阪市中央部にあたる渡辺の地にあった安曇寺鐘として、中世前半期に鋳物生産の中核を担った河内の鋳物師によって製作されたものであることが解明されていた。そして、両者を比較した結果、古代の梵鐘と中世の梵鐘の様式上の違いを理解できたばかりでなく、驚いたことには、鋳型分割のありかたや湯口系の痕跡の個数や位置など、鋳鐘技術が異なることを知った。時代が違うために、この違いが生じたのか、また製作した鋳造工人（鋳物師）の違いが示されているのかなど、様々な疑問がたちまちわきおこり、その解決のために日本鐘の実物を定量的に観察してゆくという作業を開始することとなった。これら二口の梵鐘調査の機会を与えていただいた京都大学の関係各位には、深甚の感謝の意を表する次第である。

　当時、個々の梵鐘について実物観察によって、造型（鋳型製作）と鋳造（溶湯注入）の技術を詳しく読みとるという作業は、集約的・定量的にはほとんどおこなわれていなかったので、2006年の春以降、奈良・平安・鎌倉の各時代に属する古代中世の日本鐘について、所蔵の寺院を訪ねて、鐘身上に残る鋳張りから鋳型分割のありかたを確認し、笠形上に残る突起状痕跡を探して湯口系を確定するという作業を筆者は続けてきた。そして、鋳鐘技術を整理してゆくと梵鐘の鋳型分割や湯口系にも、梵鐘の様式と同じように時代的な変遷があり、製作にあたった鋳造工人（鋳物師）の流派の違いがあらわれている可能性があると考えた。また、梵鐘の様式の研究と同様に、紀年や鋳造工人（鋳物師）の銘のない梵鐘でも、技術による分類によって、時期や製作集団を推定することも不可能ではないと考えるようになった［五十川2006b］。

　さらに、日本鐘の技術の調査研究と並行し、中国鐘・朝鮮鐘についても、坪井良平氏による様式の研究成果を確認するとともに、鋳型分割と湯口系を検討する作業をすすめてきた。

図2　滋賀県竜王町龍王寺鐘の様式と技術 ［五十川1992a］

第1章 梵鐘研究への招待

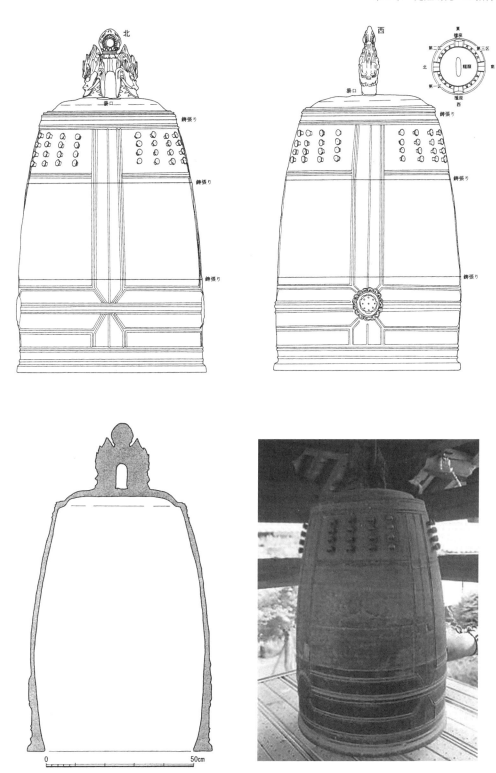

図3 京都市山科区安祥寺鐘の様式と技術［五十川2006a］

（5）　様々な研究方法の総合化

　上に述べた様々な研究方法は、それぞれ専門性の高い個別の調査法に支えられた研究であるために、その専門分野の研究者によって担われている場合が多い。しかしながら、個別分野における研究成果が、別々に提出公開されるだけではなく、関連づけられて総合化される方向で諸研究が積み重ねられることが必要である［五十川2004］。たとえば、著者がおこなってきた梵鐘の製作技術を復原するための主要な方法としては、以下の三つがある。

①梵鐘の実物の肉眼観察による技術的な痕跡の確認

②梵鐘鋳造遺跡の検出遺構と出土遺物の調査研究

③梵鐘作りの鋳物工房の民俗学的調査研究

　そして③の民俗学研究で実際におこなわれた鋳鐘作業と、できあがった梵鐘製品の痕跡とを照合し比較検討してはじめて、①の実物観察による判断を確信することができる。また、③の鋳鐘民俗と②の鋳造遺跡との比較検討により、鋳造遺跡を解釈することができる。このように各種の研究方法を関連づけることによってはじめて、より確かな判断へと総合化してゆくことができると考える。次ページの図4を参照されたい。

（6）　調査研究の国際化

　日本鐘の観察をおこなって、その技術がすこしずつみえてきたころに、筆者が目指したのは日本鐘が、いつごろ、どのようにして、中国鐘からわかれて成立したのかという課題の探求であり、それを解明するためには中国の唐代の梵鐘の様式と技術を確認する必要があった。

　唐鐘の調査には、関西国際空港から、北京・上海・広州というような中国のハブ空港に飛び、さらに、そこから中国の国内航空線に乗り換えて、省都あるいは省の主要都市の空港に到着し、さらに、そこから数100kmも離れた現地にやっと到達するという場合が多く、そこは私にとって僻遠の地と感じられた。唐鐘が、そうした地に残っているということにも大きな意味があるのだろう。この地理的遠さのために、唐鐘資料の現地調査は時間的にも経費的にもたいへんだったが、現存する唐鐘の大半を調査し、さらに宋元の梵鐘も検討した［五十川編2013・2014］。

　しかし、後述のように、日本鐘の淵源を求める旅は、著者をさらに朝鮮半島へと誘うこととなった。つまり、中国鐘ばかりではなく朝鮮鐘も視野に入れて、日本鐘の成立や展開を考えるという課題があらわれた。とくに朝鮮鐘について、筆者の学習は日が浅く、その様式に関する理解も不十分である。ただし、朝鮮鐘は日本国内に所在する資料も多いので、それらの技術を中心に観察をした結果を本書では検討する。かくして筆者の梵鐘調査は国際化していったが、日本の歴史的な文物の研究には、少なくとも東アジア的な視点を欠くことができないことを、しみじみ思い知らされた。

第1章　梵鐘研究への招待

①梵鐘の実物の肉眼観察による技術的な痕跡の確認
　造型（鋳型作り）技術　引き目・鋳張り・活け込み
　鋳造（金属注入）技術　湯口・揚り・鋳造欠陥

②梵鐘鋳造遺跡の検出遺構と出土遺物の調査研究
　遺構　鋳造土坑・ジョウ・掛木痕跡・柱穴
　遺物　鋳型（内型［中子］・外型）・溶解炉

③梵鐘作りの鋳物工房の民俗学的調査研究
　製作工程の観察
　職人からの聞き取り

図4　様々な研究方法の関連づけと総合化

（7）　本書の構想と読み方

　本書においては、坪井氏が解明された日本鐘の様式の変容過程を、さらに検討して確認するとともに、日本鐘の技術の諸要素にも注目して技術系統の違いや時代的変化を検討することを第一の研究目標とする。次に、日本鐘の淵源をさぐるために、中国鐘や朝鮮鐘の様式と技術を調査して、唐から宋元にいたる中国鐘の様式と技術、新羅・高麗の朝鮮鐘の技術系統と時代的変化を詳しく検討する。そして、日本鐘の成立と変容過程と中国鐘・朝鮮鐘の変容過程を比較し、影響関係を検討してゆきたい。そこに、日本と中国・朝鮮半島の間の東アジア文化交流の姿の一断面がみえてくるはずである。

　こうした構想のもとに追究課題を設定しているが、梵鐘の鋳造遺跡・日本鐘の様式と技術・中国鐘の様式と技術・朝鮮鐘の様式と技術・鋳鐘民俗の世界という順に、分析対象と分析方法の異なる様々な研究に関する記述をおこなうことによって、上記の研究目標にむかって検討をすすめてゆくこととする。

　読者のみなさんは、それぞれの興味にしたがって、どの部分から読み始めていただいても、まったく自由であるが、梵鐘の製作技術という特殊な世界になじめず、慣れぬ用語と戦うことにがまんならないむきには、第6章の鋳鐘民俗のあたりから読み始めて、具体的な鋳鐘技術に触れて梵鐘の鋳造がどんなものかを理解いただいた段階で、気になる部分に自由に転進されるという読み方もお勧めしたい。さらに、本書の実体を最も早道で知りたいと思う読者の方々はあとがきの周辺をご覧いただきたい。著者の本音に近いところを、短く正直に吐露しておいたからである。また、英文による論考も参照されたい［Isogawa2014］。

　さて、梵鐘製作技術をご理解いただくために、鋳造技術関連用語解説として、（1）鋳造技術に関する一般的な用語・（2）鋳鐘技術に関する基本用語・（3）鋳造工人に関する基本用語を、以下の本章末尾に、その要点を整理して詳細に解説しておいたので、深い興味をもつ各位は、参照されたい。

鋳造技術関連用語解説（１）　鋳造技術に関する一般的な用語

1　用語の問題点

　一般に使用されている鋳物の製作技術に関わる用語は、かならずしも整理されたものである
とはいえない。たとえば、①石型、②原型、③蠟型、④引型、⑤合わせ型は、すべて「型」で
終わる用語なのであるが、①は石製の鋳型、②は製品とほぼ同じ形態と大きさの模型（原形）、
③は②の模型（原形）のうち蠟で製作したもの、④は回転体の鋳物の鋳型を作る場合に用いる
道具、⑤は複数の鋳型を組合せること、あるいは、それらの鋳型を、それぞれ意味している。
つまり、同じ「型」で終わる用語なのに「型」の意味が異なる。そこで、以下のように整理し
て使うこととする。

2　用語の整理（図５）

　日本では、明治以降に生砂を用いて鋳型を作る生型法（greensand casting）の導入までは、
主として真土（fine clay）と呼ばれる鋳物砂で鋳型を製作する真土型法によって、鋳物製品が
製作されてきた。真土を使って鋳型を製作する時にも様々な方法があり、原形を製作する場合
と原形を作らない場合があるが、鋳物の勉強をはじめたころの筆者は、この複雑な用語の解釈
にたびたび難儀した記憶がある。どのようにして鋳型を製作するかに関しては、以下で詳細に
解説する。

　まず、鋳型（mold）は、材質によって石製鋳型、土製鋳型と呼び分けて、とくにことわら
ないかぎり外型を示す。中実（ムクsolid）の製品以外では、内型（中子core）が必要であり、
それは通常は土製である。内型や外型の端部には、中子を支持するための幅木（core print）が
もうけられている場合がある。これは製品には反映しない部分である。鋳型には、全体がほぼ
同質の砂土で形成されているものばかりでなく、ベースとなっている部分と製品の表面と接触
する部分とで土の成分が異なっており、いわば二重構造のものがある。そのベースの粘土質の
部分が粗型であり、表面の部分の細かい砂と粘土の混合部が真土で構成されている。

　原形(pattern)を砂や粘土に埋め込んで空間を作り、そこへ溶湯（molten metal）を注入する
方法を、込め形法（solid pattern process）と呼ぶこととする。「型」という字を避けているこ
とに注意していただきたい。原形には、木製原形、土製原形、金属製原形、蠟製原形がある。
とくに、蠟製原形（wax pattern）を使った込め形法を、失蠟法（lost wax process）と呼び、
製品を原形とする込め形法を、踏返し法（overcast）と呼ぶこととする。

　一方、梵鐘などの回転体の鋳物では、かならずしも原形を必要とせず、土製の鋳型に引き板
（strickle board）を回転させて鋳型を作成することが多い。近現代の引き板には金属製のもの
もあるが、前近代において基本的には木製であり、引き目が鋳型はもとより製品にもよく残る。
このように、原形を製作せず引き板などで鋳型を製作する方法を、本稿では惣型法と呼ぶ。

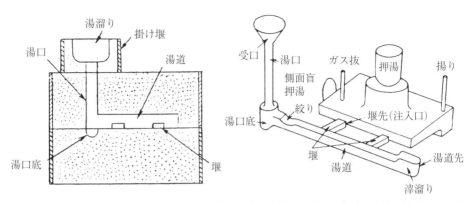

図5　現代鋳物の湯口系部分名称　掛け堰・湯口系（日本鋳物協会『図解鋳物用語辞典』第2版　1988）

　突起部を鋳出すためには、別に作った鋳型を主体をなす鋳型に埋め込む。こうした部分的な鋳型を埋め型、活け物と呼び、この技法を活け込みという。中子を支えて、定位置に保持するために、型持（ケレンchaplet）と呼ばれる金具を、鋳型の空隙部に置く。銅系の鋳物の場合、融点のより高い鉄が使われる。また、複数の鋳型を組合せる場合に、正しく接合するために、ハマリと呼ばれる対応する凹凸をもうけることがある。正しい位置を確認するために、合印をつけることもある。複数の鋳型を組み合わせた場合に、鋳型と鋳型の重ね目の部分に鋳張り（甲張・バリfin）が生じる。また、鋳型の表面には、黒鉛やコークス粉、または木炭粉末を粘土水と混合した黒味（blacking wash）と呼ばれる塗型剤を塗布する。

　鋳物に溶湯を流入させる流路の全体を湯口系（gating system）という。近代的な湯口系は、基本的に湯口（sprue-cup）、湯道（runner）、堰（ingate）からなり、揚り（flow off, air jet, vent）、押湯（riser）が付属することがある。揚りは、鋳物の上方に設けた細い棒状の空隙であり、溶湯が鋳型を満たした後、鋳型を出て上昇する。これによって、鋳型内の空気や塵芥、溶湯に混入していた垢などを吐き出し、鋳型全体に湯がまわったことを確認でき、相当の高さと大きさにしておけば、溶湯の重量を利用して鋳物に圧力をかけ、材質を緻密にする作用ももっている。また、押湯は、注湯された溶湯の凝固収縮に対し、溶湯を補充するために鋳物部に取り付けられる付属物である。また、湯口の上には掛け堰（pouring box）と呼ばれる溶湯の受口をもうけることがある。これは、梵鐘鋳造において使用されており、注湯を容易にするとともに、かすを浮かす役をする。複雑な湯口系を設定すると、製品にならない部分の金属をも溶解しなければならなくなり、歩留り（yield rate）が低下する。

　上記のような複雑な湯口系と比較して、溶湯を湯口から直接に鋳物本体に流し込むようにした鋳込み法を、直堰（direct gate）と呼ぶ。その湯口は、円錐形、あるいは円錐形を半裁した形態をもつ場合が多い。鍋釜や鏡などの遺跡出土鋳型や古式の工房で使用されている鋳型は、この直堰がよく用いられている。

鋳造技術関連用語解説（2）　鋳鐘技術に関する基本用語

　日本鐘・中国鐘・朝鮮鐘の技術を記述する時に、共通している一般的な要素を表現する用語について解説する。特別な梵鐘の技術要素に関する用語については、そのつど説明する。なお［　］内は、その用語の中国語訳である。その他鋳鐘技術に関する用語の中国語訳については、「中国語古鐘鋳造技術用語集」を参照されたい［五十川2009c］。

1　梵鐘鋳造の基本構造

　梵鐘は大型の鋳物であり、大量の溶湯を一度に鋳型に注入して鐘体を完成させるのが基本なので、あらかじめ穴を掘って、穴の内部に鋳型を設置するのが基本となっている。この鋳造をおこなうための穴を鋳造土坑［地坑］と呼ぶ。鋳造土坑の底部に数状の溝が作ってあることが多い。これは鋳型を縛り付けるための掛木の痕跡と考えられる。鋳造土坑の底部には、木製の板を並べた定盤を設置し、その上に鋳型を設置するためのジョウまたは底型［墊子・底型］を置く。

　鋳型には、梵鐘の内面を形成するための内型・中子［内范］と外面を形る外型［外范］がある。外型は数段に分割して製作し、それらを重ね合わせて鋳造をおこなうのが一般的である。日本鐘は、基本的に一鋳（全体を一回の注湯で仕上げること）だが、中国鐘では、龍頭を先に作り、本体部分の鋳造時に鋳ぐるみ［鋳合］によって一体化することもある。金属の溶解には、基本的に土製の溶解炉［熔煉炉］が使用された。

2　技術の細部

　梵鐘は回転体の体型をなすため、鋳型作りには梵鐘の輪郭を形作った木製の引き板［刮板］を回転して製作するのが一般的である。この引き板を使って鋳型を製作した場合には、鋳型にも製品にも横方向の細かな凹凸が残存する。これは引き目と呼ばれ、引き板と鋳型が接触した痕跡を示している。外型は、基本的に数段に分けて製作することが多く、鋳造をすると鋳型の重ね目の隙間に溶湯が入り込んで凸部が形成される。これは鋳張り［披縫］と呼ばれ、最終的な後処理工程において切り落として除去されるが、その痕跡は日本鐘の表面においては明瞭に観察できる。

　部分的な鋳型を作り、それを本体の鋳型に埋めることを活け込み［多塊分塊泥芯造型法］という。溶金または溶湯［銅液］が鋳型に入ってゆく入口を、湯口［澆口］と呼ぶこととする。溶金の製品への入口で、鋳造が終了して溶金が固まった後に、折り取って除去される部分は、堰と呼ぶのが正式であるが、本書では湯口とも呼ぶこととする。鋳造作業において空気を追い出すとともに、そこから余分な溶湯があふれ出すことによって、溶湯が鋳型内に十分に注入されたことを確認するために、揚り［冒口・出気口］を設置する場合があるが、龍頭の先端部にもうけるのが普通である。

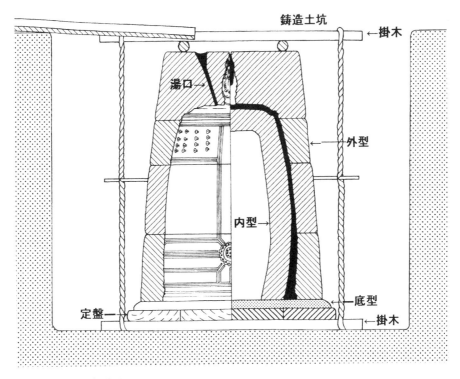

図6　梵鐘鋳造状況の解説図
　　（第2章Ⅲ節　梵鐘鋳造の造型技術の変化・第6章Ⅴ節　絵で見てわかる梵鐘鋳造技術を参照）

鋳造技術関連用語解説（3）　鋳造工人に関する基本用語

　そのほか、本書において、異なる意味をもつものとして使いわけた若干の用語について注記しておく。

　まず、鋳造工人とは、鋳造技術を保持する専門家のことで、鋳物生産の担い手として時代を問わずに使用することとする。これに対して鋳物師は、長屋王邸跡の出土木簡に記載があり、奈良時代から使用されてきたことが確認できるが、中世・近世の鋳造工人を指す場合に、きわめて頻繁に使用されているので、中世・近世の鋳造工人を意味する用語として採用して、古代の鋳造工人は含まないこととする。また、中世鋳物師の棟梁格の人のことを、鐘銘では大工と記述しているが、中世においては、この大工は建築関係の職人のことのみを指すものではなく、各種の技術者の棟梁を、このように呼んでいることに注意されたい。

　また、鋳造工房とは、基本的に鋳造工人の本拠地であり鋳造作業をおこなった現場のことを指し、一方、作業場とは、基本的に出吹き（出張操業）などのように、臨時的な操業をおこなうための場所を指す時に使用して、それらを区別して記述するので注意されたい。

第2章　梵鐘鋳造遺跡

　梵鐘のような大型鋳物を鋳造するためには、大量の溶湯を一度に鋳型に注入する必要があるので、あらかじめ穴を掘り、そのなかに鋳型を設置するのが基本である。この鋳造をおこなうための穴が鋳造土坑である。この土坑は穴なので、考古学的な遺構としてよく残存しており、鋳造の場を確定することができる。また、検出された鋳造土坑の構造、鋳型・炉壁などの出土遺物をもとに、古代・中世の梵鐘鋳造技術を詳細に復原することもできるようになってきた。さらに、1980年ごろには特殊な遺構ととらえられてきた鋳造土坑も、発掘調査による検出例がかなり増加して、ごく一般的な遺構となりつつあるので、本章では各地で調査検討されている古代・中世の梵鐘鋳造遺跡の調査成果を整理して、当時の梵鐘鋳造技術を復原するとともに、鋳造土坑からみた鋳造技術の変化、梵鐘生産の操業形態のありかたなどについて考察をこころみることとする。

Ｉ　日本の梵鐘鋳造遺跡

（1）　鋳造遺跡から何がわかるか

　これまでに日本で発掘調査によって検出された梵鐘に関係する鋳造土坑は、32〜35頁の表1にみるように多数の遺跡で確認されている。そのほか、中国や韓国でも調査例の報告がある。そこで本節では、毎年新たに発見されている梵鐘鋳造遺跡を材料にして、これまでに解明されている鋳造技術を紹介し、さらに検討課題としてどんなものがあるかについて整理を試みたい。これは、梵鐘の鋳造遺跡に関する研究であるとともに、今後、梵鐘鋳造遺跡に遭遇して調査をするはめになるかもしれない埋蔵文化財調査員にとっては、遺跡調査用のマニュアルにもなりうると考える。

　なお、本章においては、鋳造遺跡で得られた資料を中心にしつつ、鋳鐘民俗の研究成果をも大いに活用して総合的に鋳鐘技術の復原作業をすすめる。そして、以下の三つの視点から記述をおこなう。このため鋳造技術復原に関する記述は、かならずしも本来の鋳物製作の作業工程の順になっていない場合もあるが、お許しいただきたい。また、それぞれの鋳造遺跡についての詳しい情報に関しては、表1に記載した参考文献を参照されたい。

①鋳造土坑の構造から、どのような鋳造技術が復原しうるか

②出土鋳型から復原できる梵鐘の様式と技術とは、どんなものか

③送風装置と溶解炉に関して、どのようなことがわかるか

（2）　鋳造土坑の構造と鋳造技術

1　鋳造土坑の発見

　1980年代のはじめごろに、なぜか梵鐘を鋳造した土坑が相次いで発見され、1982年7月10日に京都府埋蔵文化財調査研究センター主催の「梵鐘鋳造遺構の現状と、その諸問題」と題する研修会が開催された。これにより鋳造土坑という遺構が、考古学研究者のあいだで認識されるようになった。梵鐘のような大型鋳物の鋳造には一度に大量の溶湯を注入しなければならないので、あらかじめ穴を掘って、その中に鋳型を設置して、上から溶湯を流しこむという方法がとられる。越中高岡・常陸真壁・近江湖東・京都など、現代に生き残っている鋳鐘工房では、いくらかの道具の材質転換はあっても、ほぼ同じような方法によって梵鐘が鋳造されている。これまでに発見された鋳造土坑のうち、兵庫県多可町多可寺跡、京大構内遺跡ＡＰ22区、大分市豊後国分寺跡、香川県丸亀市田村遺跡、福岡市鴻臚館跡では、鋳造土坑が良好な状態で検出された。これらの鋳造土坑に関しては神崎勝の丹念な研究があり、集成と整理がおこなわれており［神崎1993］、筆者も簡単なまとめをおこなった［五十川1994a］。

　口径が30cm程度の小型の梵鐘を鋳造する場合には、京大構内ＡＮ18区検出のＳＸ13のように、土坑をもうけず、地上で鋳造をおこなったものもあった。この遺跡では、鉄製の梵鐘の内型の一部が当時の地表面に設置されたままの状態で検出されて、内型と組合された外型が、周辺に散乱していた［五十川・宮本1988］。現在も半鐘は地上に鋳型を設置して湯入れをおこなう。

2　土坑の立地と形状（図7～9）

　梵鐘の鋳造は、火を使う作業であるため、鋳造土坑には地下水位が低く湿度の少ない高燥の地が選ばれている。しかし、奈良県御所市の巨勢寺跡や岩手県平泉町の白山社遺跡の鋳造土坑では、土坑の壁に青灰色のグライ層がみられ、巨勢寺跡や林遺跡の土坑の隅には排水溝がとりついていた。鋳造作業に、こうした場所は基本的にふさわしくないが、やむをえぬ事情があったのだろう。しかし、そのおかげで木製の定盤や掛木が良好に遺存していた。

　鋳造土坑の平面形には、隅丸方形のものと不整円形のものがあり、神崎氏の集成図をもとに、隅丸方形の長辺・不整円形の長径を横軸に、隅丸方形の短辺・不整円形の短径を縦軸にとって、グラフを作成した（図8）。東大寺戒壇院東地区の鋳造土坑のように、一辺約7mの隅丸方形の平面形をなすもの（図9）が1例だけあるが、この例を除けば、圧倒的多数において一辺と直径が2～3mに集中している。また、長辺・長径と短辺・短径の差があまりなく、隅丸方形または正円に近いものが多い。これらの鋳造土坑には、確実に梵鐘鋳造土坑と断定できないのもあるが、この結果は梵鐘の構造と大きさに規定されている可能性が高い。梵鐘には、口径が2～3尺のものが多いので、その製品の口径と外型の厚さに作業空間を加えた空間は、一辺や直径が2～3mということになるのであろう。

第2章 梵鐘鋳造遺跡

1 大分・豊後国分寺跡

2 京都・京大構内ＡＰ22区ＳＫ257

3 奈良・巨勢寺跡

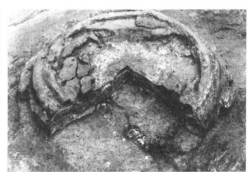
4 京都・京大構内ＡＰ22区ＳＫ257

図7 梵鐘鋳造土坑①（写真）

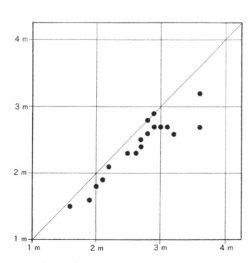
図8 鋳造土坑の大きさ

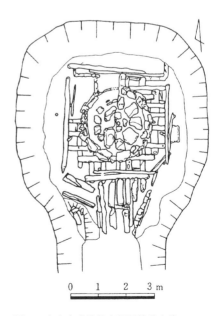
図9 東大寺戒壇院東地区鋳造土坑

19

3 底型と定盤（図10・11）

　鋳造土坑の底部中央には、内型と外型を設置する平面円形の粘土塊が設置されている。この粘土塊は、現代の鋳造工場では「ジョウ」と呼ばれ、粘土塊を載せるための台が定盤である。しかし、ジョウという言葉は耳で聞いてわかりにくので、この粘土塊を内型と外型を上に置く土台として、鋳造の際には鋳型と一体のものと考え、底型またはジョウと呼ぶこととする。

　底型の表面は、引き板で成形されたとみられ、よく焼成されている。京大構内ＡＰ22区検出の土坑ＳＫ257では、その表面は酸化焼成されて赤褐色を呈していた。底型の構造に関しては、差違が認められる。京大構内のＳＫ257では、底型の中央部は詰まっているが、多可寺跡例・木瓜原遺跡例では円形の空間がみられた。寺平遺跡例でも、こうした空間があり、その内部に砂が詰まっていたという。底型の中央部の穴は、空気抜きのためと考えられ、現代の民俗例においても穴があいた定盤・底型が使用されている。また、古代の鋳造土坑である千葉県市川市北下遺跡では、底型の芯剤として瓦を使用し、底型の円周部を形成しており、宮城県仙台市の薬師堂東遺跡では、平瓦を小割にして組み立てて底型に空気抜きの穴を作っていた。これらは構築材としての瓦の利用がよくわかる例である。

　奈良県御所市の巨勢寺跡例では、底型は明瞭には残存していなかったが、底部に木板を４枚敷き並べた定盤が完存していた。板の四隅には丸く焼けた痕跡があった。この焼成痕は、もともと定盤上に平面円形で粘土製の底型があり、その底型を焼成したために、粘土に覆われない定盤の角部についた焦げ目痕であろうと推定される。この遺跡では、製品を特定しうる鋳型が出土していないが、定盤や掛木、そして推定される底型の規模から想定して、梵鐘を鋳造したと考えられる。また、岩手県平泉町の白山社例では、土坑底の定盤として設置した板材が３枚残り、板材に接するように杭を数本垂直に打ち込んで、定盤が動かないようにしていた。

　兵庫県多可町多可寺跡、大分市豊後国分寺跡、福岡市鴻臚館跡などの諸例では、底型上に外型や内型が残存していた。豊後国分寺跡および鴻臚館跡の両例では、笠型や上帯などのある上部の鋳型をはずし、下方の鋳型を多少ずらして、完成された梵鐘を引き抜いたとみられる。多可寺跡例では、鋳造がおこなわれなかった可能性がある。ここでは、数10cmの高さに底型と外型と内型が組合さった状態で検出され、鋳物となるはずの空洞には梵鐘の内型や外型の表層を形成している真土が剥落して堆積していた。このために、底型と外型・内型の構造が、断面からよくわかる。

　このほか、底型に、段や凸帯がある例に注意したい。たとえば、京大構内ＡＰ22区ＳＫ257の底型では、外径104cm・幅７cm・高さ５cmの凸帯が巡っている。また、中央部にも段があり中心部が円形に数cmほど低くなっていたと推定される。大阪府林遺跡例、香川県田村遺跡例、長野県寺平遺跡例にも、明瞭な段が認められる。こうした凸帯や段は、底型と内型・外型を、正確に組合せるためにもうけられた工夫と考えられ、以下で詳しく分析する。

第 2 章　梵鐘鋳造遺跡

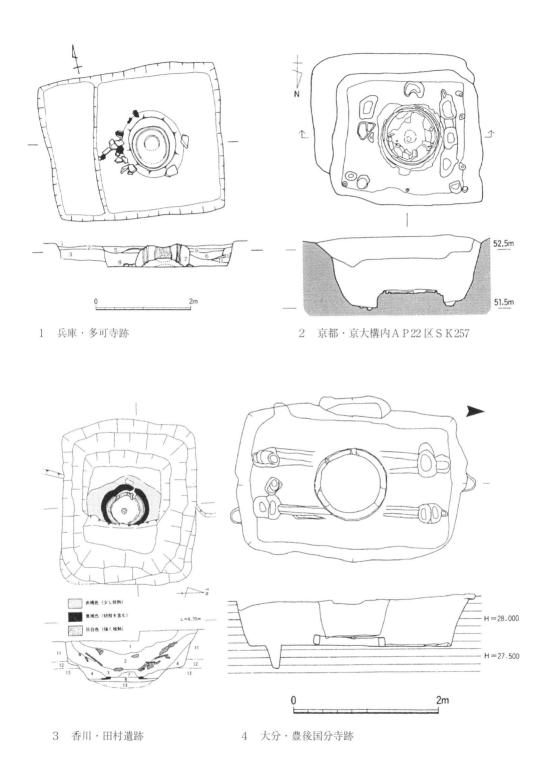

1　兵庫・多可寺跡　　　　　　　　2　京都・京大構内ＡＰ22区ＳＫ257

3　香川・田村遺跡　　　　4　大分・豊後国分寺跡

図10　梵鐘鋳造土坑②（実測図）

21

4 掛 木（図10・11）

　湯入れ時に、溶湯やガスの圧力によって鋳型が動くのを防ぐため、掛木（締木）が使われた。これは、丸太材や角材を、定盤の下部と最上の鋳型の上部に平行に組んで両端に縄を掛けて、縄を撚ることによって生まれる張力を利用して鋳型を固定させる仕掛けである。民俗例では、撚りをかけるために、もじ（もじ木）と呼ばれる小さい棒を縄の中央部に挟んで回転させる。下の掛木は、定盤の下に配するので、底型や定盤がよく残っていない場合でも、土坑の底面に掛木の痕跡が、幅10～20cm程度の細長い溝状に残っている場合が多い。

　掛木は、基本的に定盤の底部に2本の棒を平行に設置することが多く、土坑底の溝になった掛木の痕跡では両端が円形を呈し、少し深くなっていることが多い。これは、掛木の端に縄を掛けやすくするための工夫とみられる。また、平行に掛けた掛木に、その直行方向に短い棒を補助として掛ける場合があり、京大構内ＡＰ22区ＳＫ257では、10cmの長さの釘を打ちこんで2本の短い棒を固定し、御輿のような状態にしている。また、岐阜県各務原市の野口廃寺例や大阪府藤井寺市林遺跡の梵鐘鋳造遺構では、十字形に2本の掛木を組んだ可能性もある。

　しかし、滋賀県草津市木瓜原遺跡例では、鋳造土坑に土砂を詰めこんで、湯入れ時に鋳型がずれないようにしていたと推定されている。多可寺跡例も掛木の痕跡がみられず、同様の固定方法が想定されている。また、豊後国分寺梵鐘鋳造土坑は、掛木を使うとともに土砂で土坑を埋めて鋳型を固定して注湯しており、慎重な仕掛けだといえる。なお、中国北方地域の民俗例では、掛木を設置せず、煉瓦や土砂で土坑を埋めてから鋳造する（195頁参照）。また、日本の民俗例では平行する掛木と溶けた金属を流す樋は平行に設置されており、掛木の方向によって、溶解炉の位置を推定できるかもしれない。

5 柱 穴（図10・11）

　土坑の底部には、柱穴が検出される場合がある。この柱穴は、鋳造時の鋳型の設置、および、土坑から完成した製品を取り出すための施設と考えられる。つまり柱穴は、鋳型や製品を吊るための高架材を支える柱を埋めこんだ跡と推定している。こうした柱穴は、四隅に一つずつの場合が多いが、京大構内ＡＰ22区ＳＫ257のように土坑の一辺に複数並んで検出される場合もあり、高架材の掛け方にも各種のものがあったとみられる。このほかに、平泉町白山社遺跡の鋳造土坑では、柱穴掘形から柱が斜めに建てられていたと推定されており、鋳型の設置や製品の取り出しではなく、鋳造時の鋳型の固定に使用されたと報告者はみている。また、野口廃寺では、土坑の外に4本の柱穴がみられるが、これはむしろ覆い屋の可能性が高い。

　また、多可寺跡例のように、土坑の底面に柱穴がなく、土坑の一辺に斜面や段を作ったものがあり、スロープや段を利用して鋳型や製品の上げ下ろしをしたとみられる。東大寺戒壇院例や木瓜原遺跡例では、斜面に鋳造土坑をもうけて、製品を谷側へスライドさせて取り出したと考えられている。当然のことながら柱穴は認められない。

第2章　梵鐘鋳造遺跡

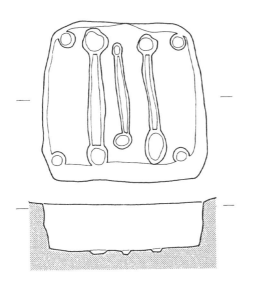

1　滋賀・西長尾遺跡

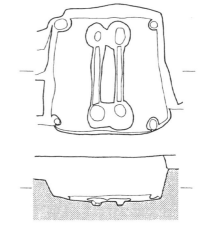

2　京都・京大構内ＡＰ22区ＳＫ245

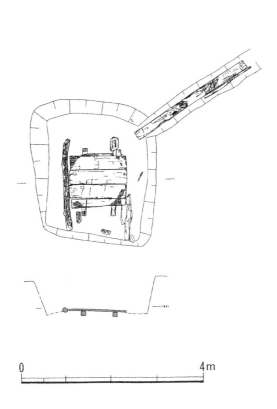

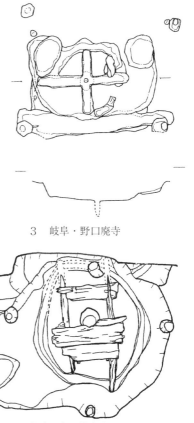

3　岐阜・野口廃寺

4　奈良・巨勢寺跡

5　岩手・白山社遺跡

図11　梵鐘鋳造土坑③（実測図）

（3）　鋳型から復原できる技術と様式

1　鋳型に関する用語の歴史

　鋳型を意味する詞の古い例は、『和名類聚抄』（10世紀前半成立）に「鎔　漢書注云鎔＜音容伊加太＞鋳鉄形也」とあるものである。「鎔」（いかた）、「形」（かた）ともに、鋳型を意味するものであった。現代中国語では、「模」あるいは「笵」という語が使用されている。

　真土は、鎌倉時代の辞典『名語記』に「マニ」という語について「アキヲフサグクスリ」として「銅細工ノモチイル詞ナリ」と説明がある。神崎勝氏によれば、この「マニ」は中国語に起源があるとのことである［神崎2004b］。鋳造詞典編写組編『鋳造詞典』（機械工業出版社）中の爛泥砂（loam, loam molding mixture）の項目に「天然の粘土や細砂の可塑性のある泥水状態に混合したもの。時には石墨と繊維を混ぜて大型煉瓦積み造型または引き板造型に使用する」とあり、「麻泥」と併記されている。中国語「麻泥」の読みは「mani」（マニ）である。

2　引き板による鋳型製作（図12）

　鋳造土坑で製作された大型鋳物には、梵鐘のほかに、鍋釜や相輪の部品が想定されている。これらは形態的に回転体の器形をなすので、器形の輪郭の形態をした引き板をもちいて外型を製作するのが基本である。通常、粘土でドーナツ状の粗型（外枠）を作り、溶湯と接する鋳型の表面には粒度の細かい砂と粘土を混合した真土を塗り付けながら、引き板を回転させて外型を成形する。この引き板には、梵鐘の場合、回転によって凸線を鋳型に作り出している。民俗例には、引き板の輪郭の形態をなす縁部には、摩滅を防ぐため、金属や竹などの硬質の縁が付けられているものがある。しかし、梵鐘製品に、凸線などの装飾のない部分に、平行にはしる細かい引き目が明瞭に残るものが多い。おそらく、こうした例では、金属製や竹製の縁部が、付けられなかったと想定できる。外型の重ね目は、水平な場合と段をもうける場合があるが、その重ね目の成形にも、引き板がもちいられたとみられる。

　日本の大型鋳物を製作するために、引き板によって成形される外型は、天井をなす部分以外は、基本的にドーナツ状をしており、横分割法によるものである。後述のように、中国では、異なった鋳型分割もある（第4章）。鋳型の鋳肌と接触する面には、黒味と呼ばれる炭素質の塗型剤が残っている。これは金属の地肌が、ガラス化するのを防ぐためのものだという。

　一方、民俗例によれば、内型（中子）は、分割せずに一体のものとして製作する場合と複数の部分を結合する場合がある。また、引き板を使用して製作するもの、外型を利用して内型の概形を製作し、その表面を鋳物の厚みの分だけ削って製作するもの、あるいは前二者の折衷方式がある［吉田2004b］。しかし、内型は、外型と比較して、遺物として残りにくく、製作技術を復原することは難しい。ただし、紫香楽宮関連遺跡とされる滋賀県甲賀市鍛冶屋敷遺跡や、京都府亀岡市丹波国分寺跡の梵鐘鋳造土坑からは、内型が鋳造土坑から出土している。

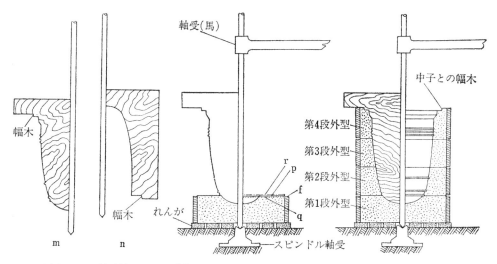

図12　引き板による梵鐘鋳型の造型［鹿取1989 p89］

3　活け込みによる鋳型製作（図13）

　梵鐘を製作する場合、引き板を回転させて製作する鋳型の本体部分に対し、鐘楼に懸垂するための龍頭、乳と呼ばれる突出部、撞座その他の装飾的要素の存在する部分などは、別にその部分の鋳型を作り本体に埋めこんで完成することが多い。これは活け込み法と呼ばれている。他の鋳物でも、活け込みによって製作する部分があり、鍋釜の獣脚や鍋の耳などが該当する。出土鋳型を観察すると、これらの部分は鋳型の本体部分とは別種の粘土をもちいて形成されているのが基本である。

　龍頭や撞座は、その原形から部分的な鋳型を製作して、龍頭は2枚を合わせて笠形の上部に挿入し、撞座は中帯に穴をうがってはめこんで鋳型を製作する。撞座は、円盤状のものがよく出土し、奈良県廃世尊寺鐘の撞座には、活け込みの跡が明瞭に残っている。乳については、コップ状に作った鋳型を一つ一つ本体にはめこんでいるもののほか、縦列数個で単位を作り、これを鋳型本体に活け込んでいるものが多く、製品においても出土鋳型においても確認できる。しかし、小型鐘の場合は、撞座や乳の原形を本体部分に直接に型押しして形成していることが、京大構内ＡＮ18区や徳島市大浦遺跡出土鋳型からわかる。

　笠形部については、出土鋳型を注意深く観察しているが、その形態や詳しい構造が判明する例に、いまだ遭遇していない。京大構内ＡＰ22区で出土した湯口の部分の鋳型は、残念ながら取り上げ後大破してしまった。砂の含有率の高い土でできており、内径数cmの丸い穴があった。その穴の周辺は、金属が通過したために還元されて青灰色を呈していた。また、龍頭の鋳型の最上部には、ほぼ例外なく細いU字状の溝がもうけられており、これは、空気を排出し金属が鋳型内に充満したことを確認するための揚りとして機能していたと考えられる。

4 彫り込みによる鋳型製作（図14）

　日本鐘の銘文の文字には、失蝋法で製作したとされるものがあるが、梵鐘全体は引き板によって外型を形成し、失蝋法で製作した銘文の部分の鋳型を、外型の本体に埋めこんだと考えられている［鈴木1997］。しかし、それは特殊なものであり、陽鋳の文字は、いちいち鋳型の本体に手で彫りつけたもの、あるいは、神戸市白水遺跡例のように、文字を刻んだ原形を鋳型本体に押しつけたものの2種が、大半を占めるものと考えられる。手彫りの場合、当然のことながら、文字は左右反対に彫り込まなければならず、ふと緊張がゆるんだのか、左字となってしまったと考えられるものがある。たとえば、京都市右京区太秦広隆寺蔵の鉄鐘の銘文では、「健保五年七月日」のうち「七」のみが左字になっている。

　また、上下の帯に流れる唐草などの紋様は、活け込みのものあるが、手彫りのものもある。京大構内ＳＫ257出土や福岡県太宰府市鉾ノ浦遺跡出土の唐草紋様を施した鋳型を詳細に観察すると、引き板による引き目がはしり、その上に唐草の紋様がみられる。この唐草の紋様は、明らかに手彫りによるものであると判断できる。

5 鋳型から復原される様式と技術

　龍頭・上帯・撞座・下帯などの装飾的要素には、工人集団や時代によって違いが認められ、その流派や年代を推定する根拠となることが、坪井良平氏による梵鐘の様式に関する研究によって明らかにされている［坪井1970］。このため、出土鋳型から装飾的な様式に関する情報が得られれば、作られた梵鐘の時代や鋳造工人の系譜に関する情報が得られる。

　すでに、坪井氏は「梵鐘鋳型の出土例」［坪井1977］において、鋳造遺跡出土鋳型のうち、撞座や龍頭などをもとにして、類似する装飾をもつ梵鐘を探索し、さらに、それらを製作した鋳物師をも推定されている。このような例として岩手県平泉町白山社遺跡の梵鐘鋳造土坑から出土した撞座鋳型は、共伴遺物から12世紀後半のものとされるが、大きな中房の周囲に複弁が並び、その開いた間隔に別の四葉をのぞかせる手法で、単純に複弁八葉を円弧状態に配列するのではなく、四葉と四葉が互い違いに前後に重なった紋様意匠である。これは、奈良県五條市の栄山寺鐘に初源的なものが認められ、やがて河内鋳物師によってしばしば使用された意匠であり、奈良県吉野町の廃世尊寺鐘の撞座の意匠にかなり類似している。このため白山社遺跡における梵鐘鋳造は、中央の鋳物師の出吹き（出張操業）によるものであることが、ほぼ確実とみられる［五十川2010a］。

　このほか、出土鋳型から、鋳型分割の位置、堰の位置や形態を確定することができるならば、その技術の特徴から、製作にあたった鋳造工人の系譜が推定できるかもしれないと考えつつ、筆者は、梵鐘鋳型を観察してきたが、現在のところ、そのような技術の細部が判明する鋳型に遭遇できていない。おそらく観察力が不足していることが最大の原因であろうが、今後の検討課題として提示し、諸賢の慧眼による発見に期待したい。

第2章 梵鐘鋳造遺跡

1　龍頭鋳型（長野・寺平遺跡）　　　　　2　撞座鋳型（岩手・白山社遺跡）

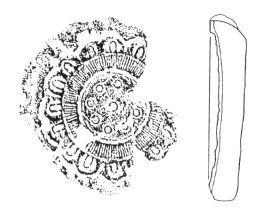

3　撞座鋳型（埼玉・金井遺跡Ｂ区）　　　4　撞座（奈良・廃世尊寺鐘）［坪井1970］

図13　龍頭鋳型・撞座鋳型・廃世尊寺鐘撞座

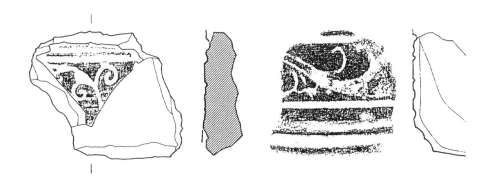

1　京大構内ＡＰ22区ＳＫ257出土鋳型の唐草紋様　2　福岡・鉾ノ浦遺跡出土鋳型の唐草紋様

図14　紋様の彫込み

（4） 送風装置と溶解炉

1 送風装置（図15・16）

　鞴については、古代から踏鞴があったと推定される。『和名類聚抄』に、鍛冶具として先に
あげた鎚とともに「蹈鞴」があがっており「太々良（たたら）」と読んでいる。これまでに、
製鉄遺跡で半地下式竪形炉にともなう踏鞴の痕跡が各地で発見されており、鋳造遺跡の場合、
秋田県本荘市堤沢山遺跡や滋賀県鍛冶屋敷遺跡で溶解炉にともなう踏鞴跡が発見されている。
後者の遺跡は、紫香楽宮における大仏造営に関わる作業場と想定されているので、8世紀中葉
ごろの国家的鋳造工房の中心的な技術として、踏鞴と半地下式竪形炉があったと大道和人氏は
考えている［大道2003］。踏鞴の構造は、長方形の土坑で長辺の中央部が浅くて、端にゆくに
したがい深くなっており、長辺に平行する断面は逆V字形をなす。ここに、踏み板を設置して
両方から並んで、シーソーのように踏んで、送風をおこなったとみられる。

　高松宮家本『職人歌合』には、紐を握り左右交互に板を踏む踏鞴の操業状況が描かれている。
踏み板は、滋賀県東近江市五箇庄三俣町の西澤梵鐘所、京都市東山区高橋鋳工場に遺存する。
民俗例の踏み板の形状は長方形ではなく、中央部の軸部を底辺とする等脚台形を2個連結した
形態をしており、空気の出入りを調節する弁が2ヶ所に付いている。伯耆倉吉の鋳物師斎江家
の踏鞴跡では、踏み板の外枠として石組が築かれている［倉吉市教委1986］。

　京大構内AP22区では、鋳造土坑SK257と鋳造土坑SK245の中間に、土坑SK265が検出
され、その内部には溶解炉の残片が堆積して廃棄土坑となっていたが、その底部には付近には
みられない良質の白色粘土が大量に堆積していた。この粘土によって、踏鞴の底部を形成した
のではないかと想定している。

　また、石野亨氏による踏鞴の稼働実験によれば、踏鞴による送風は脈動であり、連続送風で
はないことが明らかされており、そのような脈動送風のほうが、金属の溶解には有益であった
ことが解明されている。

　踏鞴による送風装置の民俗例は、富山県高岡市金屋町や大阪府枚方市田中家資料館に、その
模型が作られて展示されており、見学者は、この装置を稼働して体験することができるように
なっている［枚方市教委1990］。

　これまで、踏鞴による送風を紹介してきたが、愛知県犬山市の明治村には、滋賀県栗東市の
辻村鋳物師が使用したとされる大型の箱鞴が保存されている。明代の技術書『天工開物』には、
中国の大型釜鐘鋳物の鋳造状態が描かれており、その送風は基本的に箱鞴によるものである。
このほかに、中国の送風装置としては、シリンダー式のものも存在したことが知られている
［ホムメル1992 p46］。しかし、日本の鋳造遺跡で具体的な鞴の形態を解明する材料は少なく、
送風装置の詳細については、今後の検討にまつところが大きい。

第 2 章　梵鐘鋳造遺跡

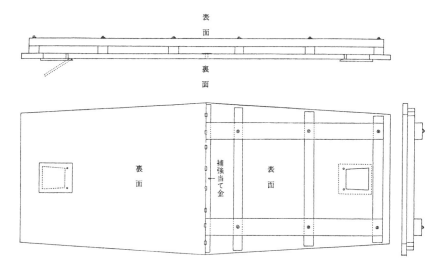

1　京都・高橋鋳工場［坪井1970］縮尺1/30

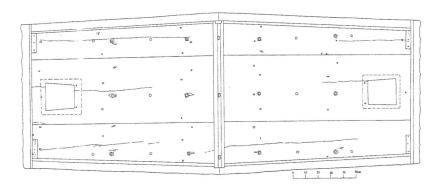

2　滋賀・西澤梵鐘鋳造所　［滋賀県教委1988］縮尺1/30

図15　踏鞴の踏み板

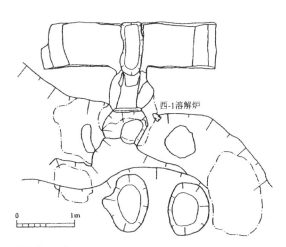

図16　滋賀・鍛冶屋敷遺跡送風・溶解施設［大道2003］

29

2 溶解炉の構造と施設（図17・18）

　遺跡出土の溶解炉は、全形を復原しうる資料がないが、部分的な復原から想像をたくましくすると、近世・近代の、こしき炉と呼ばれるものに類似した形態をなすものとみられる。このこしき炉の構造は、上下に3分割でき、古代中世の溶解炉も、これに近い構造であったと推定されている。最上部は朝顔と呼ばれて、燃料と原料の金属を投入する場所である。その名前のとおり、外方に開いた形態をしており、京大構内ＡＰ22区出土例では、生粘土を炉壁の外側に貼り付けていた。補強のためなのであろう。中央部（胴）はややふくらんで、炉の本体の中央部に穴をあけて、そこから斜め下方向にむかう羽口（送風口）がとりついている。

　最下部は湯溜まりと呼ばれ、溶解した金属が滞留する場所である。日本の民俗例では、この湯溜まりは底部が扁平であり、梵鐘のような大型鋳物は樋を使って鋳型の笠形部から注湯するのが基本とされる。和歌山県南部町の高田土居城跡の中世末の鋳造遺跡では、溶解炉の最下部が出土しており、炉底部はやや平坦に近い形態を呈し、底部には出湯口（ノミ口）とみられる孔が確認できる［和歌山県文化財センター2006］。しかし、古代・中世の溶解炉は、最下部の湯溜まりの底部は半球状をしており、坩堝を大きくしたような形態である。この場合に、もし胴部以上を取り去ってしまうならば、溶解した金属を、匕などで汲み出すことは可能である。しかし、そのままでは、大量の溶金を一気に流し出すことはできない構造となっている。

　中国の溶解炉から鋳型への注湯法に注目すると『天工開物』冶鋳第八に描かれた注湯の方法には、次のような3種がある。

①溶解炉そのものを2人で運搬して鋳型に注ぎ入れる法
②樋をつかって溶湯を溶解炉から鋳型に流し入れる方法
③炉から柄杓状の取瓶で溶湯を汲み取り鋳型に注ぎ入れる方法

　中国の民俗例においては、溶解炉の湯溜まりの底部は扁平ではなくて、丸みを帯びており、①～③のいずれの注湯方法の場合であっても、炉を傾けなければ溶金を流し出して鋳型に注入できない。梵鐘作りの溶解炉ではなく、鉄鍋や犁鏡と呼ばれる農耕用の鋤の一種の鋳造をおこなう溶解炉なのであるが、金属が十分溶解して注湯の時間がせまると、溶解炉を傾斜させて、出湯口から溶金を流し出すという方法が知られている（図18）［譚1956，五十川1997］。これはきわめて危険な作業であるが、重量物を簡単に移動することができない時代においては、効率よく注湯をおこなうための便法であったと考えられる。

　鋳造施設として溶解炉を、どのように設置して溶解注湯作業がおこなわれていたかがわかるような発掘調査例が、ほとんどないので、注湯の方法を推定することは、なかなか難しいが、日本の古代・中世の溶解炉の場合、とくに大型鋳物の鋳造時には、中国の民俗例が示すように溶解炉を傾斜させて溶金を流し出すという方法がとられることもあったのではないかと筆者は考えている。

第2章 梵鐘鋳造遺跡

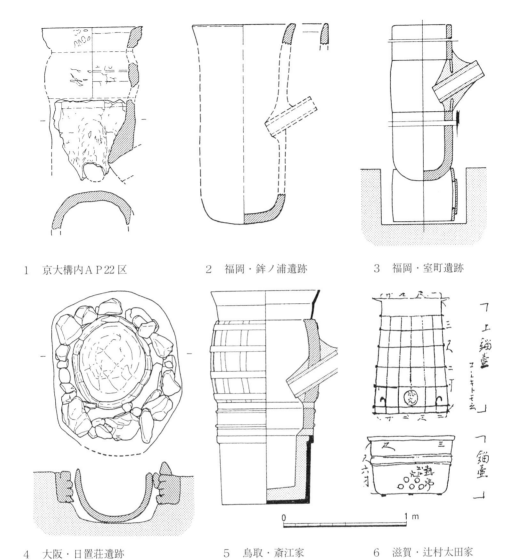

1 京大構内ＡＰ22区　　2 福岡・鉾ノ浦遺跡　　3 福岡・室町遺跡

4 大阪・日置荘遺跡　　5 鳥取・斎江家　　6 滋賀・辻村太田家

図17　溶解炉の構造　3［北九州市教育文化事業団1990］・5［倉吉市教委1986］
　　　　　　　　　　4［大阪府教委1995 p309］・6［滋賀県教委1988］

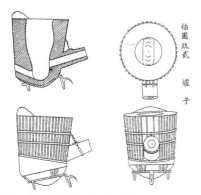

図18　中国の溶解炉と湯汲み［譚1956］

31

表1　古代中世の主な梵鐘鋳造遺跡
　　調査された梵鐘鋳造遺跡について、遺跡名・所在地／出土遺物・検出遺構・年代／参考文献を列記した。

［大阪府］
1　林遺跡―――――――――――――――――大阪府藤井寺市林
　　梵鐘鋳型・溶解炉、梵鐘鋳造土坑　7世紀末～8世紀前半
　　五十川伸矢「河内鋳物師と梵鐘づくり」（藤井寺市第29回市民文化財講座資料）2015
　　新開義夫「藤井寺市林遺跡の梵鐘鋳造土坑について」『鋳造遺跡研究資料2015』2015
2　真福寺遺跡―――――――――――――――大阪府堺市美原区黒山
　　鍋鋳型・梵鐘鋳型・溶解炉、鋳造土坑　13世紀後葉
　　中村淳磯「河内鋳物師関連の鋳造遺構」『第1回鋳造遺跡研究会資料』
　　大阪府教育委員会・大阪府文化財センター『真福寺遺跡』1997
　　山本彰・森屋美佐子「真福寺遺跡の鋳造関連遺跡」『鋳造遺跡研究資料2001』2001
［京都府］
3　京都大学教養部構内ＡＰ22・ＡＯ22区―――――京都市左京区吉田二本松町
　　梵鐘鋳型・鏡鋳型・溶解炉、梵鐘鋳造土坑　9～10世紀
　　五十川伸矢・飛野博文「京都大学教養部構内ＡＰ22区の発掘調査」
　　　　『京都大学構内遺跡調査研究年報　昭和57年度』1984
　　五十川伸矢「鴨東白河の鋳造工房―京都大学構内の鋳造に関する遺跡―」
　　　　『京都大学構内遺跡調査研究年報　昭和60年度』1988
　　伊藤淳史「京都大学教養部構内ＡＯ22区の発掘調査」
　　　　『京都大学構内遺跡調査研究年報　1995年度』1999
4　京都大学医学部構内ＡＮ18区―――――――京都市左京区吉田近衛町
　　梵鐘鋳型・溶解炉　13世紀前葉
　　五十川伸矢・宮本一夫「京都大学医学部構内ＡＮ18区の発掘調査」
　　　　『京都大学構内遺跡調査研究年報　昭和60年度』1988
5　広隆寺―――――――――――――――――京都市右京区太秦蜂岡町
　　梵鐘鋳型、梵鐘鋳造土坑　9世紀後半～10世紀初
　　石尾政信「広隆寺跡」『京都府遺跡調査概報』第5冊2　1972
6　丹波国分寺跡―――――――――――――――京都府亀岡市国分
　　梵鐘鋳型、梵鐘鋳造土坑　9世紀
　　亀岡市教育委員会『亀岡市文化財調査報告書』第20集　1988
［奈良県］
7　東大寺戒壇院東地区―――――――――――奈良市雑司町
　　大型鋳造土坑　8世紀中葉
　　奈良県立橿原考古学研究所附属博物館『大和を掘る』（1990年発掘調査速報展11図録）1991　p35
　　中井一夫「東大寺戒壇院東地区の発掘調査」『第1回鋳造遺跡研究会資料』1991
　　中井一夫「東大寺戒壇院東地区の鋳造遺構」『考古学ジャーナル』372　1944
8　田中廃寺跡――――――――――――――――奈良県橿原市田中町
　　梵鐘龍頭鋳型　7世紀後半
　　奈良県立橿原考古学研究所附属博物館『大和を掘る』（1990年発掘調査速報展11図録）1991　p27
9　巨勢寺跡――――――――――――――――奈良県御所市大字古瀬
　　鋳造土坑　9～10世紀
　　奈良県教育委員会『巨勢寺』（『奈良県立橿原考古学研究所調査報告』87）2004　pp35-36
10　山田寺跡――――――――――――――――奈良県桜井市山田
　　梵鐘鋳型、梵鐘鋳造土坑　鎌倉時代
　　奈良文化財研究所『大和山田寺跡』（『奈良文化財研究所学報』63）2002

第2章　梵鐘鋳造遺跡

［滋賀県］
11　木瓜原遺跡—————————————————滋賀県草津市野路町
　　梵鐘鋳造土坑　7世紀末～8世紀
　　横田洋三「滋賀県木瓜原遺跡の梵鐘鋳造遺構」『第2回鋳造遺跡研究会資料』
　　滋賀県教育委員会『木瓜原遺跡』1996
12　鍛冶屋敷遺跡———————————————滋賀県甲賀市信楽町黄瀬
　　梵鐘鋳型・溶解炉、梵鐘鋳造土坑　8世紀
　　大道和人・大澤正己「滋賀県甲賀市鍛冶屋敷遺跡の調査」『鋳造遺跡研究資料2005』2005
　　大道和人「滋賀県甲賀市鍛冶屋敷遺跡の調査」『鋳造遺跡研究資料2006』2006
　　滋賀県教育委員会『鍛冶屋敷遺跡』2006
13　長尾遺跡————————————————滋賀県大津市滋賀里町長尾
　　梵鐘鋳型・溶解炉、梵鐘鋳造土坑　9世紀
　　林博道「梵鐘を鋳造した遺跡の調査」『月刊文化財』176号　1978
　　林博道「長尾遺跡の梵鐘鋳造跡」『古代研究』27　1982
14　坂本八条遺跡—————————————————滋賀県大津市坂本本町
　　梵鐘鋳造遺跡　平安後期
　　大津市教育委員会『滋賀里穴太地区遺跡群発掘調査報告書Ⅲ』1985
［兵庫県］
15　多可寺跡—————————————————兵庫県多可郡多可町鍛冶屋
　　梵鐘鋳型、梵鐘鋳造土坑　8世紀末
　　神崎勝「多可寺跡出土の梵鐘鋳造遺構」『古代研究』27　1982
　　妙見山麓遺跡調査会『播磨産銅史の研究』1987
16　白水遺跡—————————————————兵庫県神戸市西区伊川谷町
　　梵鐘鋳型、梵鐘鋳造土坑　11世紀前半
　　神戸市教育委員会『白水遺跡　第4次』1999
17　清水・タカアゼ遺跡———————————————兵庫県多可郡加美町清水
　　梵鐘鋳造遺構　13～14世紀
　　加美町教育委員会『清水・タカアゼ遺跡　実績報告書』1987
18　市之郷遺跡—————————————————兵庫県姫路市市ノ郷
　　梵鐘鋳型、梵鐘鋳造土坑　14世紀後半～15世紀前半
　　岸本一宏「姫路市市之郷の鋳造遺跡」『鋳造遺跡研究資料2009』2009
　　兵庫県教育委員会『市之郷遺跡』Ⅴ　2013
［岡山県］
19　政所遺跡————————————————————岡山市加茂
　　梵鐘鋳型、梵鐘鋳造土坑　平安後期
　　岡山県古代吉備文化財センター『加茂政所遺跡・高松原古才遺跡・立田遺跡』
　　　（『岡山県埋蔵文化財発掘調査報告』138）1999
［香川県］
20　田村廃寺跡—————————————————香川県丸亀市田村町
　　梵鐘鋳型、梵鐘鋳造土坑　奈良時代
　　藤好史郎「田村遺跡の梵鐘鋳造土坑」『鋳造遺跡研究資料2000』
　　香川県教育委員会・香川県埋蔵文化財調査センター
　　　『田村遺跡　県道高松丸亀線改良工事に伴う埋蔵文化財発掘調査報告』2004
［徳島県］
21　大浦遺跡————————————————————徳島市名東町
　　梵鐘鋳型・密教法具鋳型　平安時代
　　一山典・滝山雄一「大浦遺跡（徳島県）」『佛教藝術』174　1987

［福岡県］

22　鴻臚館跡───────────────────福岡市中央区城内
　　梵鐘鋳造土坑　10世紀前半
　　大庭泰時「筑紫鴻臚館の梵鐘鋳造遺跡」『鋳造遺跡研究資料2005』2005
　　大庭泰時「鴻臚館跡における梵鐘鋳造」『鋳造遺跡研究資料2006』2006
　　福岡市教育委員会『史跡鴻臚館跡』21（『福岡市埋蔵文化財調査報告書』1248）2014

23　鴻臚館跡───────────────────福岡市中央区城内
　　梵鐘鋳造土坑　室町時代
　　福岡市教育委員会『福岡市鴻臚館跡跡Ⅰ』（『福岡市埋蔵文化財調査報告書』270）1991

24　鉾ノ浦遺跡──────────────────福岡県太宰府市鉾ノ浦
　　梵鐘鋳型、鋳造坑　13世紀後半～14世紀前半
　　山本信夫・狭川真一「太宰府市の鋳造関係遺跡」『第1回鋳造遺跡研究会資料』1991
　　山本信夫・狭川真一「鉾ノ浦遺梵鐘鋳造遺構発掘調査速報」『古代研究』27　1984
　　山本信夫・狭川真一「鉾ノ浦遺跡─筑前大宰府鋳物師の解明─」『仏教芸術』174号　1987
　　狭川真一「中世大宰府の鋳造関係遺跡」『鋳造遺跡研究資料2001』
　　太宰府市教育委員会『大宰府条坊跡』XVⅡ（『太宰府市の文化財』53）2001

25　小路遺跡───────────────────福岡県浮羽郡浮羽町
　　梵鐘鋳型・梵鐘鋳造土坑　13世紀後半～14世紀前半
　　福岡県教育委員会『流川地区遺跡群』（『福岡県文化財調査報告書』171）2002

　［大分県］

26　豊後国分寺跡──────────────────大分市国分
　　梵鐘鋳型、梵鐘鋳造土坑　奈良時代
　　河野史郎「豊後国分寺跡梵鐘鋳造遺構について」『鋳造遺跡研究資料1999』1999
　　大分市教育委員会『豊後国分寺跡　平成10年確認調査概要報告書』1999

27　智恩寺跡───────────────────大分県豊後高田市大字鼎
　　梵鐘鋳造遺構　鎌倉時代
　　大分県立宇佐風土記の丘歴史民俗資料館『国東六郷山本寺智恩寺』1992

　［沖縄県］

28　首里城城西ノアザナ─────────────沖縄県那覇市首里
　　鋳造鍛冶　梵鐘鋳型　14～15世紀
　　上原静「首里城城西ノアザナの鍛冶鋳造工房跡」『鋳造遺跡研究資料2009』2009

　［愛知県］

29　大山廃寺跡──────────────────愛知県小牧市大山
　　梵鐘鋳造遺構　11世紀末
　　小牧市教育委員会『大山廃寺発掘調査概報』1979

　［岐阜県］

30　金屋遺跡───────────────────岐阜県恵那郡坂下町本郷
　　梵鐘鋳型、梵鐘鋳造土坑　室町時代末
　　坂下町教育委員会『金屋・星の宮遺跡』1975

31　野口廃寺───────────────────岐阜県各務原市野口
　　鋳造土坑　古代
　　各務原市埋蔵文化財調査センター『野口廃寺A地区の発掘調査報告書』
　　（『各務原市文化財調査報告書』13）1993

　［長野県］

32　寺平遺跡───────────────────長野県上伊那郡飯島町本郷
　　梵鐘鋳型・梵鐘鋳造土坑　南北朝～室町時代
　　友野良一「寺平遺跡の梵鐘鋳造跡」『月刊文化財』194　1979
　　飯島町教育委員会『寺平遺跡』1980

［福井県］

33　篠尾廃寺跡——————————————福井市篠尾町
　　龍頭鋳型　平安時代初頭
　　福井県教育委員会『篠尾廃寺調査概要』1972

34　一乗谷朝倉氏遺跡第64・65次調査——————————福井市城戸ノ内町
　　梵鐘鋳型　16世紀
　　福井県立朝倉氏遺跡資料館『特別史跡　一乗谷朝倉氏遺跡』1989　p24

［千葉県］

35　北下遺跡（下総国分寺跡）——————————千葉県市川市
　　梵鐘鋳型、梵鐘鋳造土坑　奈良時代
　　大久保奈奈「北下遺跡の鋳造遺構・遺物と梵鐘片」『鋳造遺跡研究資料2011』
　　千葉県教育振興財団『東京外かく環状道路埋蔵文化財調査報告書』3　市川市北下遺跡　2011

［埼玉県］

36　金井遺跡B区——————————————埼玉県坂戸市大字新堀字金井
　　鍋鋳型・梵鐘鋳型、梵鐘鋳造土坑　13世紀
　　赤熊浩一「埼玉県金井遺跡B区の調査」『第1回鋳造遺跡研究会資料』1991
　　埼玉県埋蔵文化財調査事業団『金井遺跡B区』1994
　　赤熊浩一「東国武蔵金井遺跡B区の鋳造遺構」『鋳造遺跡研究資料2001』2001

37　金平遺跡B区——————————————埼玉県比企郡嵐山町金平
　　梵鐘鋳型、梵鐘鋳造土坑　13世紀
　　村上伸二「埼玉県嵐山町金平遺跡—鎌倉時代後半の鋳造遺跡について—」『第7回鋳造遺跡研究会資料』
　　　1997
　　嵐山町遺跡調査会『金平遺跡』II　2000

［宮城県］

38　薬師堂東遺跡（陸奥国分寺）——————————宮城県仙台市若林区木ノ下
　　梵鐘鋳型、梵鐘鋳造土坑　8世紀中葉～10世紀初頭
　　水野一夫「仙台市薬師堂東遺跡の梵鐘鋳造遺構」『鋳造遺跡研究資料2013』2013

［岩手県］

39　白山社遺跡——————————————岩手県西磐井郡平泉町平泉
　　梵鐘鋳型、梵鐘鋳造土坑　12世紀
　　八重樫忠郎「岩手県平泉町白山社遺跡検出梵鐘鋳造遺構について」『鋳造遺跡研究会資料』6　1996
　　八重樫忠郎「平泉・白山社遺跡の梵鐘鋳造遺構」『季刊考古学』62　1998

［秋田県］

40　堤沢山遺跡——————————————秋田県本荘市堤沢山
　　梵鐘鋳型、磬鋳型、鋳造土坑　12世紀
　　藤田賢哉「秋田県由利本荘市堤沢山遺跡」『鋳造遺跡研究資料2008』
　　秋田県教育委員会『堤沢山遺跡』（『秋田県文化財調査報告書』430）2008

Ⅱ　中国・韓国の梵鐘鋳造遺跡

（1）　中国の梵鐘鋳造遺跡

1　浙江省南京明代鋳造遺跡 ［王・賈2005］

　梵鐘を作ったとみられる鋳造遺跡が、南京の明代建造の鼓楼の西南100mの地点で発見されている。遺構は、地表下3mで発見され、隅丸方形の平面形をもつ土坑である。東西5.6m、南北4.5m、深さは0.58m。東側中央部が外にむかって0.55m突出している。土坑の底には、縦横に交錯する溝（槽道）が分布し、その中の東西方向の溝は3条で、壁側の溝は浅い。北側の溝は幅0.45m、深さ0.30m。南の溝は幅0.60m、深さ0.28m。中央の主たる溝は幅0.78m、深さ0.65m。底部はほぼ東に向かって傾斜し、大型の青灰煉瓦を上下4層に積んで排水溝としている。上面2層の煉瓦は横向きに平積みし、中間は縦方向に積んでいる。底の1層の煉瓦は横方向に平積みして、中に0.20mの幅の穴が空いている。主溝の東端の煉瓦は排出口に向かってよく保存されていた。その溝は、直接に土坑から突出した部分にある1個の円形の深い穴に通じている。この穴の直径は0.48m、深さ1.30m。主溝の中央の煉瓦積み排水溝は、一部に残っている部分を除いて既に多くは存在しなかった。主溝の西端は煉瓦9層を使って封鎖し、その積み方は横向き平積みであり、上面は4層の煉瓦を両側に積んで倒れないようしている。煉瓦の外にまた円形の深い穴がある。穴の口径は0.60m、深さ1.30m。南北の溝はすべて比較的浅く、幅0.25〜0.30m、深さ0.15〜0.20mである。中央主溝の両側には、対称的に5条の溝がある。溝の間には比較的狭い台状部分がある。

　土坑の底部の東西の端部には四つの平台があり、西端2個の台は比較的大きく、長さ1.87m、幅1.32m、台面の上に1層の厚さ1〜2cmの黒色の硬い土面がある。東側の2個の平台はやや小さく、長さ1.40m、幅1m、上面はともに3個のほぼ円形で直径0.30m、深さ0.15mの浅いくぼみが発見された。これらの浅いくぼみは重圧を受けて形成されたものだろう。このほか、東西の両側の溝の底部には、2個ずつ円形の柱穴が発見され。そのうち一つは比較的大きく、他の3つの穴は大きさが近く、直径0.38m、深さは0.20mであった。

　この遺跡の土坑からは大量の廃棄された大型の炉壁・銅滓・木炭くず・焼け土塊が出土し、小銅渣他の遺物が出土し、それらから明代初期の時代のものであることが確定している。また煉瓦も明朱熹の南京城壁に使用された煉瓦の規格と一致した。

　遺構内から出土した平瓦から、この遺構は、東西に両側に向かって溝の底に4個の基本的に対称の柱の穴があることから、遺構の上部に、もともとは瓦で葺いた簡単な覆い屋があったとみられる。また調査の結果によれば、遺跡の北西の20〜30m外の所に、同時代の大型青灰煉瓦がみられ、少量の煉瓦の表面に石灰と焼成した後に形成された黒灰が粘着する。これにより、当時の遺跡の範囲は、その他の関連建物遺構が含まれている可能性がある。

第 2 章　梵鐘鋳造遺跡

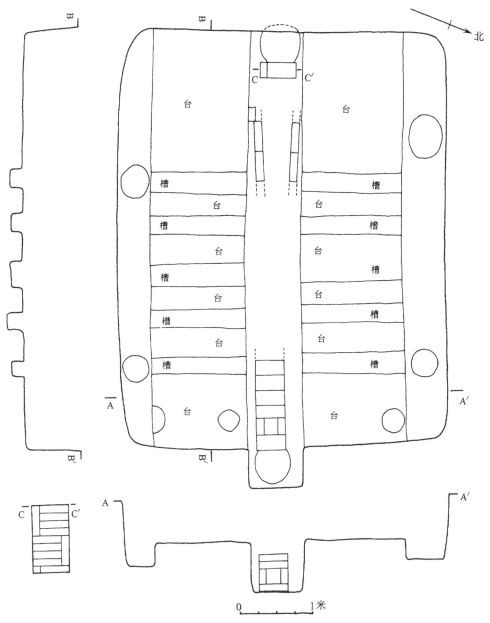

図19　浙江省南京明代鋳造遺跡［王・賈2005］

　金属溶解は鋳鐘の成否を決める鍵の一つである。それは銅の地金を錫・鉛・金・銀などの原料と混ぜて溶解し、合金の溶液とする工程であり、溶解炉・風箱（鞴）・燃料・耐火材料などの必要な工具と材料が必要である。明代の鋳鐘溶解方式は明末に宋應星の『天工開物』なかの冶鋳第八巻によれば、鋳鐘の規模の大きさをみて、流溝式の固定炉による鋳湯と手運び式の炉による注湯にわかれ、そのうち、前者は主として特大型の鐘の鋳造に使用される。

37

付載されている大型銅鉄鋳物の溶解注湯の図には、銅液を流す土製の溝が縦横に交差して、溝の間に工人が操作する台がある。台上にはピストン式の箱鞴と円形の溶解炉が置かれ、鞴と縦型炉には四脚が設置されている。この種の溶解方法は、小型坩堝の技術を使用したもので、多数の小型炉で大型鋳物を鋳るためには、操作が簡単で、効率を大きく上げることができる。もう一つは、主として中小型の鋳物の鋳造に使われ、「鋳千斤鐘与仙佛像」の図には、2人が小型溶解炉を担いで鋳型の所まで運ぶ。小型鋳物の鋳造では、これが確実でとても便利な方法である。

このように報告者は、この明代の鼓楼の西側で発見された鋳造遺跡で、土坑の底部の東西にそれぞれある4個の平台には溶解炉や鞴を置き溝に熔解した金属をうけて流し、東端の穴は、湯口になるとしており、流溝式固定炉の仕掛けを示すものとみている。これは『天工開物』の挿図からの推定とみられる。しかし、これは誤解であろう。まず、鋳型を設置する仕掛けは、どこにあるのかが説明されていない。もし、それがあるとしたら、この土坑よりも低い位置になければならず、それを示さなければならない。また、製品も、梵鐘かどうかは、鋳型を精査しなければならない。この溝は掛木を設置した溝であり、この土坑は梵鐘を含めた大型鋳物の鋳造土坑と考えるのが適切ではないかと考えられる。

2　河南省鄭州唐宋代鋳鐘遺跡［賈・曽・韓2004］

鄭州西大街南側・南大街西側の鄭州市第三中学校の敷地内で鋳造遺跡が1ヶ所発見されたが、重要である。鋳造遺跡の構造や遺物を検討した結果、これは唐宋時代に鉄鐘を鋳造した遺跡という。そこには鋳造土坑と鐘の内型が残存していた。その土坑は、直径4.5mの円形の平面形で、深さ1m。壁は垂直で底は平らである。壁や底部は、焼成されて赤色の焼け土面を呈していた。鐘の鋳型は鋳造土坑の中心にあり、底型と内型だけが残存していた。内型の形態は鐘の形をしており中空である。上部を欠いており、底部の内径は1.6m、外径は2.4m。内から外に3層にわかれ、内層は土を積んで形成しており、壁は真っすぐで天井はアーチをなしていたとみられるが残っていない。残高1.34m、厚さ0.16〜0.2mで、土は焼いたものを使用しているため赤色をなす。赤褐色土には大量の焼土と鉄渣が混ざり、底部には0.05mの草木灰が堆積していた。中間層は砂土を含み、大量の焼土の顆粒が混じっていた。厚さ0.1mm、高さ0.44mが残っている。外層には細かい砂が塗ってあり、厚さ0.1m程度で比較的光沢をなし、底部には3個の半円形の熱を発散する穴があいていた。穴の口径は0.1mである。

この遺跡を見学した神崎勝氏は、以下のように述べている［神崎2004a］。鋳造土坑の底には底型と内型が原位置で残っていた。内型の中心の空洞部に達するトンネルの口が都合3ヶ所で突きだしている。トンネルは丸瓦状の塼を伏せたもので、ガス抜きの穴と思われる。こうして鋳造された梵鐘は、横断面が正円の桶形の梵鐘で、鉄鐘と思われる。神崎氏の分類ではⅢ-aに属し荷葉鐘とみられる。

第2章　梵鐘鋳造遺跡

3　山西省大同遼金鋳造遺跡［山西省文物考古研2011］

　世界遺産雲崗石窟のちょうど上にあたる平地に、かつて遼金時代の寺院が造営されていた。その調査が2011年におこなわれ、第5窟と第6窟の上部で、北魏から遼金（907〜1234年）の寺院跡が調査された。鋳造遺跡は、この仏塔基壇の北部に位置し、遼金時代の鋳造土坑と30基の溶解炉からなるという。

　鋳造土坑は、平面形が一辺3.5mの正方形で、深さは2.45m。土坑の底部には円形のジョウと推定される土台が完存している。底面には灰が堆積していた。底部の四隅には穴があけられ、それぞれがジョウの底部に通じ、筒状の土製の管とつながっており、4本の管は地面に向かって斜めに埋設されているようである。工房の壁の下部は草を混ぜた粘土で塗られていて、赤く焼き固められており、坩堝の破片が散乱していたという。

　30基の溶解炉は鋳造土坑を遠巻きにして、同心円状に取り囲むように配置されている。炉の平面は隅丸の長方形を呈し、その長辺が円の直径の方向に向くように配置されている。壁面は高い熱をうけていることがわかる。

　調査を担当した山西省文物考古研究所の張慶捷氏に、手紙やメールを通して、直接おたずねしたところ、ジョウには段のようなものはなく扁平であるとのことである。また、調査区では鋳型は発見されていないので、失蝋法によって大型鋳物が鋳造されたため、鋳型が残らないと氏は考えられている。しかし、鋳型がまったくみられないということは、注湯後の型ばらしをこの現場周辺ではおこなわず、別の場所で鋳型を解体して、鋳物製品を取り出したとみるべきであろう。

（2）　韓国の梵鐘鋳造遺跡

新羅感恩寺跡梵鐘鋳造遺跡［趙1981］

　感恩寺跡は、韓国慶尚北道月城郡陽北面竜堂里にある統一新羅時代の寺院跡である。文武王によって発願され、文武王の死後、682年に文武王の子供の神武王の代に完成した塔は三層の石塔が二基並ぶことで知られている。韓国国立博物館の発掘と西塔の修理によって、薬師寺式伽藍配置であることがわかったが、西側建物の東側周辺で梵鐘鋳造土坑が発見されている。

　「東西塔の中心の伽藍中心線で、それぞれ西側へ52.9m、南へ10m地点に中心を置いた直径3mの竪穴内に、25〜30cmの長さに10cm幅の瓦器を半球状に積んで造ったもので、下部の直径120cm、残存高20cmである。この遺構の基礎は30cm程度の割石を置いて造られ、竪穴は建物跡の床から1m程度を掘り込んでいた」と報告されている。掲載されている写真を見ると、円形の土坑の底に、円形で中央部に穴があいた遺構があり、ジョウが良好に遺存している梵鐘鋳造土坑とみられる。底型の表面には凸部や変色部とすべきものが見られないので、詳細はわからない。

（３）　日本の梵鐘鋳造遺跡との比較

　筆者が知っている中国と韓国の梵鐘鋳造土坑は、このように数が少なく、また詳しい情報を
得ていないが、土坑の底部にジョウと考えられる平面が円形をなす構造物が残っているものは
梵鐘の鋳造土坑の可能性がある。鋳造土坑の平面形には円形と方形の２種があり、ジョウが
残っている遺構の場合は、すべて中央部に穴があいている。南京の検出例は、前述のように、
ジョウは残らないが、その下部にあたる定盤以下の構造が、残っていたとみられる。そして、
前述のように数多くの掛木を設置した鋳造土坑であったとするならば、ここでは、かなり大型
の鋳物を鋳造していたことが推定される。

　鄭州三中例は、北京大鐘寺古鐘博物館の案内図録に、遺構が美しく検出された状態の鮮明な
写真が掲載されており、それによると平面形が円形の土坑の底にジョウと内型が良好に残って
いることがわかる。内型は粘土または煉瓦状の土塊を積んで形成しているように見える。また、
ジョウの下部で、内型内部から外部へと通じる穴は、熱を発散する穴という説と、空気を抜く
ための穴という説がある。また、細かい点についてはわからないが、ジョウの下部に、掛木が
設置されていた気配はないようにみえる。

　この遺構は切り取りがなされ、現在、北京大鐘寺古鐘博物館において、梵鐘鋳造技術の展示
コーナーに安置されている。ただし、展示スペースが狭隘なためか、底型（ジョウ）の端部が
切り詰められ、熱の発散や空気抜きのためとされる穴も、あまり見えない状況となっており、
非常に残念なことである。

　山西省大同遼金時代の鋳造遺跡は、遺存が良好な鋳造土坑である。ジョウの中央部に内型の
一部が残り、ジョウの外側には外型を設置するハマリの段が残っていると筆者は考えている。
そして、空気抜きの筒状の土管状のものが、ジョウの下部から斜め方向に地上まで達している
ことが、この遺構の特徴である。こうした例について他に確認されたものを筆者は知らない。

　中国の溶解炉の構造に関する詳しい情報を筆者は知らないが、大同遼金時代の鋳造遺跡では、
金属を溶解したとされる炉が、鋳造土坑から、かなりの距離を置いて同距離に、円弧を描くよ
うに多数配置されているようである。溶解炉とされる写真から、炉は箱状を呈しているように
みえ、これは、日本の溶解炉が縦型の筒状を示すのと大きく異なっている。また写真の前側に
小穴が見えており、これを出湯口とすれば、溶金を横に流し出す構造であったと考えられる。
また、上述のように、多数の溶解炉の配置からみて、これらの炉は一連の鋳造に活用されたと
考えざるをえないが、これらの溶解炉の規模が比較的小さいことには、注目すべきであろう。
本遺構の生産物が梵鐘であると断定はできないが、梵鐘のような大型鋳物を鋳造するならば、
多数の溶解炉からの出湯を時間的にあわせるのは、そうたやすいことではないため、この溶解
方式による操業は、容易なものではなかったと思う。

第 2 章　梵鐘鋳造遺跡

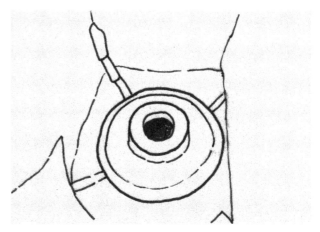

図20　山西省大同の遼金鋳造遺跡の鋳造土坑

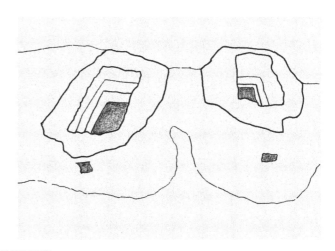

図21　山西省大同の遼金鋳造遺跡の溶解炉遺構

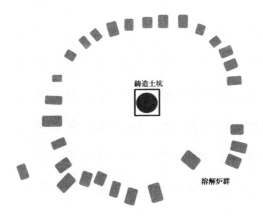

図22　山西省大同の遼金鋳造遺跡の鋳造土坑と溶解炉遺構
　　（図20〜22　http://www.nxnews.net/wh/system/2011/12/12/010175929.shtmlをもとに作図）

41

Ⅲ　梵鐘鋳造の造型技術の変化──ジョウ（底型）と内型・外型の組合せ──

（1）　梵鐘鋳造技術の再検討

1　はじめに

　とにかく、図23を見ていただきたい。これは既に15頁に掲載した図なのであるが、2008年に京都橘女子大学の学生だった本田陽子さんに描いてもらったもので、それ以前に作った数々の梵鐘鋳造状況の解説図の失敗を乗り越えて、最新の知識を総動員し、京都市山科区の安祥寺鐘（1306年銘）の鋳造状況は、このようなものであろうと意欲的に考えた結果であった。しかし、数年もたつと、さらに検討をすべき点があるのではないかと考えるにいたった。梵鐘鋳造状況の解説図の失敗と変遷については、第6章Ⅴにまとめているので参照されたい。

　本節で取り上げたいのは、梵鐘の鋳造の際に外型と内型（中子）の下部に設置される土製の部分である。まず、その名称について検討する。この土製の部分は、日本の梵鐘鋳造の民俗例（鋳鐘民俗技術）では、ジョウと呼ばれている。そして、このジョウは、定盤または木製のジョウと呼ばれる板材を並べたものの上に設置される。さらに、その下には掛木を設置して、鋳造時に外型の上に設置した掛木と縄でしばりつけ、縄に撚りをかけて緊縛して鋳型を固定し鋳型がずれるのを防ぐ。

　また、日本では、鍋の鋳型製作の時に外型を先に作り、そこに鉄環を載せて真土を貼り付けて内型が作られる(図24)。そして、この鉄環もジョウと呼ばれ、伯耆の倉吉では古くは土製のジョウを使っていたという［倉吉市教委1986］。土製のジョウは近世の鍋を製作した鋳造遺跡から、しばしば出土している。鍋づくりのためのジョウは内型の下部をなす基盤となっており、梵鐘鋳造と同様に、狭義の内型と、その上にかぶせる外型の両者を下で支える構造物といえるものである。梵鐘鋳造におけるジョウほど念入りには作られていないが、本質的に同じ目的をもった構造物であるため、同名がついているといってよいだろう。

　中国の鋳鐘民俗技術では、ジョウのことを底座あるいは墊子と呼んでいる［五十川2009c］。底座は底に置いて支える台座であり、墊子はベッドや椅子等の上に置く敷きものを指し、梵鐘の鋳造において、内型と外型を安定して置くための装置という語感がこめられていると考える。しかし、ジョウが日本語として一般には聞いてわかりにくい言葉であるため、ジョウが梵鐘の駒の爪の下面の部分として溶けた金属とふれあうので、筆者は、これを鋳型の一種と考えて、長らく底型と表記してきたが、なかなか諸賢の賛同を得ていない。器物・装置・部分を、どう呼ぶかという問題は、その評価に関わってくるので重要である。そして、梵鐘製作のジョウは、大型鋳物を作るために不可欠な装置であり、1300年もの歴史をもつ日本鐘生産の歴史のなかで時代によって変化があったのではないかという疑問をふといだいた。その検討が本節の基本的研究課題である。

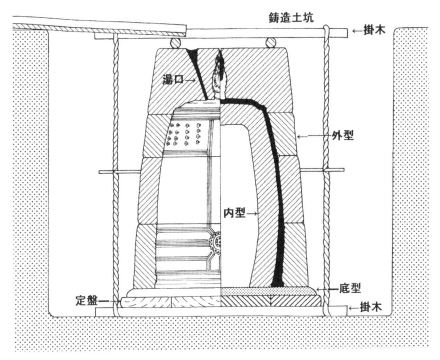

図23　京都市安祥寺鐘の鋳造状況の解説図［五十川2008b］

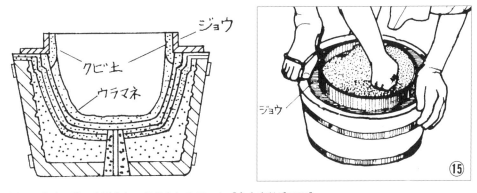

図24　倉吉の鍋の内型作りに使用されるジョウ［倉吉市教委1986］

2　梵鐘鋳造土坑の分析

　2005年に、鋳造土坑の研究のための調査マニュアルもかねて、国内の鋳造土坑の発掘調査例を集成して、その特徴を解説した［五十川2005a］。それらの土坑の大半は、大型鋳物の梵鐘を鋳造したものと考えられるが、確実に梵鐘の鋳型が出土して梵鐘鋳造土坑であると確定できるものを選び出し、さらに、それらの梵鐘鋳造土坑のうち、底部にジョウ（底型）がほぼ完全に残存していて、内型や外型を、どのように設置したかを考える材料が得られるものを選抜して、以下に検討してゆくこととしたい。

（2）　梵鐘鋳造土坑のジョウ（底型）と内型・外型の組合せ

1　兵庫県多可町多可寺跡遺構（A）［妙見山麓遺跡調査会1987］（図10-1・25）

　調査担当の神崎勝氏によれば、この鋳造土坑は奈良時代に位置づけられている。その上半は削平されていたが、ジョウ・内型・外型が、鋳造するために土坑の底部に設置した状態で検出された。ジョウ・内型・外型からなる土の塊の半分が良好に切り取って保存されており、その断面を観察すると、内型と外型との間には、製品になるべき空間が残り、そこに剥落した真土が埋積している。当然のことながら、内型はジョウの中央部に安定的に鎮座しているが、外型の下端は、ジョウの端部のぎりぎりのところに設置されており、あるいは段があった可能性もある。本例では、ジョウは外型の下端部全体を安定的に受け止めていない。

2　福岡市中央区鴻臚館跡ＳＫ15027［大庭2006］（図27）

　多可寺跡例と類似した外型設定は鴻臚館跡ＳＫ15027にある。大庭泰時氏の報告によると、内型は製品とともに失われているが、外型が50㎝にもわたって直立して残存していた。そして「外型は、底型（ジョウ）の外縁にわずかに懸かるように据えられていた。断面実測図にみられるように、外型下部の粘土は、型本体の粘土に対して、小さい単位で分層できる。このことから推測して、粘土を置いて高さを調節しながら外型を据えたものであろう」とされている。また、外型と土坑の間に土砂を入れて鋳造をおこなっている。このＳＫ15027は、9世紀前半の古代の鋳造土坑である。1・2は外型をジョウの端部に適切に置く方式である。

3　京都市左京区京都大学構内ＡＰ22区ＳＫ257［五十川・飛野1984］（図7-4・26）

　平安時代中期（9〜10世紀）ごろの梵鐘鋳造土坑である。この遺構において特徴的なのは、ジョウ上面に幅が7㎝で外径104㎝の凸帯があることである。このジョウの上には、鋳型が原位置で残存していなかった。ジョウの表面は赤褐色に焼成されており、一部は表面が剥落していたが、中心部の直径20〜30㎝の部分は、特に強く赤褐色を呈しており、それが内型の内径を示すものと考える。凸帯は均整な円形を呈しており、内型と外型という主要鋳型の設置に関係すると思われるが、どのように使われるかは、以下の検出例を知るまでわからなかった。

4　大分市豊後国分寺跡ＳＫ02［河野1999］（図7-1・10-4）

　8世紀末〜9世紀の梵鐘鋳造土坑の調査例であり、河野史郎氏の報告によると、多可寺跡のように、内型と外型とジョウが20㎝程度残存していた。注目すべきことは、ジョウには凸帯がついており、凸帯上の平面が製品の下端部、つまり梵鐘の口縁下面を形成するように設定されていたことである。凸帯の外側に外型、内側に内型を、それぞれ設置して、鋳造をおこなったのである。これによって京大構内ＡＰ22区ＳＫ257の底部に残存していたジョウ上面の凸帯の用途が解決した。また、掛木の痕跡もあるが、そのほか、外型と土坑の間に土砂を埋めて鋳造をおこなった痕跡がある。

第2章 梵鐘鋳造遺跡

図25 多可寺跡遺構（A）の断面

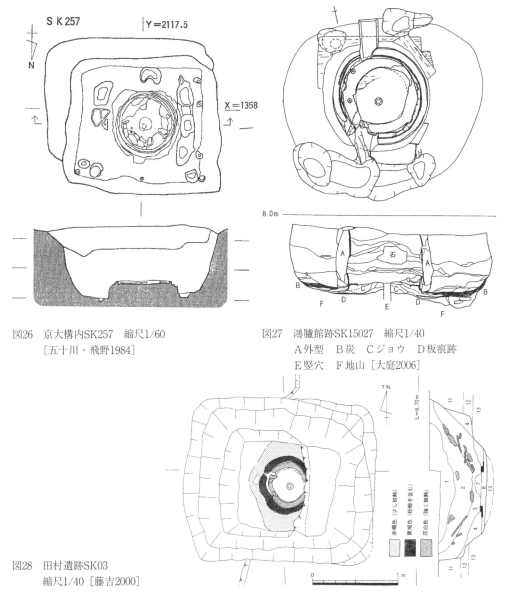

図26 京大構内SK257 縮尺1/60
　　　［五十川・飛野1984］

図27 鴻臚館跡SK15027 縮尺1/40
　　　A 外型　B 炭　C ジョウ　D 板痕跡
　　　E 竪穴　F 地山　［大庭2006］

図28 田村遺跡SK03
　　　縮尺1/40［藤吉2000］

45

5　香川県丸亀市田村遺跡ＳＫ03［藤吉2000］（図28）

　平安時代後期12世紀に位置づけられている。土坑は長辺が2.2m、短辺が1.8m、深さ0.65m
を測り、底部にジョウが残る。ジョウの上に輪状の強く被熱して青灰色を呈する部分があり、
梵鐘の駒の爪の下部に接触した部分と推定される。この輪状痕跡の外径は、50cmを測るので、
口径50cmの梵鐘が鋳造されたとみられる。その外側に少し段を下がって、幅が約５cmの黒色に
焼けた粘土が真円状にめぐっており、その内部には籾殻が含まれているという。これは外型を
設置するための部分と考えられる。さらに、その外側は、しっかりしたジョウの一部とは言え
ないようである。

6　長野県上伊那郡飯島町寺平遺跡第３号遺構［友野1980］（図29）

　この鋳造土坑は、中世後半の15世紀ごろのものと推定されている。調査担当の友野良一氏に
よれば、３基の梵鐘鋳造土坑が発見され、そのうち第１号遺構と第３号遺構ではジョウが良好
な状態で残存していた。そのうち第３号遺構ではジョウが完存していた。ここでは梵鐘の口縁
下面にあたる部分が、ジョウの上面において幅９cmの黒褐色の円を呈して明瞭に認められて、
その内外には設置された内型や外型の痕跡もよく確認できる。そして、外型の底型への設置の
ために段（ハマリ）が形成されていることも注目される。このような構造のジョウは、古代の
鋳造土坑には、まったくみられないものである。

7　鋳造土坑のジョウ（底型）と内型・外型の組合せの分類（図31）

　１～６の諸例を、まず大きく１～４と５・６に分類する。そして、１～４の諸例のジョウと
内型と外型との組合せ方をＡ型鋳型装着、５・６をＢ型鋳型装着と呼ぶこととする。また１・
２をＡ１型鋳型装着に、３・４をＡ２型鋳型装着、５をＢ１型鋳型装着、６をＢ２型鋳型装着
に細分する。Ａ２型は、Ａ１型にくらべて凸帯の存在によって内型と外型の設置が、より安定
的になるという利点が認められる。しかし、Ａ１型もＡ２型も円筒形の外型をジョウの端部に
設置するという方式であり、外型の底部を水平に安定させることが容易ではないという特徴が
ある。このため、鴻臚館跡ＳＫ15027や豊後国分寺跡例では、鋳造時に土坑内の鋳型を土砂で
埋めていることもうなずける。近年発見の宮城県仙台市薬師堂東遺跡の梵鐘鋳造土坑ＳＩ19も
Ａ型に分類されるものであろう［水野2013］（図30）。

　Ｂ型鋳型装着は、Ａ型鋳型装着にくらべると、ジョウの上面に外型の下面を設置するための
安定した空間を作っていることが注目される。さらにＢ１型とＢ２型を比較すると、Ｂ２型は
外型を設置するための広い空間を用意するばかりでなく、段（ハマリ）をもうけていて、外型
の装着の確実性を高めていることがわかる。そして、結果的には外型が厚くなっている可能性
もある。このように、Ｂ型においても、Ｂ１型よりもＢ２型のほうが、一段と進化した鋳型の
組合せ方をしているといえよう。さらに、Ａ型とＢ型の両者について、その後の鋳型装着法を
示すと考えられる民俗例もまじえて検討してみよう。

図29　寺平遺跡第3号遺構［友野1980］

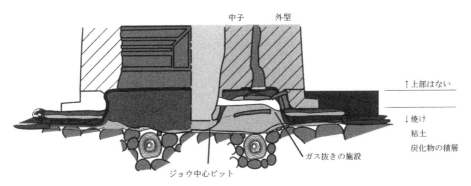

図30　薬師堂東遺跡SI19の構造模式図［水野2013］

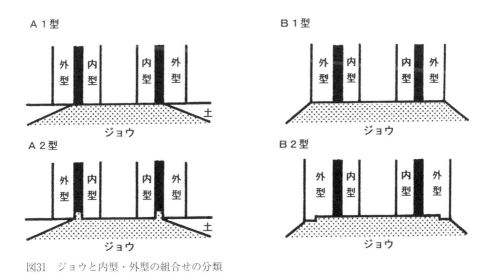

図31　ジョウと内型・外型の組合せの分類

47

（3）　民俗技術との比較検討

1　日本鐘の造型技術（図32）

　現代に伝わる日本の鋳鐘民俗技術をみてゆくと、ジョウの上面に内型はもちろん、その外側に外型もしっかりと設置されているのが原則である。つまり、現代の鋳鐘民俗技術はＢ型であって、Ａ型鋳型装着のような例は、現在のところ認めることができない。これに関しては、吉田晶子さんが、梵鐘鋳型においてはジョウの上に内型とともに外型を設置することが必要だとしばしば強調されていたことを思い出す。しかし、古代にＢ型はないようなのである。

　上記のように、日本の鋳造土坑におけるジョウのＡ型鋳型装着の検出例は古代に多く、Ｂ型鋳型装着の２例は中世のものであり、鋳型装着には時代的な変化の可能性があるようである。そして、日本の梵鐘造型民俗技術がほぼＢ型鋳型装着であることからして、日本においては、ジョウと内型・外型の組合せ方式は、Ａ型からＢ型へと変化したのであろう。

2　中国鐘の造型技術（図33）

　また、中国の梵鐘造型民俗技術においては、江蘇省の周家をはじめとする江南の外型横分割による鋳鐘民俗技術（図33）［五十川編2008］や温廷寛氏が紹介した河北軍区の外型縦横分割による鋳鐘民俗技術［温1958］では、ともにジョウの上面に、内型と外型とが設置されており、日本の鋳鐘民俗技術と同様のようである。日本鐘を鋳造する外型が横分割であるのに対して、中国鐘には縦横分割による外型もある。この縦横分割において、Ａ型のジョウでは水平方向の分割数が多ければ多いほどズレが生じやすく、Ｂ型が不可欠ではないかと思われる。しかし、北京大鐘寺古鐘博物館に展示されている河南省鄭州で発見された唐代の梵鐘鋳造土坑は、展示写真を見るかぎり、Ａ型鋳型配備の可能性がある。今後、検討をすすめたい。

（4）　技術変化の意義

　このように、ジョウは、上面の中央に内型を載せて外端部に外型をはめこむというＡ型鋳型装着から、その上面に内型と外型の両方を設置するＢ型鋳型装着へと変化したと考えられる。上記のような変化において、ジョウは、内型と梵鐘の口縁のための台座にすぎなかったものから発達をとげて、その上面に外型も設置して、より安全な鋳型配備を完成させるものへと変化したのであろう。これが正しいならば、ジョウは、時代とともに底型としての意味が高まっていったと考えられる。

　さて、この変化がいつごろ生じたかについては資料が十分ではないために確定できないが、中世の間に成立した可能性がある。しかし、本節冒頭に図示した安祥寺鐘（1306年）の鋳造は、図31に示したようなＢ１型鋳型装着によるものか、Ｂ２型によるものかどうか、検討の余地があり、この鋳造状況解説図が妥当なのかどうか判断は難しいのである。

第 2 章　梵鐘鋳造遺跡

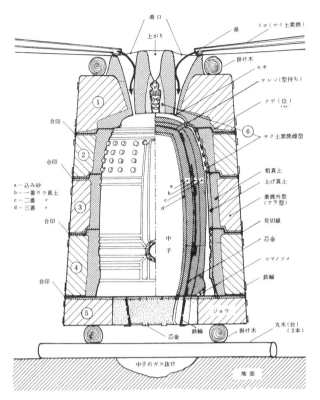

図32　日本鳥取倉吉斎江戸家の鋳鐘民俗技術［倉吉市教委1986］

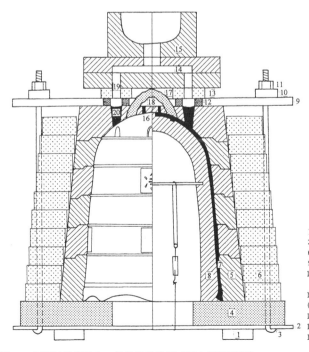

1　ジョウ［底座］下に敷いた鉄塊　2　レール
3　締付ボルト　4　ジョウ［底座］　5　外型
6　鋳型周りの砂箱　7　型の隙間　8　内型
9　レール　10　締付鉄板　11　締付ボルト
12　外湯口と内直湯口の間の鉄のつめもの
　　（銅水が充満後、余分はここから溢れ出る）
13　小鉄箱で作った内湯口の上端
　　（横湯口取付けのため蒲牢の高さに合わせる）
14　横湯口（2層の砂箱からなる）15　掛け堰
16　天門　17　鋳造した蒲牢　18　押し湯（2個）
19　外直湯口　20　内湯口（4個）は腰形をなす

図33　中国江蘇省周家の鋳鐘民俗技術［五十川編2008］

49

Ⅳ　鋳造遺跡からみた梵鐘生産

（1）　梵鐘鋳造の場の立地

　坪井良平氏の研究によれば、梵鐘をどこで鋳造したかを示す記録は少なく、中世鐘として、銘文に記しているものには、寛喜三年（1231年）に鋳造された近江国伊香郡己高山（鶏足寺・滋賀県長浜市）の鐘があり、富永御庄円満寺で鋳造したと記されている［坪井1983］。鶏足寺と円満寺とは5km余りも隔たっており、高峻な山へ鋳造資材を運び上げる労を避けて、山麓の地に作業場を仮設して鋳造したものと氏は考えられている。

　梵鐘は重量の大きい鋳物であるため、その生産は、出吹き、すなわち出張操業が一般的であったと考えるむきもあるが、建久四年（1193年）に大寺から播磨浄土寺（兵庫県小野市）へ、文安三年（1446年）に若狭遠敷金屋（福井県小浜市）から京都東寺へ、それぞれ鋳上った梵鐘が運ばれた記録があり、鋳造工人の本拠地である継続的工房における梵鐘生産も多かったと考えられる［坪井1970］。ここで梵鐘の鋳造遺跡は、鋳造の場が確定できるという利点を利用して、鋳造の場を考えるとともに、その操業形態についても考察してみたい［五十川2002］。

1　本拠地の鋳造工房における生産

　鋳造工人が、本拠としている一定の工房で、継続的に梵鐘を生産する形態について考える。文献史料によれば、古代には官営工房として大蔵省に典鋳司があり、大寺院や地方官衙にも、鋳所と呼ばれる鋳造工房が付属して必要な鋳物製品を生産していた。正倉院文書や延喜式には鏡作りに関する記載もあり、官営工房における鋳物生産の実態をかいまみることができるが、梵鐘のような大型鋳物の製作に関する記録は残っていない。

　東大寺の戒壇院東地区では、8世紀後半ごろに大型の鋳物を鋳造したとみられる鋳造土坑が検出されている。そして、東大寺の鐘楼に懸かる大梵鐘が、ここで製作された可能性もあり、この地が東大寺の鋳所に相当するかとも推定されている。また、滋賀県甲賀市鍛治屋敷遺跡の鋳造遺跡群は、紫香楽宮における大仏造立の過程で操業をおこなった大規模な官営工房の遺跡として位置づけられるものである。このほか、沖縄県那覇市首里城内では、14～15世紀に鋳造と鍛冶がおこなわれたことを示す工房跡が発見されており、梵鐘の鋳型も出土した、琉球王国の官営工房の存在を示すものと考えられる［上原2009］。

　古代において、継続的に梵鐘生産をおこなった工房の跡は、京大構内ＡＰ22区・ＡＯ22区で発見されており、9世紀末～10世紀はじめごろの梵鐘鋳造土坑が6基検出されている（図34）。それらは、分布状況によって2群に分かれ、それぞれの鋳造土坑が計画的に操業できるように配置されたことがわかる。ここには近接して古代寺院が存在せず、多数の土坑で何度も鋳造を繰り返しているため、平安京やその周辺の需要に応じる継続的な工房の可能性が高い。古代の梵鐘鋳造遺跡には、こうした類例が他にない［五十川1994c］。

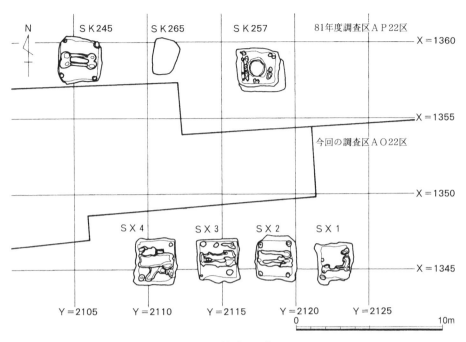

図34 京大構内AP22区・AO22区の梵鐘鋳造土坑 [伊藤1999]

2 出吹き作業場における生産

　鋳造工人が臨時の仮設作業場で製品の鋳造をおこなう操業形態は、出吹きと呼ばれている。これまでに検出されている鋳造土坑のうち、寺院の境内地やそれに近接する地に営まれているものは、ほぼ確実に出吹きによるものであろうと考えられる。さらに、出吹きを分類すると、受容者の寺院などの境内地、あるいはその近接地に仮設の作業場を設定して、鋳造をおこなう形態と、受容者の近接地ではなく、適切な空閑に作業場を建造して鋳造をおこなって、製品を受容者に搬送する場合もある。後者に関しては、文献史料に記録された中世後半の京都や堺における梵鐘鋳造の例を、坪井氏が紹介している [坪井1983]。

3 複合生産体制的生産

　このほか、他の生産部門とならんで梵鐘を鋳造している場合もあり、複合生産体制的生産と呼ぶこととする。たとえば滋賀県草津市木瓜原遺跡では、梵鐘鋳造土坑が、木炭窯・製鉄炉・須恵器の窯と近接して立地している。これは、銅の鋳造・鉄の製錬・焼物の焼成などの別種の多様な生産部門が複合した形態であり、現代の生産団地のありかたに類似する。こうした遺跡のありかたは、土という共通する材料によって結びつけられて同地に立地した可能性もある。鋳物生産には、良質の粘土や砂を大量に必要とするため、古い鋳物工人の本拠には良質の鋳物砂の産地が多い。また、寺院造営にあたり、瓦生産と梵鐘鋳造のための作業場が、近接してもうけられた例は、滋賀県大津市長尾遺跡などで確認されている。

（2）　古代の梵鐘鋳造の操業形態

1　銅鉄鋳物の種類別生産

　古代の梵鐘鋳造遺跡をみてゆくと、京大構内遺跡ＡＰ22区・ＡＯ22区や徳島市大浦遺跡などのように、梵鐘のほかに銅製の小型の仏具などを鋳造していたとみられる遺跡の例はあるが、同一の地点内で銅と鉄の両方の鋳物が生産されていた遺跡はまったくみあたらない。このため古代の鋳物生産においては、銅鉄の種類別生産が貫徹していたと考えられる。つまり、銅鋳物の鋳造と鋳鉄鋳物の鋳造は、それぞれ別の生産体系に編成されていたということが、日本古代の鋳物生産の一つの大きな特徴であろう。

2　金属加工諸工程の分業化の違い

　また、金属製品を製作するためには、製錬・精錬工程を経て製作された地金が、材料として必要である。梵鐘の材料となった銅原料は、奈良時代において山口県美祢市長登銅山が大きな供給源になっていたことが判明しているが、そこでは基本的に銅の製品鋳造はおこなわれず、地金生産を基本としていたと推定されている［池田2011・2015］。

　しかしながら、古代において鋳鉄製の鍋釜や鉄鐘を含めた仏具が、製錬・精錬工房の一郭、あるいは近接した地点で生産されていたことが、東北・関東平野・越後・越中・近江に展開している9〜10世紀の製鉄遺跡の調査によって判明している。古代の鋳鉄鋳物の生産地の多くは、鉄鉱石や砂鉄などの原料の産地にも重なる可能性が高いわけである。

　これによって、古代の金属加工の諸工程の分業化が、銅鋳物と鉄鋳物において大きく異なっていたことが判明する。鉄は銅よりも金属加工の諸工程の分業化が遅れていたともいえるが、これは、古代国家が銅生産に対して厚い配慮をしたためであろう。古代国家による経済政策としての貨幣の鋳造や仏教興隆による多様な仏具生産において、銅が果たした役割は、きわめて大きなものだったのである。

3　出吹きの優勢

　上に述べたように、寺院の境内地やそれに近接する地に営まれた梵鐘鋳造遺跡は、出吹きによるものであろうと考えられるが、古代の梵鐘鋳造遺跡をみてゆくと、出吹きと判断できるものがめだつ。たとえば、滋賀県大津市滋賀里町の長尾遺跡の梵鐘鋳造土坑は、西側の尾根上に位置する崇福寺または梵天寺の梵鐘を鋳造したとされるが、瓦を焼成した平窯とあいならんで造営されており、造寺修理のための臨時作業所に瓦工と鋳造工人が赴いたことが推定される。

　それに対して、数多くの鋳造土坑が並んで発見され、継続的な工房であっただろうと考えられるものは、前述のように、京大構内ＡＰ22区・ＡＯ22区しかみられない。平安京という古代都市周辺に造営された仏教寺院による梵鐘への高い需要が、この鋳造工房の基本的な存立基盤であったと考えられる。

（3） 中世の梵鐘鋳造の操業形態

1 銅鉄兼業と金属加工諸工程の分業化

中世の鋳物製品の銘文により、梵鐘などの青銅製品と鍋釜類の鋳鉄鋳物の両方をあつかった鋳造工人（鋳物師・大工）を確認できる。また、鋳造遺跡において出土鋳型から鍋釜と梵鐘が同じ工房で生産されていることのわかる例があり、中世においては銅鉄兼業の生産体制のものもあったことが確認できる。大阪府堺市美原区の真福寺遺跡、埼玉県坂戸市金井遺跡、福岡県太宰府市鉾ノ浦遺跡などの中世前半の大規模工房の遺跡では、梵鐘の鋳造土坑が多数検出され、梵鐘の鋳型と鍋の鋳型が出土している。

また、鋳鉄の鋳造遺跡において、鉄の製錬・精錬工程をおこなっているものは、中世初頭を過ぎるとみられなくなる。つまり、中世には金属加工の諸工程の分業化が完成してゆき、銅鉄の地金がともに商品として広く流通する時代になっていったといえる。

2 地域的鋳造センターの出現と発展

日本全国から検出されている鋳造遺跡の総覧的整理を試みられた神崎勝氏は、上記のような梵鐘を生産した大規模な鋳造工房の遺跡を、地域的鋳造センターとして位置づけ、それぞれの地域の鋳物生産の本拠地となったと指摘している［神崎2006］。これらの地域的鋳造センターを開拓した地方の鋳物師のなかには、河内丹南から移住したとする伝承をもつものがいる。

各地の梵鐘製作開始時期を調べると、中世の半ばになると、これまで梵鐘製作を確認できなかった地方においても、ぽつぽつとその生産が開始されることがわかる。これは、鋳鉄鋳物の生産にとどまっていた地方鋳物師が、大型で装飾的要素の多い梵鐘の生産をおこないうるまでに成長して、地域鋳造センターを展開していった結果であろう。

3 中世鋳物師工房の景観

鋤柄俊夫氏は、中世鋳物師の中核となった河内鋳物師の村の景観を、鋳造遺跡から復原されている［鋤柄1993］。網野善彦氏は、中世における村の景観について「村といえば農村を連想するこれまでの常識は根底から改める必要がある。当面は、海村・山村・平地村などをベースに農村、漁村、林村、工村、商村等々、様々な表現を用いなくてはならない」として「工村」を提示された［網野1997］。「工村」は、鋳物師の村をイメージづけうるものである。

上記の中世の地域的鋳造センターとなった鋳造工房の景観は、近世の都市に住んだ鋳物師の工房とは異なり、鋳物砂という鋳物生産にとって重要な材料の産地に立地しているものが多く、周辺の農業生産に関わる人々との共同を前提として、鋳物生産をおこなったとみられる。

近世には、大名の都市政策によって、手工業の職人が城下町に集住させられ、鋳造に関わる鋳物師達も都市に移り住んだとされているが、このころには土の商品化も進展して、城下町における鋳物生産が進展したと考えられる［五十川1991］。

第3章　日本鐘の様式と技術

　坪井良平氏が一生をかけておこなわれた日本鐘の考古学的研究は、ほぼ完全なものであって、さらに付け加える視点はないだろうと筆者は考え、梵鐘鋳造遺跡や鋳鐘民俗に関連するデータから梵鐘鋳造の技術を復原する研究をすすめてきた。しかし、先に述べたように梵鐘の詳細な実物観察をおこなう機会を得た結果、梵鐘を技術的な観点から観察することにより、これまであまり注目されていなかった鋳型分割や湯口系を確認できることがわかった。そして、技術を検討することによって、日本鐘の新たな分類基準を設定して、時代的変化や系統の違いなどをとらえることができるのではないかと考えるようになった。

　こうして、7世紀末に鋳造された最古の日本鐘から定型化がすすんだとされる鎌倉時代までの日本鐘を対象にして、その様式と技術を詳細に観察する作業を続けてきた。その作業はまだ完成はしていないが、今後の見通しを紹介して、様式を中心にすえた日本鐘の研究に、技術の要素からの検討を加え、日本鐘の歴史を、さらに豊かなものにする試みを提示したい。

I　日本鐘の様式

　坪井良平氏の研究は、江戸時代以来の銘文の金石学研究を継承しつつ、梵鐘という文化財を考古学的資料として、実測図を作成し、形態と意匠を比較検討して編年し、系統を考察するという完成されたものであった。その研究は、梵鐘の個別的研究にとどまらず、日本歴史時代の鋳物生産史といってもよいものである［坪井1939・1970・1972・1984・1989・1994］。

　坪井良平氏の東アジア梵鐘研究の概要については既に第1章において紹介したが、ここでは本章の内容を理解してもらうための前提となる基本知識として、様式研究の重要な観点をまとめておく。坪井氏の研究によって、奈良時代から鎌倉時代にかけての日本鐘は、以下のように変化したことが解明されている［坪井1970］。

（1）　撞座の位置の低下（図35）

　撞座は、最古級の妙心寺鐘や観世音寺鐘において鐘身の半分くらいのところに位置するが、時代とともに降下してゆく。坪井氏が示された撞座の高さ÷鐘身の高さ×100の数値は、奈良時代鐘の平均が37％、平安時代前期32％、平安時代後期29％、鎌倉時代23％である。これは、時代の降下とともに、鐘身の下方を撞くように変化したことを示しており、坪井氏は音響効果を向上させる技術的な要因によって生じた現象と考えておられる。

（2）　龍頭の方向と撞座の配置（図36）

　平安時代中期以前の鐘は、梵鐘を平面的に見た場合に、2個の撞座の中心を結ぶ直線と龍頭の長軸線とが直交するものがほとんどである。しかし、その後の時代の梵鐘では、撞座の中心を結ぶ直線は、龍頭の長軸線とほぼ平行するものへと漸進的に変化する。前者は古式、後者は新式と呼ばれており、梵鐘の新古の時代判定の有力な証拠となっている。

（3）　時代を代表する様式

　日本鐘は、袈裟襷による紋様構成をなしているが、時代によって、それぞれ特徴的な形態や装飾をもっている。坪井氏の研究にしたがって、日本における梵鐘生産の創始期から定型化にいたる時代の日本鐘の様式の特徴を以下に記す。

1　奈良時代鐘

　この時代の鐘は大型作品が多く、口径の平均値は107cmを測る。撞座の位置が高く、龍頭の方向と撞座の配置は古式を基本とすることは前述したとおりである。そのほか、笠形上にその周縁と同心円の突出した圏線をめぐらすことも通例である。銘文をもつものは少ないが、基本的に陽鋳で、短文のものが基本をなす。また、無銘ながら7世紀に製作された可能性をもっている当麻寺鐘では、上帯の鋸歯紋の大きさが不揃いで、2個の撞座の蓮弁数が異なっており、このようなおおらかな無頓着さが、梵鐘生産の創始期にふさわしい特徴であるとされている。

2　平安時代鐘

　この時代の梵鐘は、奈良時代のものより小型で、撞座の位置の低下がみられる。この時期のうちに、龍頭の方向と撞座の配置の変化が生じており、笠形上の圏線も衰退してゆく。最大の特徴は、乳の間に乳郭と呼ばれる別の区画をそなえたものがみられることである。そのほか、神護寺鐘や栄山寺鐘のように、序と銘を完備した陽鋳銘文を池の間に具備するものが現れた。また、12世紀代の平安時代鐘として位置づけられている鐘には、次の鎌倉時代鐘との共通点が多く、日本鐘の様式による時代区分としての平安時代鐘という分類から分離したほうがよい。その結果、次に述べる定型化という、日本鐘の様式の歴史を二分する時代的変化も、平安時代後期には展開しつつあったということになる。

3　鎌倉時代鐘

　鎌倉時代の梵鐘は、平安時代のものよりもさらに小さくなり、撞座の位置もさらに低下してゆく。龍頭の方向と撞座の配置は、新式のものが次第に多くなる。笠形上の圏線や乳郭は姿を消し、基本的に池の間に銘文をもつものが、圧倒的多数を占めるようになる。このほか、平安時代後期から鎌倉時代の初期には陽鋳銘文が多いが、やがて、陰刻銘文に移り変わってゆく。ここに、奈良時代に成立し、平安時代に展開してきた日本鐘の様式がついに完成にいたった。

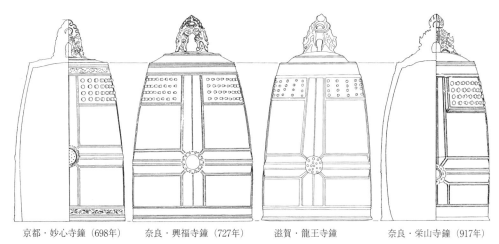

京都・妙心寺鐘（698年）　奈良・興福寺鐘（727年）　滋賀・龍王寺鐘　奈良・栄山寺鐘（917年）

図35　日本鐘の撞座の時代的な低下［五十川1992a］　縮尺不同

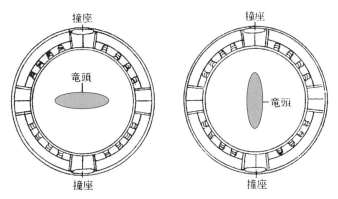

図36　龍頭の方向と撞座の配置［坪井1970］　左：古式、右：新式

日本鐘の時代別比較［坪井1970］

時代	平均鐘身高	平均口径	撞座高／鐘身高	古式／新式
奈良時代	135.1 cm	107.1 cm	36.9	15／0
平安時代前期	88.1 cm	65.1 cm	32.2	14／1
平安時代後期	105.6 cm	81.2 cm	28.9	5／5
鎌倉時代	84.6 cm	64.2 cm	23.0	17／114

　そして、鎌倉時代鐘によって、その後の日本鐘の様式の基本形態が「不変の鉄則」のように定着して定型化された。この定型化は、平安時代後期〜鎌倉時代にかけて、河内国に本拠地を置いた鋳物師集団の活動によるところが大きく、かれらの中には朝廷の蔵人所の供御人として特権を与えられ、全国を自由に往反して、梵鐘や鍋釜を中心とする鋳物の生産と流通の活動をおこなうものがいたとされている［網野1984］。

Ⅱ　日本鐘の技術

（1）　鋳型分割

　鋳型分割に関しては、多くの梵鐘の器面の、外型の重ね目にあたる部分に、鋳張りの痕跡が残っている。これは、甲張あるいは単にバリとも呼ばれ、分割構成されている外型の重ね目の隙間に、溶湯が浸入してできた突出部である。型ばらしの終了後におこなわれる後処理工程において、この突出部は、切断撤去して研磨されるが、日本鐘や中国鐘には、その跡が明瞭に残っているものが多い。この鋳張りの痕跡は、鋳型の組合せ法を知るための重要な手がかりであるため、これに注目して梵鐘を観察し、外型の分割箇所、および分割数について検討して、鋳型分割の各種の方法について考察することとする。

　こうした鋳張りにもとづく鋳型分割の分類については、坪井良平氏が、70年以上も前に指摘されている［坪井1941］。坪井氏は、平等院鐘の年代を考察するため、妙心寺鐘から鰐淵寺鐘にいたる、16口の日本鐘について、撞座と龍頭の位置関係・笠形の圏線の有無・乳郭の有無・上下帯の装飾の有無・撞座の高さとともに、鋳型の継目を詳しく検討された。その分類を以下に示す（図37）。

　　第一型　　上帯ト中帯トノ二個所ニアルモノ（例，妙心寺鐘）
　　第二型　　上帯ト池ノ間トノ二個所ニアルモノ（例，興福寺）
　　第三型　　池ノ間一個所ノモノ（例，織田神社鐘）
　　第四型　　上帯，池ノ間上部、池ノ間下部及ビ草ノ間ノ四個所ニアルモノ（例，廃世尊寺鐘）
　　第五型　　上帯，池ノ間上部、池ノ間下部ノ三個所ニアルモノ（例，徳照寺鐘）
　　第六型　　乳ノ間ト池ノ間下部トノ二個所ニアルモノ（例，鰐淵寺鐘）

　そして「一口ニ上帯ト云ッテモ，上帯ノ上端ニアルモノ，下端ニアルモノナド種々アッテ之ヲ細分スレバ種類ガ非常ニ多クナルガ，コヽコデハ大体ノ位置ヲ押ヘテ大キク六種ニ分類シタ。鎌倉以降ノ鐘ハ殆ンド全部ガ第五型デアル」と述べておられる。

　後述のように、筆者は、第一型・第三型は、鐘身2分割方式で古代の梵鐘の特徴であって、第五型と第六型は鐘身3分割方式で12世紀以降の日本鐘には、この方法が定着すると考える。これは坪井氏の結論と矛盾しない。第四型は、廃世尊寺鐘・西本願寺鐘のような、12世紀代の大型鐘にみられる鋳型分割の方法とみられる。平等院鐘も同じ鐘身4分割の鋳型分割法をとるものであり、その製作年代が推定される。

　そして、この鋳型分割の方法は、時代的な変化や鋳鐘工人の造型方法の流派の癖を示すものととらえられると予想して検討をおこなうが、鋳型分割の分類が、流派や個人を特定するための基礎的な分類ともなるものであるということは、この坪井氏の詳細な鋳型分割に示唆されて考えたことである。

第3章　日本鐘の様式と技術

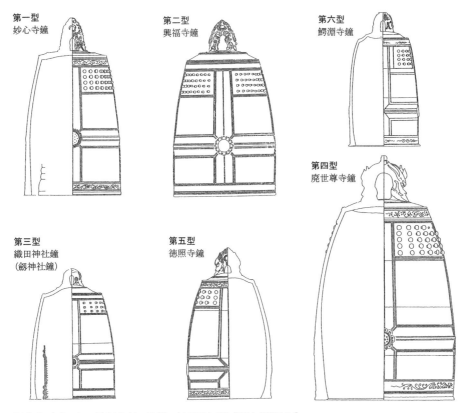

図37　坪井良平氏による鋳型分割の分類　縮尺約1/30［五十川2010c］

鋳あがったばかりの梵鐘には、鋳張りや揚りが残っている。左図のように外面にある鋳張りは外型の境目を示している。上図のように鋳張りは外型と底型の境目にも生じる。また、内型は鐘身の内側に付着しているので掘りとって除去する。鋳造遺跡で内型の残存が少ないのは、このためである。

図38　鋳あがった梵鐘　京都市岩澤の梵鐘

59

（2） 湯 口 系

湯口系に関しては、坪井良平氏は『日本の梵鐘』48頁に、梵鐘の鋳造状況の模式図を示して解説をされており、湯口が笠形にあることを明確に示しておられる（図39）。この図によれば笠形上に二つの通路があり、その一つは湯が流れ込む道を形成し、もう一つは揚り（空気抜き）として機能するものとされている。さらに龍頭の最上部にも細い通路があり、これもまた揚りの機能を果たしているとされる。拙稿「日本古代の梵鐘と中世の梵鐘」［五十川2006b］では、笠形上の折り取られた痕跡をすべて「湯口」と表現したが、笠形の二つの折り取られた痕跡がある場合、一方は堰で、もう一方は揚りの痕跡とすべきだという指摘を杉山洋氏から受けた。杉山氏は、笠形上に残る二つの折り取った痕跡には大小があるので、一方を入口、もう一方を出口とされている。しかし、これを解決するためには、たとえばX線写真を撮影して、気泡の動きを確認するなどの検討が必要なのであるが、まだ実証的に解明されるにいたっていない。そこで本書では、これらの堰や揚りの痕跡のありかたを「湯口系」と呼ぶこととする。

湯口系の形態に関しては［五十川2006b］に示した分類を、少し変更したので了解されたい。すなわち、A型をA１型に、C型をA２型に、D型をA３型にそれぞれ変更し、B型をB１型とB２型に細分し、B３型を加えた。また、龍頭の左右に円形の湯口を２個もつものを、あらたにC１型とC２型として設定し、円形の湯口を１個もつものをC３型とした。これらの結果、湯口系を、その形態と位置関係によって大きくA〜Cの３型に大別し、さらに３種に細分することとなった（図40）。

湯口系A型　笠形上の龍頭の長軸線に、平行する長方形の堰（揚り）の痕跡を示すもの。２個からなるもののうち、笠形圏線もしくは変曲点よりも外にあるものをA１型、それよりも龍頭に近い位置にあるものをA２型とする。A３型は長方形の堰の痕跡が１個で、笠形圏線、もしくは変曲点よりも内側にあるものを指す。

湯口系B型　笠形上の龍頭の長軸線に対して、その長辺が直行する、長方形の堰（揚り）の痕跡があるもの。A型と同様に、２個からなるもののうち、笠形圏線もしくは変曲点よりも外にあるものをB１型、それよりも龍頭に近い位置にあるものをB２型とする。B３型は、堰の痕跡が１個で、笠形圏線もしくは変曲点よりも内側にあるものを指す。

湯口系C型　笠形上に円形の堰（揚り）があるもの。２個からなるもののうち、笠形圏線もしくは変曲点よりも外にあるものをC１型、それよりも龍頭に近い位置にあるものをC２型とする。C３型は堰の痕跡が１個で、笠形圏線よりも内側で龍頭にごく近い箇所にあるもの。

そして、これらの湯口系にも時代的変化があり、なおかつ、異なった流派の鋳鐘工人による造型方法の癖による違いもあるのではないかと筆者は考えて観察を続けてきたので、その成果を解説する。

第3章　日本鐘の様式と技術

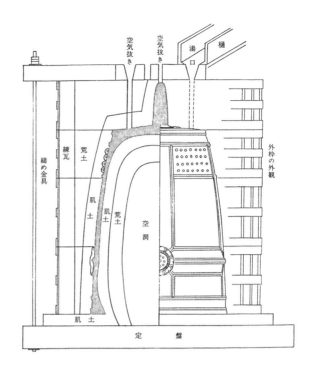

図39　坪井良平氏による梵鐘鋳造模式図
　　　［坪井1970 p48］

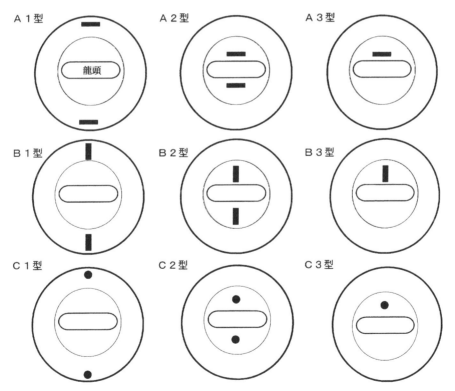

図40　梵鐘の湯口系（笠形を上から見た状況　黒塗が堰（揚り）［五十川2006b］を改変）

61

Ⅲ　古代的梵鐘の成立展開と中世的梵鐘の生成過程

（1）　技術からの検討

　日本の梵鐘の技術については、古代から中世前期にいたる技術変化のありかたを概説して、見通しを述べたことがある［五十川2006b］。その結果、時代や地域により鋳型分割や湯口系に違いがあることを発見し、様式とは視点の異なる、技術の分類によって、梵鐘を製作した鋳造工人の流派を解明できるという予想をたてた。その後、観察をおこなった資料数もやや増加し、湯口系の分類についても新種を発見して、変更の必要が生じたので、再検討をおこないたい。本稿では、西日本から東海地方（静岡県西部）までの地域に所在する奈良時代から鎌倉時代の日本鐘の技術について検討する。古代の関東・東北地方においては、鉄製品も含め小型梵鐘の製作がおこなわれたが、梵鐘生産の本格的開始は、中世の鎌倉時代中期の13世紀半ばである。このため、西日本を中心とする地域の古代から中世への梵鐘の変遷は、日本古代鐘の成立展開と中世鐘の生成過程を示すものと考えてよいだろう。

　そこでまず、奈良時代から平安時代の日本鐘の技術にもとづいて、古代的梵鐘の成立展開について検討を加える。次に平安時代後期から鎌倉時代の梵鐘については、中世前半の鋳物生産の中核となったといわれている河内の鋳物師の作品を中心に技術を観察して、古代から中世への展開を考察して、定型化された中世的梵鐘の成立過程を追究したいと思う。

　前述のように、坪井良平氏の研究によれば、梵鐘の法量は一定でなく、時代とともに小型化してゆく傾向がある。超巨大な東大寺鐘や古代の小型梵鐘などの検討は本書ではおくとして、本節では、それ以外の古代中世の梵鐘資料を中心にして、技術を検討してゆくこととしたい。古代の小型銅鐘と中世の小型銅鐘の鋳造技術や生産方式の違いに関しては、別稿で論じたので参照されたい［五十川2009a］

　図41～51は、坪井良平氏作成の実測図に、筆者が観察して確認した鋳型分割の位置を、書き込んだものを配列したものである。日本鐘の実測図の縮尺は、特記のないかぎり1/20に統一し以下の節でも基本的に、この形式にしたがうこととする。梵鐘の鋳型分割の位置については、分割の境目の位置に三角形の印を付けて明示した。

　なお、登場する梵鐘について、いちいち参考文献をあげないが、基本的に坪井良平氏による『日本の梵鐘』・『日本古鐘銘集成』、杉山洋氏の編集された『梵鐘実測図集成』（奈良国立文化財研究所編）を参照されたい。また、必要と思われる最小限の説明、上記参考文献に収録されていない資料の参考文献、あるいは、最近発刊の追加資料としての参考文献については、表2の下欄に、注として記載しておいたので、必要とされる方々は参照されたい。このほか、技術の観点からみた梵鐘の観察結果も注に記した。図や表の中の番号は、すべて坪井氏による梵鐘の整理番号である。

第3章　日本鐘の様式と技術

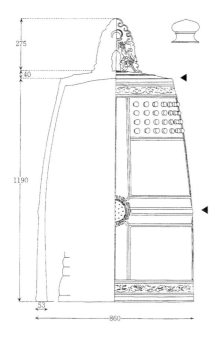

1　妙心寺　A1

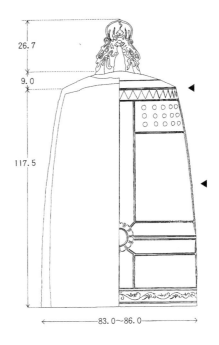

2001　当麻寺　A1

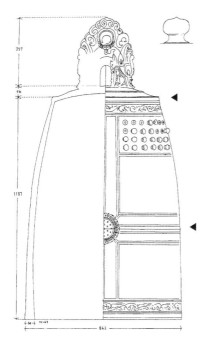

2002　観世音寺　A1

図41　奈良時代の梵鐘①

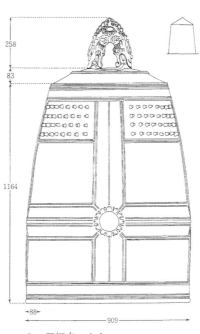

2　興福寺　A1

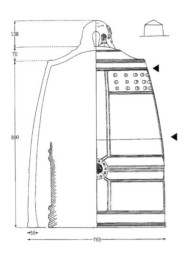
3　劒神社　B1

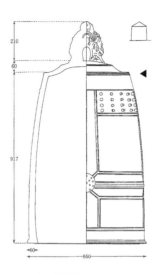
2010　龍王寺　A1

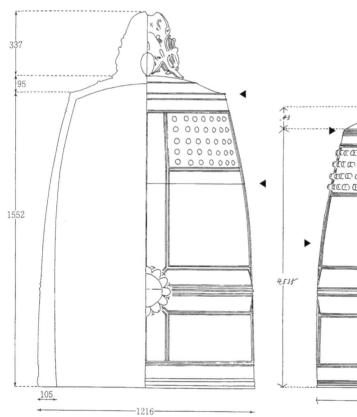
2005　園城寺　A1

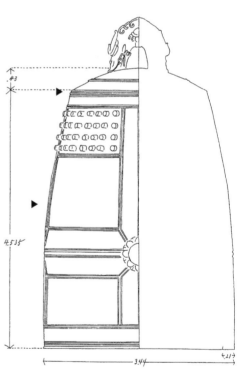
2006　新薬師寺　A1

図42　奈良時代の梵鐘②

第3章　日本鐘の様式と技術

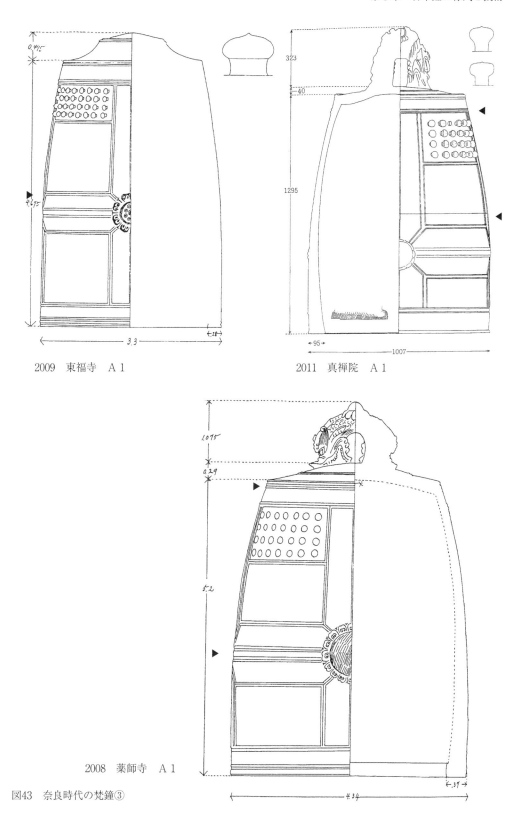

2009　東福寺　A1

2011　真禅院　A1

2008　薬師寺　A1

図43　奈良時代の梵鐘③

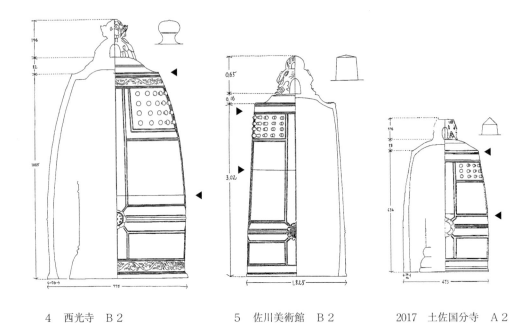

4　西光寺　B2　　　　　　5　佐川美術館　B2　　　　　2017　土佐国分寺　A2

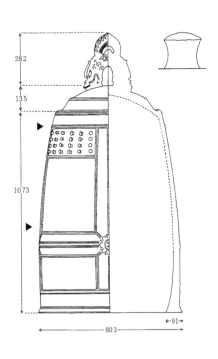
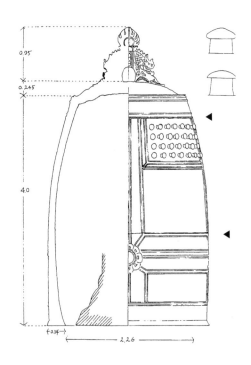

6　神護寺　B2　　　　　　　　　8　栄山寺　A2

図44　平安時代の梵鐘①

第3章　日本鐘の様式と技術

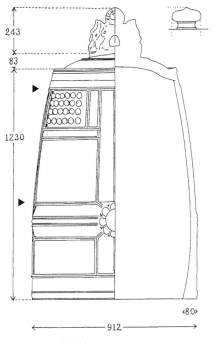

2012　唐招提寺　A1

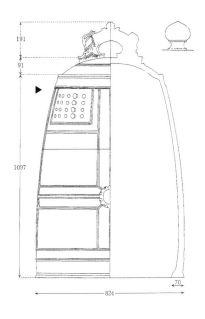

2014　三河国分寺

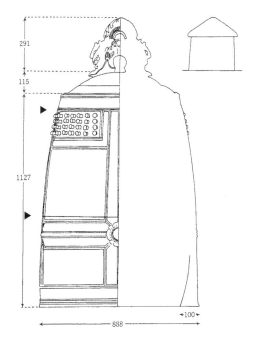

2016　石山寺　C2

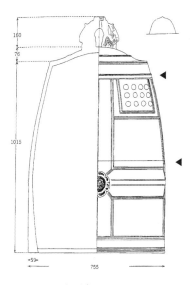

2015　本願寺　A2

図45　平安時代の梵鐘②

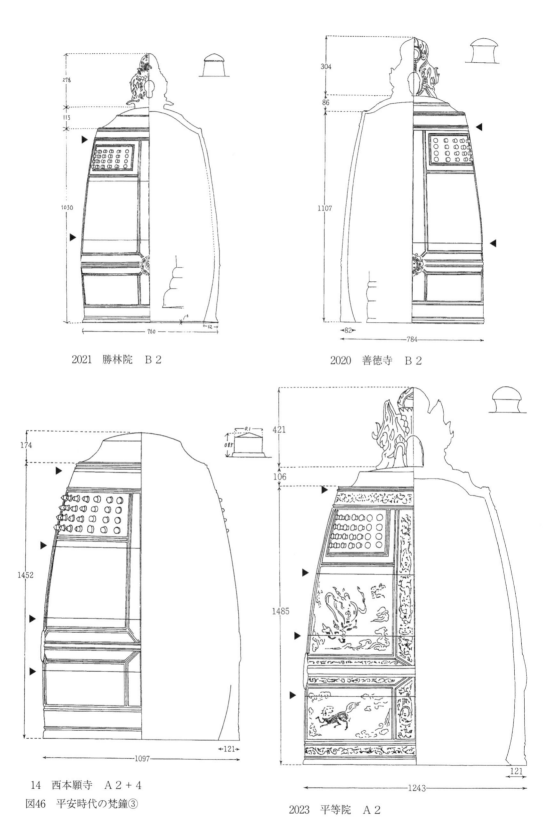

2021 勝林院　Ｂ２

2020 善徳寺　Ｂ２

14 西本願寺　Ａ２＋４
図46　平安時代の梵鐘③

2023 平等院　Ａ２

第3章　日本鐘の様式と技術

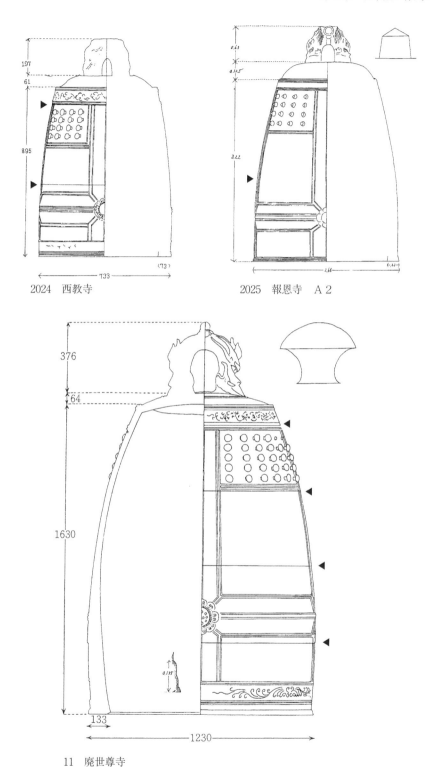

図47　平安時代〜鎌倉時代の梵鐘①

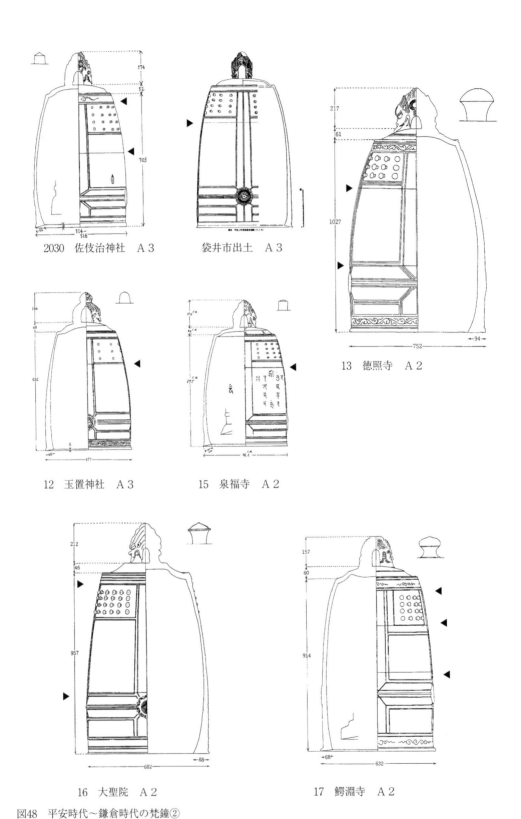

図48 平安時代〜鎌倉時代の梵鐘②

第3章　日本鐘の様式と技術

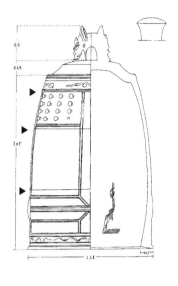

19　笠置寺　A2

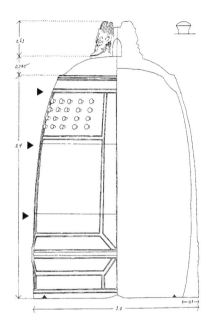

2031　東大寺大勧進所　A2

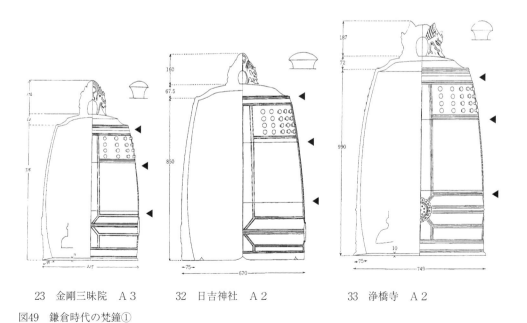

23　金剛三昧院　A3　　32　日吉神社　A2　　33　浄橋寺　A2

図49　鎌倉時代の梵鐘①

71

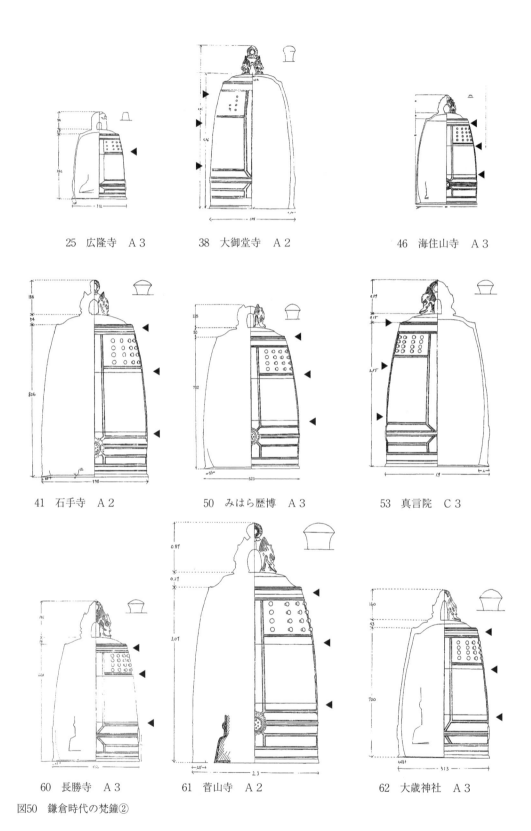

図50 鎌倉時代の梵鐘②

第3章 日本鐘の様式と技術

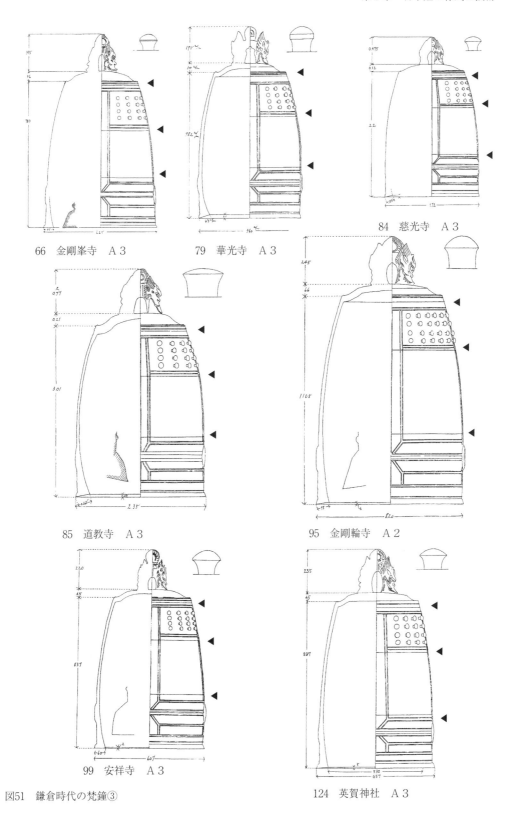

図51 鎌倉時代の梵鐘③

表 2　古代・中世前半日本鐘の様式と技術

坪井番号 （西暦）	所在地	献納寺社	鐘身高 cm	口径 cm	湯口系	鐘身鋳型 分割数	上帯周辺 分割位置	注
奈良時代　紀年銘鐘								
1（698）	妙心寺		119.0	86.0	A 1	2	上帯上端	注①
2（727）	興福寺		116.4	90.9	A 1	不明	不明	
3（770）	劔神社	剣御子寺	89.0	76.5	B 1	2	上帯下端	注②
奈良時代　無紀年銘鐘								
2001	当麻寺		117.5	82.5	A 1	2	上帯上端	注③
2002	観世音寺		118.7	86.2	A 1	2	上帯上端	
2005	園城寺		155.2	121.6	A 1	2	上帯上端	
2006	新薬師寺		137.4	104.3	A 1	2	上帯上端	
2008	薬師寺		157.6	131.5	A 1	2	上帯上端	
2009	東福寺		141.7	100.0	A 1	2	不明	
2010	龍王寺		91.7	65.0	A 1	不明	上帯上端	
2011	真禅院		129.5	100.7	A 1	2	上帯下端	
平安時代前期　紀年銘鐘								
4（839）	西光寺［乳］	金石寺	108.5	77.5	B 2	2	上帯上端	注④
5（858）	佐川美術館	延暦寺	91.5	55.3	B 2	2	上帯下端	
6（875）	神護寺	神護寺	107.3	80.3	B 2	2	上帯下端	
8（917）	栄山寺［乳］	道澄寺	121.2	89.1	A 2	2	上帯下端	
平安時代前期　無紀年銘鐘								
2012	唐招提寺［乳］		123.0	91.2	A 1	2	上帯下端	
2014	三河国分寺［乳］		109.7	82.4	不明	不明	上帯下端	
2015	本願寺［乳］		101.5	75.5	A 2	2	上帯下端	注⑤
2016	石山寺［乳］		112.7	88.8	C 2	2	上帯下端	
2017	土佐国分寺		63.6	47.3	A 2	2	上帯上端	
2020	善徳寺［乳］		110.7	78.4	B 2	2	上帯下端	
2021	勝林院［乳］		103.0	76.0	B 2	2	上帯下端	
平安時代後期　無紀年銘鐘								
2023	平等院［乳］		148.5	124.3	A 2	4	上帯上端	
2024	西教寺［乳］		89.5	73.3	不明	2	上帯下端	
2025	報恩寺［乳］		97.6	81.2	A 2	2	不明	
2030	佐伎治神社		70.3	51.5	A 3	2	上帯下端	注⑥
平安時代後期　紀年銘鐘								
11（1160）	廃世尊寺	金峰山寺	163.0	123.0	不明	4	上帯下端	
（1160）	袋井市出土	東紀哩岡寺	75.1	51.8	A 3	2	なし	注⑦
12（1163）	玉置神社		63.2	47.7	A 3	2	なし	
13（1164）	徳照寺	成身院	102.7	75.2	A 2	2	不明	
14（1165）	西本願寺	広隆寺	145.2	109.7	A 2 + 4	4	上帯上端	
15（1176）	泉福寺	延寿院	59.5	46.2	A 2	2	なし	
16（1177）	大聖院	水精寺	95.7	68.2	A 2	2	上帯下端	
17（1183）	鰐淵寺［乳］	大日寺	91.4	63.2	A 2	3	上帯下端	注⑧

第3章　日本鐘の様式と技術

表2つづき　古代・中世前半の日本鐘の様式と技術

坪井番号 （西暦）	所在地	献納寺社	鐘身高 cm	口径 cm	湯口系	鐘身鋳型 分割数	上帯周辺 分割位置	注
鎌倉時代　紀年銘鐘・無紀年銘鐘								
19（1196）	笠置寺	笠置寺	85.0	67.0	A 2	3	上帯下端	
2031	東大寺大勧進所		115.8	90.9	A 2	3	上帯下端	注⑨
23（1210）	金剛三昧院	浄金剛院	71.8	52.7	A 3	3	上帯中央	
25（1217）	広隆寺（鉄鐘）		34.2	31.2	A 3	2	なし	注⑩
32（1231）	日吉神社	己高山	85.0	67.0	A 2	3	上帯上端	
33（1244）	浄橋寺		99.0	74.9	A 2	3	上帯中央	
38（1250）	大御堂寺		67.3	47.3	A 2	3	上帯下端	
41（1251）	石手寺	興隆寺	80.6	59.8	A 2	3	上帯中央	
46（1257）	海住山寺	無量寿院	46.1	34.2	A 3	3	上帯中央	注⑪
50（1262）	みはら歴博	新楽寺	70.2	52.3	A 3	3	上帯上端	
53（1264）	真言院	真言院	77.3	57.6	C 3	3	上帯上端	
60（1275）	長勝寺	滝水寺	62.0	48.2	A 3	3	上帯中央	
61（1277）	菅山寺	菅山寺	93.0	69.7	A 2	3	上帯中央	
62（1277）	大歳神社	大歳宮	70.0	51.3	A 3	3	上帯中央	
66（1280）	金剛峯寺	教興寺	78.0	62.5	A 3	3	上帯中央	
79（1288）	華光寺	厳辺寺	78.2	56.0	A 2	3	上帯上端	
84（1292）	慈光寺	慈光寺	66.7	52.1	A 3	3	上帯中央	
85（1288-92）	道教寺		91.2	71.2	A 2	3	上帯中央	
95（1302）	金剛輪寺	金剛輪寺	110.5	82.0	A 2	3	上帯中央	
99（1304）	安祥寺	安曇寺	83.7	60.7	A 3	3	上帯中央	注⑫
124（1325）	英賀神社	大雄禅寺	89.7	65.7	A 3	3	上帯中央	

注①　東京国立博物館・京都国立博物館・読売新聞社編　2009　『妙心寺』図録
注②　越前町織田文化歴史館編　2015　『神と仏―祈り・祟り・祀りの精神史―』図録
注③　奈良国立博物館編　2013　『當麻寺』図録
注④　鳥取市歴史博物館やまびこ館編　2013　『梵鐘―鐘をめぐるものがたり―』
注⑤　鳥取市歴史博物館やまびこ館編　2013　『梵鐘―鐘をめぐるものがたり―』
注⑥　坪井氏は、2030佐伎治神社鐘を鎌倉時代のものとされているが、鋳型が鐘身2分割法によること、上の鋳型分割位置が上帯下端にあること、湯口系A3型であることなどから、12世紀後半に位置づけた。
注⑦　元興寺文化財研究所編　2014　『平治二年銘梵鐘調査報告書』
注⑧　鳥取市歴史博物館やまびこ館編　2013　『梵鐘―鐘をめぐるものがたり―』
注⑨　笠置寺鐘の下端は六つの切り込みがあり、俊乗房重源の作善記や周防阿弥陀寺鉄唐に記載のある「六葉鐘」と考えられる。東大寺大勧進所鐘は無銘であるが六葉鐘なので、笠置寺鐘との関連で、この位置に配置した。
注⑩　五十川伸矢　1988　「鴨東白河の鋳物工房」『京都大学構内遺跡調査研究年報　昭和60年度』
注⑪　五十川伸矢　2009a　「日本小型鐘の製作技術」『一山典籍記念論集考古学と地域文化』
注⑫　五十川伸矢　2006a　「京都市山科区安祥寺の梵鐘」『安祥寺の研究Ⅱ―京都市山科区所在の平安時代初期の山林寺院―』（京都大学大学院文学研究科21世紀COEプログラム「グローバル時代の多元的人文学の拠点形成」成果報告書）
＊破損が認められる梵鐘については、以下の文献によって、破損状態に関する情報が得られる。
西村強三　1987　「梵鐘竜頭の鋳造に関する一資料―山口・興隆寺鐘と福岡・光明寺鐘―」『九州歴史資料館研究論集』12
＊表中、［乳］と記した梵鐘は、乳の間に乳郭をもつものである。

（2） 古代～中世の鋳型分割

　奈良時代鐘のうち、興福寺鐘と龍王寺鐘には、鐘身の中央部に鋳張りを確認できなかった。鐘身の外面は最もめだつ部分であるから、そこに残存している鋳張りを、丁寧に削平研磨して消し去ったという可能性と鐘身を連続する1個の鋳型で形成した可能性の二案が考えられるが、いまだに決めがたい。上記以外では、撞座の周辺および笠形と鐘身の境目すなわち上帯上端の2ケ所に鋳張りの痕跡を残すものが多い。ただし、園城寺鐘では下の鋳張りが池の間の上部にあり、劔神社鐘と真禅院鐘では上の鋳張りが上帯下端にある。これらには小異はあるが、鐘身を2個の円筒形の鋳型によって構成し、その上に笠形と龍頭を形成するための鋳型をあわせ、合計3個の外型によって鐘体の外面を形成するのが基本とみられる。この分割法においては、紋様要素にさほど配慮をせずに、かなり機械的に鐘身部分の外型を2分割しているものであるといえる。

　特徴的なものとして、妙心寺鐘・観世音寺鐘・薬師寺鐘の三鐘では、撞座の中央部で上下に鋳型を分割している。これらは撞座部分を、活け込みではなく撞座の原形を外型の本体に押圧して形成したと考えられる。観世音寺鐘の撞座では、一方は上下で高さがほぼ合っているが、もう一方は少し段になっている。大分市豊後国分寺跡の梵鐘鋳造土坑からは、中帯中央凸帯の部分で分割された鋳型片が出土しており、上記三鐘にみられる鋳型分割の存在を実証できる［大分市教委1999］。妙心寺鐘と観世音寺鐘は、その銘文から北九州で製作されたと考えられているので、鋳型のありかたとうまく符合する。これらは、奈良時代にしかみられず、撞座の低下や、その後の鋳型製作技術の変化によって衰えたのであろう。

　次に坪井氏が平安時代前期とした梵鐘においても、奈良時代の梵鐘とほぼ同様に、鐘身部を2分割するのが通例であるといえる。池の間にみごとな陽鋳の銘文をもつ神護寺鐘や栄山寺鐘において、鐘身中央部にある鋳張りは、銘文にぶつからないように、中帯のすぐ上の池の間の下端にもうけていることが注目される。また、鐘身上部の鋳型分割には、上帯上端の凸線上にあるものと、上帯下端の凸線上にあるものの2種がある。前述のように、奈良時代には前者が多いが、平安時代になると後者が強くめだつ。これは、鋳造工人の違いというよりも、時代的な変化であろうと思われる。

　平安時代後期の無紀年銘鐘のうち西教寺鐘や報恩寺鐘は、その前代のものと同様に、鐘身を2分割している。しかし、大型の平等院鐘では鐘身を4分割している。ほぼ同大の奈良時代鐘である薬師寺鐘や園城寺鐘が鐘身2分割なのに、4分割して分割数を増加しているのである。また、平等院鐘は、次に述べる平安時代後期紀年銘鐘の西本願寺鐘や廃世尊寺鐘の鋳型分割に酷似するため、同様の時期に兄弟鐘として同じ工房で製作された可能性があるという考え方もある［杉山1994］。

第3章 日本鐘の様式と技術

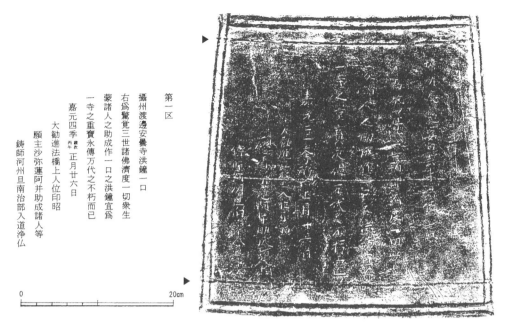

図52　京都市安祥寺鐘銘文　矢印は鋳張りの位置を示す［五十川2006a］

　平安時代後期および鎌倉時代の紀年銘鐘をみると、平安時代前中期のものとは異なった鋳型分割をしている。すなわち、前述した大型の西本願寺鐘や廃世尊寺鐘を除くと、池の間の下端周辺・池の間の上端周辺・上帯周辺に、合計３ケ所の鋳張りが認められる。これが、その後の日本鐘の鋳型分割の基本となった。ただし、玉置神社鐘・泉福寺鐘・広隆寺鐘・袋井市出土鐘など、12～13世紀の小型品には、池の間の上部を境目に鐘体全体を２分割するものが、相当量製作された。このほか大聖院鐘は、12世紀後半のものとしては珍しく、鐘身が２分割であり、地方鋳物師が古風にのっとって製作したものであろう。

　この時代の梵鐘は、それまでの時代のものとくらべて全体として小型化しており、なおかつ鐘身部分の鋳型単位が、前代の２分割から３分割となり、細かく分割されるようになったため、鋳型の単位は、いちじるしく小型化したといってよいだろう。

　こうした鐘身部鋳型を３分割する方式は、紀年銘のある12世紀中葉以降のほとんどの梵鐘において、池の間を存分に使って銘文を付すことが一般的になったこととも関係しているだろう（図52）。銘文の中央部に鋳張りがあると見苦しいし、そのような分割にすれば、陽鋳銘文を鋳型に刻む作業にもけっして便利ではないだろう。さらに、鐘身３分割方式は、撞座の位置が下降したことにも関連しているのではないかとも考えられる。しかし、それらのうち、どれが主導的役割を果たしたのかは、今後の検討課題である。

　なお、12世紀以降の梵鐘の鐘身の最上部の鋳型分割境界の位置には、上帯の上端・上帯の中間・上帯の下端の３種がある。これについては、以下のⅣ・Ⅴ節で議論を展開する。

（3）　古代～中世の湯口系

　坪井良平氏が、奈良時代の梵鐘と位置づけた梵鐘のうち、妙心寺鐘・興福寺鐘・当麻寺鐘・観世音寺鐘・園城寺鐘・新薬師寺鐘・薬師寺鐘・東福寺鐘・龍王寺鐘・真禅院鐘の湯口系は、Ａ１型とみられる。これらは、長辺が５～10cm程度の長方形の堰（揚り）の痕跡が残っており、笠形と鐘身の境界部から３～10cmのところに位置し、すべて圏線の外側におさまっている。

　しかし、劔神社鐘はＢ１型の湯口系を示す。この湯口系では、６cm×２cmの長方形の痕跡が残り、笠形と鐘身の境界部から６cmのところに下端があって、笠形の中央部にある圏線の外側に位置している。つまり、湯口系の形態は上記奈良時代の趨勢と異なっているが、その位置は奈良時代のＡ１型と類似し、平安時代の梵鐘のＢ２型の湯口系とは異なっている。

　次に、平安時代前期の梵鐘で、紀年銘のあるもののうち、西光寺鐘・旧延暦寺鐘・神護寺鐘、無銘鐘の善徳寺鐘・勝林院鐘は、Ｂ２型の湯口系を示す。痕跡は８～９cm×1.5～２cmであり、旧延暦寺鐘は、笠形部が破損しているがＢ２型と推定した。これらの痕跡の下端は、圏線もしくは変曲点よりも龍頭に近い位置にあり、前述の奈良時代の劔神社鐘にみられるＢ１型の位置と異なっている。これによって、時代が降りると痕跡が笠形の上部に移動するのではないかと考えられる。ただし、石山寺鐘はＣ２型で、きわめて珍しい例であり、この後で検討する。

　このほか、銘文から10世紀初頭に鋳造されたことのわかる栄山寺鐘では、湯口系がＡ２型をなす。これは紀年銘をもつ梵鐘のＡ２型湯口系の最古例である。坪井氏は、この栄山寺鐘を、撞座の蓮弁の形態からみて、河内の鋳物師の古い作品とみている［坪井1970 pp74-76］。また、平安時代前期に位置づけられている無銘鐘のうち、土佐国分寺鐘はＡ２型で、圏線のすぐ横に痕跡がある。そして、これらを濫觴としてＡ２型の湯口系が盛行してゆくとみられる。つまりＡ１型からＡ２型へと、湯口系は次第に堰（揚り）が上に移動したとみられる。

　平安時代後期の無紀年銘鐘のうち、報恩寺鐘はＡ２型の湯口系、やや小型の佐伎治神社鐘はＡ３型を示す。Ａ型およびＢ型の湯口系は、中国鐘の湯口系には、ほとんどみられないものであり、第５章で詳述するが、朝鮮鐘の基本的な湯口系である。

　平安時代後期の12世紀後半の紀年銘をもつ梵鐘では、廃世尊寺鐘は、補修されており本来の堰の跡を確認できない。そのほかの徳照寺鐘・西本願寺鐘・泉福寺鐘・大聖院鐘・鰐淵寺鐘は、Ａ２型の湯口系をもつ。ただし、西本願寺鐘はやや大型で、Ａ２型の湯口系の周囲の４ケ所に、補助的なものとみられる堰または揚りをもうけている。大型品の鋳造に慣れていない工人が、念には念を入れたという事情が、あったのかもしれない。大型品で大きさが等しい平等院鐘・廃世尊寺鐘・西本願寺鐘が、ほぼ同じ鋳型分割をしており、兄弟鐘であるという説を先に紹介したが、湯口系に以上のような違いがあるので、大型品における鋳型分割の同時性を示すものと筆者は考えている。

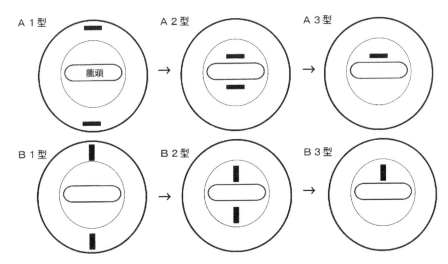

図53　湯口系進化の方向

　12世紀後半以降、鎌倉時代にかけての梵鐘については、これまでに観察した資料をみると、Ａ２型の湯口系とＡ３型の湯口系がみられ、奈良東大寺真言院鐘にＣ３型湯口系を唯一の例外として、Ａ１型やＢ型の湯口はみられなくなってしまう。真言院鐘についてはⅤ節で詳述するとして、Ａ２型としては、先にあげた平安時代後期もののほか、笠置寺鐘・東大寺大勧進所鐘・日吉神社鐘・浄橋寺鐘・大御堂寺鐘・石手寺鐘・菅山寺鐘・金剛輪寺鐘などがある。

　一方、Ａ３型の初出は1160年銘の袋井市出土鐘（東紀哩岡寺鐘）で、次いで玉置神社鐘・広隆寺鐘・海住山寺鐘、無銘の佐伎治神社鐘があり、ともに小型品と考えられる。このＡ３型は、小型梵鐘に試行的に採用された新式の湯口系であったと考えられる。しかし、1210年銘の高野山金剛三昧院鐘に始まり、旧新楽寺鐘・長勝寺鐘、大歳神社鐘・金剛峯寺鐘・華光寺鐘・道教寺鐘・慈光寺鐘・安祥寺鐘、英賀神社鐘など、通有の大きさを示す梵鐘も、13～14世紀にはＡ３型の湯口をもつこととなった。13世紀は、Ａ２型とＡ３型が併存しつつも、Ａ２型が徐々に減少して、Ａ３型が盛行してゆく過程を示す時期であろうと考える。ただし、地域差・工人差があるらしい。たとえば、愛知県美浜町の大御堂寺鐘（1250年）は、銘文によって大工藤原光延の作とみられ、Ａ２型の湯口系をとるものである。本鐘を含めて、愛知県に存在する鎌倉時代鐘については、茶湯釜の作家である長野垤座氏による研究では、大御堂寺鐘のほかに、大塚寺鐘（1208年）、笠覆寺鐘（1251年）について笠形部の図が掲載され、三口ともＡ２型の湯口系を示すことが図示されている［長野1933］。あるいは、この地域においては、Ａ２型が優勢であったのかもしれないが、その判断は今後の調査に待つこととする。

　なお、本節では、Ｂ３型の湯口系は登場しないが、やや系統を異にするもので、次節で展開する関東物部姓鋳物師集団の湯口系として、Ｂ２型からＢ３型への変化の実例を示す。

（4）　古代的梵鐘の成立展開と中世的梵鐘の生成過程

1　鋳型分割の変化

　表2において奈良時代鐘から平安時代後期無銘鐘のうち、興福寺鐘・龍王寺鐘・平等院鐘を除いたものは、基本的に鐘身を上下2段に鋳型分割している。それが、12世紀後半の紀年銘鐘では、撞座の位置が低下して、中帯以下・池の間・乳の間がほぼ同じ間隔になり、鐘身部分の鋳型の境界を、池の間の最下部・池の間の最上部の2ケ所にして、3分割した鐘身部の鋳型の上に笠形部の鋳型を重ねるという基本ができた。これには、池の間に銘文を付すようになったので、その中央に鋳張りが入るのを避けるという意図があって、銘文のために邪魔もののない広いキャンバスが提供されて、梵鐘がより視覚的にも完成されたというべきであろう。

　前述のように、梵鐘は小型化してゆくため、鋳型の1単位はきわめて小型になっていった。これは、鋳型製作時における作業、あるいは完成した鋳型の組み立てなどにおいて、重量物の移動装置が未発達であった前近代おいては、大きく作業を容易にしたと思われる。これにより、それまで、ごく一部の技術者集団にしか保持しえないような特別な技術であった梵鐘づくりが、技術の簡便化を軸にして、その技術の担い手を増加させ、高い生産性を獲得したのであろう。また、陽鋳銘文から陰刻銘文への転換により、誂え生産から出来合い品の販売への展開も想定される。そして、その背後には、生産力の上昇と中世新仏教の成立展開があるとみられる。

2　湯口系の変化

　以上に述べた多様な湯口系は、これらの梵鐘を製作した鋳造工人（鋳物師）の流派（系譜）や時代による違いにかかわるものではないかと考えられる。杉山洋氏の梵鐘の形態や文様意匠を中心とする様式の研究によれば、北九州・奈良・京都・奈良から発展した河内などの流派が指摘されており［杉山1994］、それらが今回分類した湯口系の形態の違いによくあてはまる。

　まず、A1型は、7世紀末に位置づけられる梵鐘から8世紀にいたる梵鐘にみられるもので、北九州に本拠を置いた工人および奈良の工人の作品であろう。

　これに対して、B型は770年に製作された劒神社鐘にはじまり、紀年銘鐘をみると9～10世紀ごろのものにもみられ、福井・鳥取・京都・滋賀に分布し、A1型に遅れて新しく成立し、近畿北部と、その周辺地域に本拠を置いた鋳造工人と、その系譜を引く、いくつかの流派達の製品であろう。B2型湯口系をもつ神護寺鐘の銘文には、冶工志我部海継なる鋳造工人の名が記載されており、B型の湯口系をもつ梵鐘を製作した鋳造工人の本拠の一つは、滋賀県にあったと考えたい。

　また、筆者がかつて調査した京都大学教養部構内（現吉田南構内）の鋳造遺跡は、平安京の東に位置し、9～10世紀ごろに6基の鋳造土坑をもうけており、このB型の湯口をもった梵鐘を製作した継続的工房であった可能性がある。

Ａ２型の湯口系をＡ１型の変化したものとみるならば、Ａ２型の多くは奈良の工人と、その系譜を引く流派たちの製品ではないかと考えられる。Ａ２型湯口系の初現の栄山寺鐘の鋳造は、坪井氏によれば、後の河内の鋳物師につながってゆく工人が担当したとみられている。また、Ａ３型は、12～13世紀に本格的に開発されたものであり、河内の鋳物師たちの形成活躍期にも符合する。Ａ３型を、Ａ２型の一方の堰（揚り）を省略したものとすると、杉山氏のいうように、河内の鋳物師は、奈良の鋳造工人の発展展開したものということができる［杉山1994］。

また、Ｃ型湯口系には、石山寺鐘以外に類例がなく、流派や系列を解明できないが、岐阜県大垣市長徳寺に所蔵の中国鐘で、唐末の906年に鋳造された鐘の湯口系に酷似する。坪井氏は、石山寺鐘を神護寺鐘や栄山寺鐘との様式的類似から、貞観延喜のころのものと考えられており、当時の中国の鋳鐘技術の流入も、空想ではないと筆者は考える。

このほか、西日本の中世鐘について、山口県防府天満宮蔵の油山天福寺鐘（坪井番号48）は銘文から文応二年（1261年）に沙弥生蓮が製作したことがわかり、Ａ２型の湯口系をもっている［大重2011］。また、広島県西条市の福成寺蔵の安芸三原鋳物師宗吉の作った梵鐘（寛正二年(1461年)）も湯口系はＡ２型である。琉球の中世梵鐘は北九州の鋳物師の作品とみられるが、基本的にＡ２型の湯口系を示すことも確認されている［鳥居2014］。これらから、中世の西日本においては、Ａ２型の湯口系が広く採用されており、東海地方以西では、Ａ型湯口系が一般的であったことが判明する。

こうした湯口系のありかたについて、何人かの現代鋳鐘職人諸氏に教示をお願いしたところ、Ａ型とＢ型は、工人の癖であろうとの意見をいただいた。つい最近まで古式手法にのっとって梵鐘を製作していた滋賀県東近江市五個荘三俣町の西澤梵鐘鋳造所では溶解炉から樋で溶湯を鋳型に流し込んでいるが、湯口はＡ３型であり、樋の溶湯の流れる方向と堰の長辺の方向は、直交している。もし、この方向性が奈良時代、平安時代にもさかのぼりうる古い鋳造の方式であると仮定するならば、Ａ型湯口とＢ型湯口とでは、龍頭からみた炉の位置の方向が異なっていた可能性もある。

Ａ１型からＡ２型そしてＡ３型へと発展し、Ｂ２型はＢ１型の変化したものと考えられるならば、こうした笠形における堰（揚り）の上昇や堰（揚り）の数の減少は、どのような意味があるのだろうか。

まず、ガス抜きの効率の点からは、Ａ２型・Ｂ２型・Ａ３型のように、湯口が中央部に近いほうがよい。また、Ａ型やＢ型では、注湯時に両方の湯口から注湯するとしたら、均等に湯を入れないと、笠形上で温度差が生じやすく、その点でＡ３型は、より改良された湯口系ではないかと考えられる。12世紀には、やや小型の梵鐘鋳造にＡ３型が採用され、13世紀には通有の大きさの梵鐘でも、Ａ３型を採用するものが増加していったが、これは溶解炉や注湯に関する技術の改良によって開発されたものであろう。

Ⅳ　関東物部姓鋳物師の梵鐘づくり

（1）　関東物部姓鋳物師の梵鐘

　坪井良平氏の研究によれば、平安時代後期から鎌倉時代にかけて、日本鐘は定型化への道をたどる［坪井1970］。そして、関西周辺地域に所在する12～14世紀の梵鐘のうち、河内鋳物師と総称される鋳造工人の作品を中心に、梵鐘資料を検討した結果、Ａ２型・Ａ３型の湯口系をもつ梵鐘が中心であることが判明している［五十川2006b］。一方、古代の関東地方においては鉄製の小型梵鐘の製作がみられたが、中世梵鐘鋳造の本格的開始は、13世紀半ばごろであり、それは、鎌倉大仏の鋳造が関係していると考えられている［坪井1970］。

　2000年に横浜市歴史博物館で開催の「中世の梵鐘─物部姓鋳物師の系譜と鋳造─」展では、遠藤廣昭氏が物部姓鋳物師の梵鐘を、たんねんに調査研究されている［横浜市歴史博2000］。そこで、この展示図録に収録された13～14世紀の梵鐘を中心に、新たに実物観察をおこない、その様式を再度確認するとともに、技術についても詳細に観察することにより、庖丁道明氏による先行研究［庖丁2001・2007］にも学びつつ、関東の物部姓鋳物師の性格を吟味する。

　鎌倉時代に関東地方において最も優勢であった鋳造工人の一群に、物部姓の鋳物師がいる。彼らの梵鐘作品については、坪井良平氏の研究があり、以下のような様式が表現されているのである［坪井1956・1970・1976a］。

　まず、物部姓の鋳物師の作品とみられる梵鐘は龍頭の相貌や笠形の傾斜が類似し、乳の間の高さが短く、池の間が長い。また、撞座のない２ケ所の縦帯が、中帯と接する所に生ずる紐の×形交差点において、×形を描く各二条の紐が中帯の上下にある紐を越え、中帯中央の幅広い水平帯に接することも特徴である（図54）。本稿では、この特徴を「物部型交差」と呼称する。さらに、上帯に雲文を、下帯には唐草文を配するものが多い。乳は、五段五列が大半を占める。そのほか、撞座の蓮弁文は２個の子葉からなる複葉が八弁をなすが、弁の根本が交互に隠されていることも、大きな特徴である。

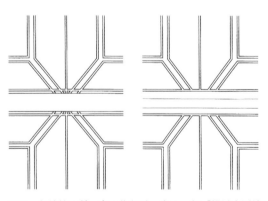
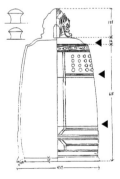

図54　袈裟襷二種　左：物部氏　右：一般［横浜市歴博2000］

49　聖天院
図55　物部姓鋳物師の梵鐘①

第3章　日本鐘の様式と技術

表3　物部姓鋳物師関連梵鐘一覧

番号	所在寺院	所在地	献納寺社	年号	（西暦）	鋳物師
34	慈光寺	埼玉県ときがわ町大字西平	慈光寺	寛元三年	(1245年)	物部重光
43	建長寺	神奈川県鎌倉市山ノ内	建長寺	建長七年	(1255年)	物部重光
49	聖天院	埼玉県日高市新堀	勝楽寺	文応二年	(1261年)	物部季重
54	長谷寺	神奈川県鎌倉市長谷	新長谷寺	文永元年	(1264年)	物部季重
77	小網寺	千葉県館山市出野尾	大荘厳寺	弘安九年	(1286年)	物部国光
83	国分寺	神奈川県海老名市国分寺	国分尼寺	正応五年	(1292年)	物部国光
88	東漸寺	神奈川県横浜市磯子区杉田	東漸寺	永仁六年	(1298年)	物部国光
92	称名寺	神奈川県横浜市金沢区金沢町	称名寺	正安三年	(1301年)	物部国光・物部依光
94	円覚寺	神奈川県鎌倉市山ノ内	円覚寺	正安三年	(1301年)	物部国光
123	妙光寺	神奈川県横浜市瀬谷区上瀬谷町	万年寺	正中二年	(1325年)	物部守光
129	阿弥陀寺	東京都東京都港区南麻布	法泉寺	元徳二年	(1330年)	物部道光
146	宝城坊	神奈川県伊勢原市日向	宝城坊	暦応三年	(1340年)	物部光連
158	東慶寺	神奈川県鎌倉市山ノ内	補陀洛寺	観応元年	(1350年)	物部光連
170	清浄光寺	神奈川県藤沢市西富	清浄光院	延文元年	(1356年)	物部光連
117	正法寺	埼玉県東松山市岩殿	岩殿寺	元亨二年	(1322年)	不明
134	本立寺	静岡県伊豆の国市韮山金谷	東慶禅寺	元徳四年	(1332年)	不明

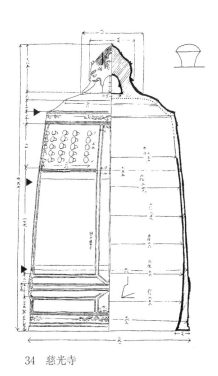

34　慈光寺

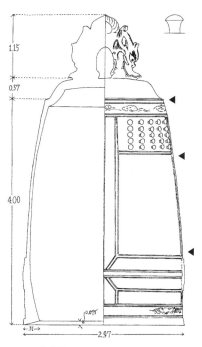

54　長谷寺

図56　物部姓鋳物師の梵鐘②

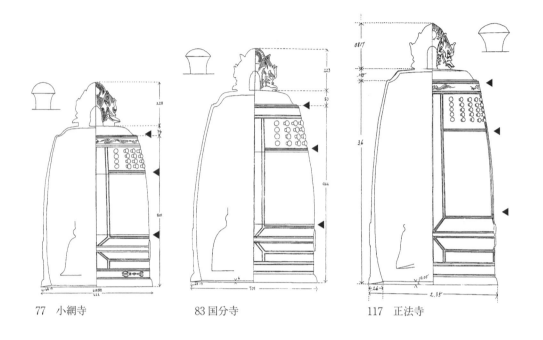

77 小網寺　　　83 国分寺　　　117 正法寺

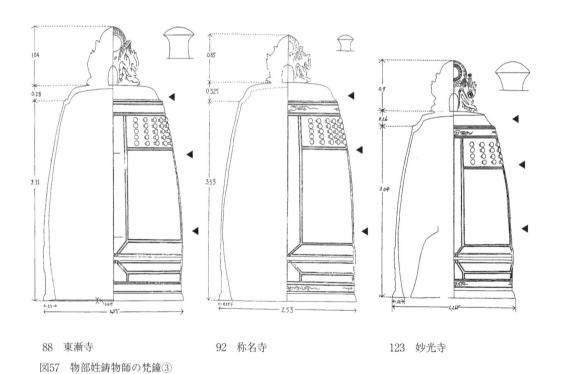

88 東漸寺　　　92 称名寺　　　123 妙光寺

図57　物部姓鋳物師の梵鐘③

第3章　日本鐘の様式と技術

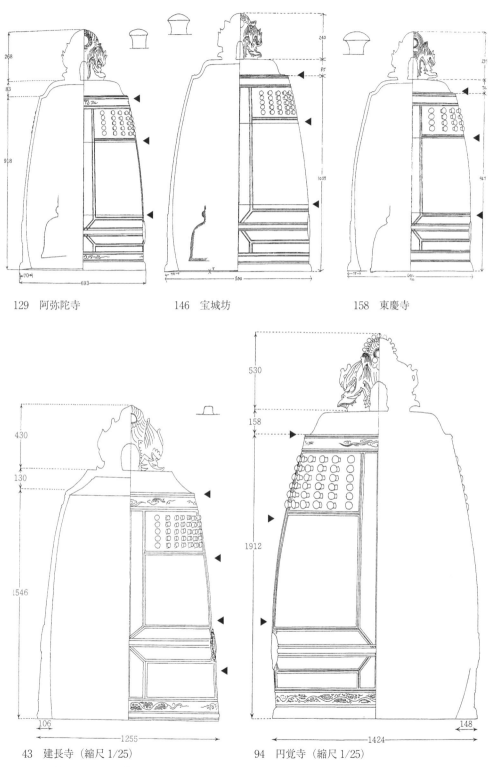

129　阿弥陀寺　　　146　宝城坊　　　158　東慶寺

43　建長寺（縮尺1/25）　　94　円覚寺（縮尺1/25）

図58　物部姓鋳物師の梵鐘④

（2）　物部姓鋳物師による梵鐘の技術

「中世の梵鐘―物部姓鋳物師の系譜と鋳造―」展の図録を参考に、神奈川・東京・埼玉・千葉の各地に所在する13〜14世紀の物部姓梵鐘を観察した結果を表4に示す。

まず、物部姓鋳物師による梵鐘の鋳型分割は、建長寺鐘をのぞいて、鐘体を3分割しており、その分割位置は、池の間の下端の凸線から数cm上、池の間の上端の凸線から数cm下、そして、上帯の上端にある凸帯上に、それぞれあり、統一された分割計画があったことを確認できる。

慈光寺鐘の湯口系は笠形部に修理を受けており、Ｂ2型かＢ3型かを決定できなかったが、その他にはＢ2型・Ｂ3型、あるいはＣ2型・Ｃ3型が認められる。その特徴として、Ｂ型としたものは、奈良・平安時代に福井・京都・滋賀・鳥取にみられるＢ型湯口系が細長い長方形を呈するものが多いが、物部姓鋳物師の作品では、それとはすこし異なり円形に近い楕円形を呈するものが多いという特徴がある。これら物部姓鋳物師による湯口系は、楕円ないし円形の湯口系をもつ一群というべきなのかもしれないが、あわてて特別な分類をもうけないで、今後の検討を待つこととする。このほかに、物部姓の鋳物師による、ほとんどの鐘において笠形の上面の4ケ所に円形の型持を設置しており、一部の鐘では上帯にも型持を設置しているものがある。型持の素材には銅と鉄の2種がある。

これらの梵鐘調査の過程で、西日本を中心とする地域では12〜13世紀の梵鐘において普遍的にみられるＡ2型あるいはＡ3型の湯口系が、まったくみられないことに、筆者は驚いたが、これが関東地方における中世的梵鐘生産開始期の鋳物師の一派の技術的な特徴であろう。

物部姓の鋳物師は、上総の鋳物師である広階姓や大中臣姓鋳物師とともに、出自は河内国であり、13世紀の半ばごろに関東地方におもむいて、その地に定着したとされてきた。しかし、上記の鋳型分割や湯口系技術の違いからみて、物部姓鋳物師は、河内鋳物師と総称される近畿地方の鋳造工人の集団とは、技術的な系譜が異なった別の鋳物師集団であった可能性がある。後述のように、古代のＡ型・Ｂ型の湯口系は朝鮮鐘からの影響、Ｃ型の湯口系は中国鐘の影響が考えられるが、物部姓鋳物師の湯口系に示された技術も、中世の初期に、朝鮮半島や中国の鋳鐘技術の影響を受けて成立した技術であったかもしれない。

『東宝記抄』に、物部国光・物部吉光・物部国友・物部国家・物部国氏の鋳物師達が、弘安八年（1285年）京都東寺の大塔枡形の銘に名をとどめており、物部姓鋳物師が河内鋳物師の強い勢力下の地域にも足跡を残しうる中世鋳物師へと展開したことが判明する［大森1987］。

さらに、河内から関東に下行して、上総の鋳物師として定着したとされる広階姓や大中臣姓鋳物師の作品である千葉県本土寺鐘・眼蔵寺鐘には、鐘身2分割・Ａ3型湯口系の技術が認められ、この時代の河内鋳物師の技術とも若干異なっている。今後、河内から下行したとされる中世地方鋳物師たちについて、その作品たる梵鐘の技術に注目して追究したい。

表4 物部姓鋳物師梵鐘の様式と技術

番号	所在地	西暦	鋳物師	銘文	撞座	上帯	下帯	上帯分割	湯口系
34	慈光寺	1245年	物部重光	陽鋳	新式	雲文	唐草文	上帯上端	B2・B3
43	建長寺	1255年	物部重光	陽鋳	新式	雲文	唐草文	上帯上端	不明
49	聖天院	1261年	物部季重	陽鋳	新式	雲文	唐草文	上帯上端	B3
54	長谷寺	1264年	物部季重	陽鋳	新式	雲文	唐草文	上帯上端	B3
77	小網寺	1286年	物部国光	陽鋳	新式	雲文	独鈷	上帯上端	B3
83	国分寺	1292年	物部国光	陰刻	新式	雲文	——	上帯上端	B3
88	東漸寺	1298年	物部国光	陰刻	新式	——	——	上帯上端	B3
92	称名寺	1301年	物部国光						
			物部依光	陰刻	新式	——	——	上帯上端	B3
94	円覚寺	1301年	物部国光	陰刻	新式	雲文	唐草文	上帯上端	C2
117	正法寺	1322年	不明	陰刻	新式	——	——	上帯上端	B2
123	妙光寺	1325年	物部守光	陰刻	新式	雲文	唐草文	上帯上端	C3
129	阿弥陀寺	1330年	物部道光	陰刻	新式	雲文	唐草文	上帯上端	B3
146	宝城坊	1340年	物部光連	陽鋳	新式	——	——	上帯上端	B2
158	東慶寺	1350年	物部光連	陰刻	新式	雲文	唐草文	上帯上端	B2

　第2章の鋳造遺跡の研究において紹介したが、埼玉県下では、坂戸市金井遺跡B区や嵐山町金平遺跡など、中世前半ごろの有力な鋳物師集落と考えうる鋳造遺跡が発掘調査されており、梵鐘鋳造土坑の検出と梵鐘鋳型の出土が顕著である。それらを検討されている熱心な研究者の一人で、嵐山町に勤務する村上伸二氏は、関東平野の鋳造遺跡を4タイプの工房の形態に分類している［村上2006］。

①河内系鋳物師主導による継続して営まれた拠点的工房

②河内系鋳物師主よる短期間操業の出吹き工房

③在地鋳物師による鉄製錬・鋳造・鍛冶と総合的に継続操業された小規模工房

④都市鎌倉における工房の実体が不明な小規模工房

　中世には、全国的に時代とともに金属加工諸工程が分業化され、群小の鋳物工房が淘汰され、やがて地域的な操業センターが確立してゆくのだろうという筆者のおおざっぱなイメージとは異なり、村上氏は地域の鋳造遺跡のありかたを、細かく分析していることを高く評価したいが、鋳造遺跡の分類の基準としている継続的と短期間、拠点的と小規模を分類するための定量的な分析の必要性があるだろう。

　また、鎌倉時代に関東地方に展開した有力鋳物師が河内系鋳物師であるとの認定は、今後は検討すべき段階にきていると筆者は考える。そして、寺社に遺存している古鐘の様式と技術の再検討や鋳造遺跡から出土する鋳型による様式と技術の検討、さらに、それらの比較検討によってはじめて、鋳物師の系譜の認定がなされるべきであろう。

Ⅴ 丹治姓鋳物師の梵鐘づくり

（1） 丹治姓鋳物師の梵鐘

　丹治氏は河内鋳物師のなかでも最も有名な家柄であり、その淵源を和銅元年に多治比真人が鋳銭司の長官に任じられたことに求める説もあるが、鋳造遺跡研究会の庵丁道明氏によれば、奈良時代の丹治比氏は、直接に鋳造にかかわったのではなく、新来の鋳造技術を何らかの形で統括した事務官僚の可能性も指摘されている［庵丁2001］。そして、丹治（丹治比）氏による梵鐘を製作する鋳物師としての活躍は、12世紀以降に確認できる。作品は、近畿を中心として関東をはじめ備中・安芸・周防・四国・九州にまで分布し、本拠地における梵鐘鋳造のほか、需要者のもとへ出吹きに出かけて梵鐘生産をおこなったとされている。

　この丹治氏については、古くは香取秀真氏の研究があり［香取1914］、坪井良平氏の詳しい研究によれば、河内国の住人を名乗る丹治国忠・丹治国則、遠隔地に出かけて在地の鋳物師と協力して梵鐘生産にあたった丹治久友、太宰府の住人であった丹治恒頼、周防に作品が残り、その地域に本拠があったとみられる丹治助利・丹治国真、備中に作品が残っている丹治是友、安芸に鐘が残る丹治友重、南北朝時代に摂津兵庫に移り住んで生産をおこなった丹治則延などがあり、そのなかには丹治姓鋳物師といっても、厳密に考えてみると異なった流派に属する様々な鋳物師が含まれていることが、既に推定されている［坪井1970 pp106-109］。とりわけ鎌倉大仏の鋳造に参加したとされる丹治久友の作品に、筆者も早くから注意をはらってきた。そして、鋳物師丹治久友の活動は、中世前半に在地生産と出張生産を基本活動としていた河内鋳物師とは少し異なっており、遠隔地の出張生産に長けた特別な鋳物師であろうと考えてきた［五十川1995］。そこで、彼をどのように位置づけられるかについて、技術の側面から検討することとする。

　現存の丹治姓を銘文に残す梵鐘を表5に示した。それらには、多治比則高による高野山金剛三昧院鐘、丹治国忠の石手寺鐘・海住山寺鐘、丹治国則の新楽寺鐘・菅山寺鐘、丹治久友による養寿院鐘・東大寺真言院鐘・般若寺鐘のほか、丹治助利の般若寺鐘・丹治国真の神護寺鐘、丹治是友の清水寺鐘、丹治友重の高林坊鐘、丹治則延の蓮華寺鐘・丹治直則の須磨寺鐘がある。

　それらのうち様式において異なる点の多い周防の丹治氏の作品をのぞいて、丹治久友の作品と近畿地方に根拠地を置いていた丹治姓鋳物師の作品について、新たに実物観察をおこない、その様式（装飾・銘文）を再度確認するとともに、技術（造型・鋳造）についても比較検討をおこなった。

　これらの作品は、坪井氏が定型化した日本鐘とされる梵鐘の典型的作品であり、奈良時代と平安時代の梵鐘の様式を受け継ぎながらも、新しい様式と技術を確立して、その後の日本鐘の基本形となったものである。

第3章　日本鐘の様式と技術

表5　丹治姓鋳物師関連梵鐘一覧

番号	所在地		献納寺社	年号　　（西暦）	鋳物師
河　内					
23	金剛三昧院	和歌山県伊都郡高野町	清浄金剛院	承元四年(1210年)	多治比則高
41	石手寺	愛媛県松山市石手	興隆寺	建長三年(1251年)	丹治国忠
46	海住山寺	京都府木津川市加茂	無量寿院	正嘉元年(1257年)	丹治国忠
50	みはら歴博	大阪府堺市美原区黒山	新楽寺	弘長二年(1262年)	丹治国則
61	菅山寺	滋賀県長浜市余呉	菅山寺	建治三年(1277年)	丹治国則
摂　津					
153	蓮華寺	兵庫県三木市口吉川町	蓮華寺	貞和二年(1346年)	丹治則延
304	須磨寺	兵庫県神戸市須磨区須磨寺町	安養寺	長禄四年(1460年)	丹治直則
丹治久友					
47	養寿院	埼玉県川越市南町	新日吉山王宮	文応元年(1260年)	丹治久友　大江真重
53	真言院	奈良市雑司町	真言院	文永元年(1264年)	丹治久友
58	般若寺	茨城県土浦市宍塚	般若寺	建治元年(1275年)	丹治久友　千門重延
備中・安芸					
111	清水寺	岡山県加賀郡吉備中央町	清水寺	正和五年(1316年)	丹治是友
139	高林坊	広島県安芸高田市甲田町	石室寺	建武二年(1335年)	丹治友重
周　防					
44	般若寺	山口県熊毛郡平生町宇佐木	般若寺	建長七年(1255年)	丹治助利
125	神護寺	山口県熊毛郡平生町大野	阿曽社	嘉暦二年(1327年)	丹治国真

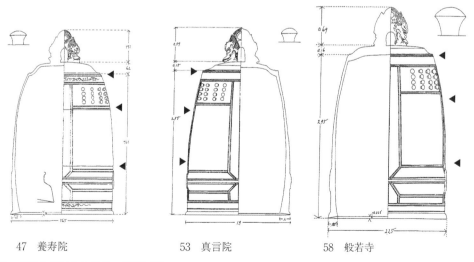

　47　養寿院　　　　　53　真言院　　　　　58　般若寺

図59　丹治久友による梵鐘　縮尺1/20

89

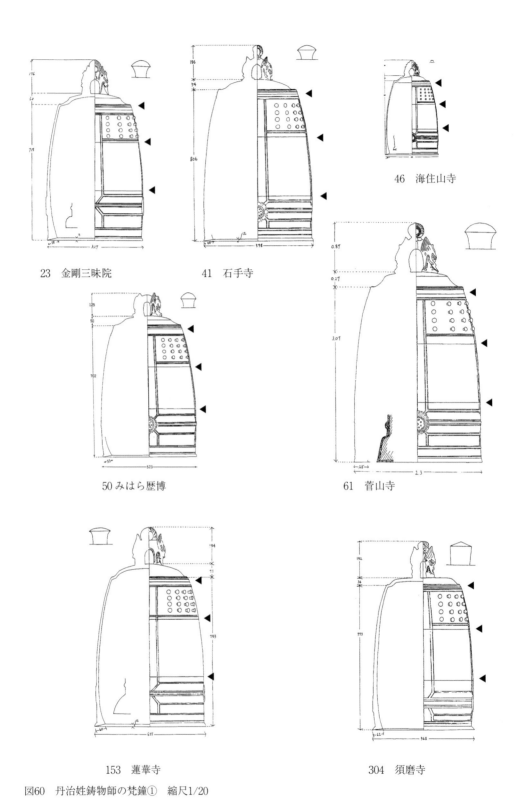

図60　丹治姓鋳物師の梵鐘①　縮尺1/20

第3章 日本鐘の様式と技術

表6 丹治姓鋳物師梵鐘の様式と技術

	所在地	西暦	鋳物師名	銘文	撞座	上帯	下帯	上帯分割	湯口系
河内									
23	金剛三昧院	1210年	多治比則高	陽鋳	新式	—	—	上帯中央	A3
41	石手寺	1251年	丹治国忠	陰刻	古式	—	—	上帯中央	A2
46	海住山寺	1257年	丹治国忠	陰刻	古式	—	—	上帯中央	A2
50	みはら歴博	1262年	丹治国則	陰刻	古式	—	—	上帯中央	A3
61	菅山寺	1277年	丹治国則	陰刻	古式	—	—	上帯中央	A2
摂津									
153	蓮華寺	1346年	丹治則延	陰刻	新式	—	—	上帯中央	A3
304	須磨寺	1460年	丹治直則	陰刻	新式	—	—	上帯中央	A3
丹治久友									
47	養寿院	1260年	丹治久友						
			大江真重	陽鋳	新式	雲文	唐草文	上帯上端	C3
53	真言院	1264年	丹治久友	陰刻	新式	—	—	上帯上端	C3
58	般若寺	1275年	丹治久友						
			千門重延	陰刻	新式	—	—	上帯上端	C3
備中・安芸									
111	清水寺	1316年	丹治是友	陰刻	新式	—	—	上帯中央	
139	高林坊	1335年	丹治友重	陰刻	新式	—	—	上帯中央	
周防									
44	般若寺	1255年	丹治助利	陰刻	新式	—	—		
125	神護寺	1327年	丹治国真	陰刻	新式	—	—		

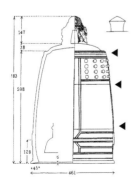
111 清水寺

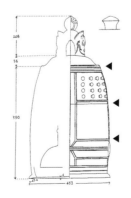
139 高林坊

図61 丹治姓鋳物師の梵鐘②　縮尺1/20

（2）　丹治姓鋳物師による梵鐘の技術

1　河内丹治姓鋳物師の梵鐘

　坪井氏の研究によれば、石手寺鐘の銘文には「大工河内国丹治国忠」とあり、金剛三昧院鐘を鋳た多治比則高や新楽寺鐘を製作した丹治国則も、河内に本拠を置いた鋳物師とみられる。かれらの製作した梵鐘の様式や技術を観察してみると、高野山金剛三昧院鐘では、撞座と龍頭の位置が新式で、陽鋳の美しい銘文をもつが、その他の例では銘文が陰刻で古式という違いがある。しかし、上帯や下帯に装飾はなく、Ａ２型またはＡ３型の湯口系を示すものであって、13世紀の近畿地方周辺の梵鐘としては通有の作品である。共通している特徴的な技術として、鐘身最上部の鋳型境界を上帯の中央部に設置していることがあげられる。そして、かれらは、近江・紀伊・四国などの遠隔地を商域として、梵鐘を生産流通させていたと推定されている。

2　摂津丹治姓鋳物師の梵鐘

　坪井良平氏の研究によれば、中世の半ばの南北朝時代に、丹治氏の一派が河内から摂津西端に位置する兵庫（神戸市兵庫区）に移住して新しい本拠地を築き、その後長く鋳物生産を続けたとされている。その活動を示すと思われる梵鐘は、播磨と摂津に二口が残されており、その様式と技術を調べてみた。1346年に丹治則延によって製作された蓮華寺鐘は、陰刻銘をもち、撞座と龍頭の位置関係は新式で、上帯下帯ともに素紋、湯口系はＡ３型で、鐘身最上の鋳型分割位置は上帯中央にもうけている。また、少し時代が下がるが、1460年に丹治直則に作られた須磨寺鐘も、銘文陰刻・新式・素紋・Ａ３型で、鐘身最上の鋳型の境目も蓮華寺鐘と同位置である。これらは、鎌倉時代の河内の丹治姓鋳物師の様式と技術を、長きにわたって忠実に継承しているともいえる。

3　丹治久友の梵鐘

　次に、河内の鋳物師とされる丹治久友の作品について検討してみよう。銘文に、丹治久友を記載する梵鐘は三口ある。埼玉県川越市養寿院鐘は、武蔵国河肥庄新日吉山王宮に献じられたもので、鋳師丹治久友と大江真重、茨城県土浦市般若寺鐘は大工丹治久友と大工千門重延が、それぞれ列記されている。両鐘はまた、その袈裟襷において撞座のない２ケ所の縦帯が中帯と交差する所にできる紐の×形交差点において、×形を描く各二条の紐が中帯の上下にある水平線を越えて、中帯中央の幅広い水平線に接している。前節で述べたように、この手法は物部型交差であり、相模や上総の鋳物師の作品にみられる特徴である。

　養寿院鐘の銘文中の「丹治久友・大江真重」や般若寺鐘の「丹治久友・千門重延」の連名の銘文型式については、河内鋳物師と地元鋳物師の梵鐘生産の協業の例とされている。筆者は、それだけでなく、近畿地方以外で銘文に河内鋳物師名をもつ梵鐘において、袈裟襷や龍頭などの様式要素が近畿地方の梵鐘における正統的なありかたと異なるものをとりあげ、河内鋳物師

と梵鐘生産に精通していなかった地元鋳物師の協業を示すものととらえた。つまり、大江真重や千門重延は、丹治久友とともに作業にあたった東国の鋳物師たちであり、丹治久友が東国におもむいて、彼らとともに製作したために、中帯に東国の装飾が付加されたものだと考えた。また、河内鋳物師が出張操業し、地元鋳物師は工房や作業場をはじめ、原材料や鋳物用の砂土の提供などにおいて協業した可能性を指摘した。また、丹治久友は、特定の遠隔地との関係をもっており、比較的遠隔地出吹きをおこなった特異な河内鋳物師の一人であったのではないかと考えた［五十川1995］。

　しかしながら、丹治久友が東大寺真言院に献じた梵鐘にも、養寿院鐘や般若寺と同じ様式と技術が明瞭にみられるのである。これらをまとめると、これらの三口の梵鐘の様式は、前節で検討した関東物部姓鋳物師の作品にかなり類似する点が多く、袈裟襷に「物部型交差」も踏襲されている。そして、鋳型分割は、鐘身を3分割しており、その分割位置は、池の間の下端の凸線から数cm上、池の間の上端の凸線から数cm下、上帯の上部にある凸帯上に、それぞれ設定されている。そして、三口ともC3型湯口系をとっている。

　しかし、近畿地方に分布する河内鋳物師の丹治（多治比）姓の鋳物師の梵鐘作品の最上部の鋳型分割の位置は、ほぼ間違いなく上帯の中央部に設定しており、丹治久友の作品とは異なっている。また、久友の作品はC3型の湯口系である。湯口系C型は、中国鐘における普遍的な湯口系として、唐代から認められる技術である（第4章参照）。ただし、奈良平安時代に位置づけられる梵鐘においては、筆者の調査が不徹底なのかもしれないが、石山寺蔵の平安時代鐘にC2型の湯口系がみられるのみである。これに対して、河内の丹治姓の作品はA型の湯口系をとる。また、丹治久友の梵鐘作品は、同時期の河内丹治姓の鋳物師の梵鐘が、撞座と龍頭の位置関係が古式をとるのに対して、新式を採用しており異質である［庵丁2007］。このような様式や技術の違いは、前述の物部姓鋳物師と同様に、丹治久友が、近畿地方の丹治姓の鋳物師とは、系譜を異にする鋳物師であった可能性を示しているのではなかろうか。

　丹治久友は、文永元年（1264）銘がある東大寺真言院鐘に「鋳物師新大仏寺大工丹治久友」、同年の吉野郡金峰山蔵王銅鐘銘には「大工鎌倉新大仏鋳物師丹治久友」と記しており、これをもって、鎌倉大仏の鋳造のために河内から関東に下向し、鋳物生産を展開した鋳造工人の一人であったが、後に関西地方にもどったとされてきた。しかし、彼が駆使した様式や技術には、前述の物部姓鋳物師の梵鐘作品と同様に、河内鋳物師とは異なるものが含まれていることは、ほぼまちがいない。関東地方の在地金工師とされる藤原守道ほかの製作した経筒を詳細に研究した林宏一氏は、銘文に記された物部や丹治の鋳物師名は、鋳物師の表看板的な意味が強く、養寿院鐘や般若寺鐘に丹治久友とともに連記されている工人が実際の製作者であったのだろうという説を提出しているという［赤熊編1994 p959］。しかし、丹治久友の単独の銘がある奈良東大寺真言院鐘と上記二鐘は、鋳型分割や湯口系が酷似しており、久友の作品とみられる。

Ⅵ　日本古代中世の鋳鐘生産

（1）　古代鋳鐘生産と「空白の二世紀」

　古代の鋳物生産について文献史学の立場から検討された古尾谷知浩氏は、古代の梵鐘生産は、梵鐘の陽鋳銘文の存在からみて、発注者の意志が鋳造工人に伝えられて製作されたものとされている［古尾谷2008］。さらに、陽鋳銘文をもたないものも含めて、古代の梵鐘には、様式や技術に多様性があるため、既製品として流通したとは考えられず、誂え生産が基本であったと筆者も考えている。

　さて、平安時代から鎌倉時代へと展開する日本鐘の変遷過程を、杉山洋氏が検討している［杉山1994］。まず、杉山氏は姿と形によって絶賛されてきた平等院鐘について、様式と技術の両面から製作年代を新たに推定した。そして、12世紀中葉に位置づけられる奈良廃世尊寺鐘と京都西本願寺鐘と同様に、鐘身部の鋳型が四つに分割されていることや、唐草と飛天の紋様の朝鮮鐘との比較検討により12世紀中葉説を提示した。また、貞元二年（977年）の井上恒一氏蔵鐘から永暦元年（1160年）の廃世尊寺鐘まで、紀年名をもった梵鐘が現存しないことから、10世紀後半から12世紀前半に至る時期を「空白の二世紀」と評価した。

　梵鐘鋳造遺跡を集成した神崎勝氏によれば、この空白とされる期間に位置づけうる梵鐘鋳造遺構は皆無ではなく、8ヶ所の遺跡で確認されていることを確認しつつも、官営工房から民営工房への過渡期、あるいは民営工房成立の準備期間と評価している［神崎2006］。この時代が変革期であることは疑いないが、極端に生産の低調な時期あったかどうか判断は難しい。

　これに対して、古尾谷知浩氏は、梵鐘は残らないが文献史料に残された平安時代鐘の存在や木幡浄妙寺鐘・無量寿院鐘の梵鐘鋳造の記録を紹介し、平安時代の鋳造工人が、より自立した姿をみせていると指摘するとともに、当時は原材料の銅不足が深刻で、旧鐘の鋳つぶしが多くなされ、直前の時期の梵鐘が新鐘の材料として利用されたことが、空白の二世紀を生み出した原因ではないかと考えた［古尾谷2009］。

　鋳型分割や湯口系の観察をもとに日本鐘の技術の変遷を示した表2を見るかぎりであるが、平安時代前期紀年銘鐘は、湯口系はＡ2・Ｂ2であり、平安前期無紀年鐘とした七口の鐘では唐招提寺のＡ1型湯口系を除けばＡ2・Ｂ2であり、奈良時代のＡ1・Ｂ1が消え去っている。様式による分類と技術による分類に齟齬がない。平安時代後期の無紀年名鐘ではＡ2とＡ3があり、新しい湯口系がわずかに現れる。平安時代後期紀年銘鐘は、前述のとおり、12世紀中葉以降のものであるが、湯口系Ａ3や鐘身3分割が創出され、新しい時代の息吹がみてとれる。そして、この表からは、平安時代中期は、ゆるやかな過渡期のような中間段階を示す資料を、確認することができよう。このため、明確な断絶期間を見いだしにくく、むしろ12世紀の中葉段階の梵鐘の様式と技術における変容への序章をものがたっていると推定できる。

（2）　中世河内鋳物師

　中世前半の鋳物生産を主体的に担った鋳物師として筆頭にあげられるのは、河内の鋳物師と総称されている鋳造工人集団であり、坪井良平氏も格別の関心を寄せられているが、最近では鋳造遺跡研究会の庵丁道明氏が、様式と技術の整理を試みられてきた［庵丁2001・2007］。

　また、河内鋳物師の個別流派に関する研究として、山河姓鋳物師について堺市立みはら歴史博物館においては「河内国から摂津国へ―山河姓鋳物師の足跡を追って」と題して、2004年に特別展が開催され、山河姓鋳物師の作品やその関連資料の収集と研究がおこなわれた。また、杉山洋氏によれば、彼らの製品として梵鐘のほかに、塔の伏鉢や鰐口が残っており、引き板を駆使した多品種少量生産という生産形態が想定されている［杉山2013］。筆者も、これら先行研究の驥尾に付して、丹治姓鋳物師の様式と技術を考えたことは前述のとおりである。そして同姓の鋳物師でも技術系譜の違うものがあり、また異姓の鋳物師でも技術系譜が類似するものがあるようだ。今後、この複雑な関係を整理し、河内の鋳物師の実像に迫りたい。

（3）　中世鋳物師の遍歴

　網野善彦氏による日本中世の非農業民の存在形態に関する研究は、稲作や畑作を中心とする農業生産にたずさわった人々のほかに、非農業的な技術をもって各種の生産活動にたずさわり、日本中世社会を担った人々がいることを明瞭に指摘し、かれらの活躍のありかたを、みごとに提示した［網野1984］。そのなかで「遍歴する職能民」というイメージを、鋳鉄鋳物の鍋釜の行商と青銅鋳物の梵鐘の出吹き（出張生産）に活躍した鋳物師、とくに、河内の鋳物師に重ね合わせることに、筆者は反対してきた。その主旨は以下のとおりである［五十川1992b］。

　鋳物師は、一人一職的な職人ではなく、その生産は集団的協業を基本とする操業形態をとり、土地・家屋・設備といった固定資本が比較的大きい。また、造型・金属の溶解・鋳込み・仕上げといった諸工程において必要な労働力の量や質が刻々と変化するので、その点においても、今も近代化の難しい業種という運命を担っている。このために、生産と流通にかかわる人々が未分離であった中世においては、商業活動のために各地を移動することはあっても、生産の本拠はほぼ確定していたのではないかと思われる。

　そして、有力な鋳物師といえども、それなりの鋳物生産技術が定着していない地方において、まったく独自に自分達だけで梵鐘のような大型鋳物の出吹き（出張操業）をおこなうためには、要員や材料の手配などが、非常に困難ではなかったかと考える。むしろ、地方の鋳物師とその配下の作業集団の協力のもとに梵鐘鋳造にあたる必要があり、それ以外の場合には製品を搬送したと考えるのが、実情に近いのではなかろうか。つまり、梵鐘の出吹きは、遍歴的生産方式とは異なるものであろうと考える。

第4章　中国鐘の様式と技術

　坪井良平氏の研究によって、日本鐘の様式の淵源は、中国南部に展開した古鐘にあることが既に解明されており、誰も異論をさしはさむことはできない。しかし、起源がどうあろうと、中国鐘は中国鐘、日本鐘は日本鐘という両者の違いを意識する感覚が、なぜか筆者の心の中に長らく立ちはだかり、日本鐘と中国鐘のつながりを、どのように考えたらよいかという課題にむかって実証的な研究を開始したのは、2010年ごろのことであった。そして、唐代から元代の古鐘で現存する資料について、その所在地を訪ね、梵鐘資料の様式のみならず、技術の側面についても観察をおこなう作業を続けてきた。これまでに筆者が見学してきた中国鐘の資料は、現存する中国鐘のうち、氷山の一角にすぎないことは確実であるが、日本鐘の淵源を考察するばかりではなく、東アジアに展開した梵鐘文化ともいうべき文化現象を検討する中心的資料になるだろうと考えて、以下に、中国鐘の調査結果を報告し、日本鐘との比較検討をおこなってゆくこととする。

Ⅰ　中国鐘の調査研究

（1）　日本における中国鐘研究

　日本人の中国鐘への関心は古く、唐の都長安の道観鐘としての景雲鐘（ＴＡ②）は、大型で華麗な装飾をもつ秀逸な梵鐘作品として、西安を訪れた日本人研究者の目を早くから引きつけ、今なおはなさないようであり［足立1933，原田1957，中西1985］、現在は碑林博物館の一角に鎮座している。また、関野貞氏は「遼の銅鐘」で、遼寧省の奉天（瀋陽）で見学した遼代鐘や金代鐘のほかに、唐鐘として山東省青州玄帝観の龍興寺鐘（ＴＡ⑧）と江蘇省丹陽公園にある朝陽鐘（ＴＡ⑮）をとりあげており［関野1934］、瀧遼一氏は「六朝時代の梵鐘」で、現在は奈良国立博物館が所蔵している陳の太建七年銘鐘を紹介し、天寿国繡帳にみえる撞鐘図に描かれた鐘との類似を論じ、さらに広東省肇慶府衛門麗譙楼の乾元年間銘鐘（107頁注2参照）を紹介して、中国鐘と日本古代鐘・朝鮮半島の初期鐘との比較を試みている［瀧1941］。

　常磐大定・関野貞両氏による『支那文化史蹟』は、中国全土の仏教を中心とする文化史蹟を踏査した壮大な記録である。本書に収載されている数多くの貴重な写真そのものが、文化財であるともいえるが、その中に中国鐘の写真が収載されており、今は行方不明となって失われた可能性のある中国鐘も含めて、これらの多数の鮮明な写真は大いに参考になっている［常磐・関野1939-1941］。

坪井良平氏は、日本の梵鐘研究にとどまらず、大韓民国および日本に所在する朝鮮鐘の様式を研究して、その変遷を詳しく論究されたほか、中国鐘に関しても「支那鐘随想」と題して、中国鐘の様式の分類や系譜、様式変化を解明しておられる［坪井1984a］。また、中国の金石志や地方誌を中心とする文献史料から中国鐘を年代順に配列し、その所在地や銘文に関する資料をまとめあげた「支那鐘梵鐘年表稿」を提示されている［坪井1984b］。現在、これを凌駕する中国鐘のリストは製作されておらず、筆者が中国鐘の調査をおこなうにあたっても、数多くの情報が坪井氏による上記の研究から得られた。

　坪井氏は「支那鐘随想」において、中国鐘を、日本鐘の様式のもととなった祖型鐘と下端の口縁が波状になった荷葉鐘に大別し、それぞれに属する資料を解説したうえで細分している。そして「これらの祖型鐘の旧所在地をみてくると、その原始鐘である陳の太建七年在銘鐘は、揚子江の南岸、江蘇省の建康（現南京）付近のものと推定され、つづいて八世紀の初頭、四川の慶林観鐘が現われ、更に山東省竜興寺鐘など、主として支那の南部地域に分布することが知られる。そのことから十世紀以降の祖型鐘は、支那の南方諸地域に主として行われた梵鐘とみられる」とされている［坪井1984a p261］。かくして、日本鐘の様式は、中国南方地域の梵鐘の様式に影響されて形成されたことが解明された。

　このほか、神崎勝氏は、坪井良平氏・王明琦氏・全錦雲女史らの研究を参照しつつ、中国鐘の様式による分類と編年作業を積み重ねている［神崎2000・2007・2010］。概要を述べると、南北朝唐宋に展開した南方系祖型鐘Ⅰ式（日本鐘の淵源）・北方系荷葉鐘Ⅱ式の後に、北方系Ⅲa式と南方系Ⅲb式の荷葉鐘が続いてⅣ式へと展開し、明清にはペル形のⅤ式が盛行する。

（2）　中国における中国鐘研究

　中国においては、古くから金石文研究として鐘銘がとりあげられ、鐘銘が数多くの金石文の集成的研究に収録されているほか、各地で延々と編纂されて続けられている地方誌にも梵鐘に関するデータが収録されていることは、先に述べた坪井良平氏による「支那鐘梵鐘年表稿」を見るとよくわかる。しかし、坪井氏が日本鐘や朝鮮鐘について完成されたような集成的な調査研究は、現存の中国鐘に関して、いまだおこなわれていない。以下に中国鐘に関する総論的な論考をいくつか紹介する。

　まず、王明琦氏は、唐から明清にいたる中国鐘の代表的な資料をとりあげて、それらの鐘を様式によって、Ⅰ式（桶状の鐘体に口縁が平らなもの）・Ⅱ式（鐘体が饅頭形で口縁が六波をなすもの）・Ⅲ式（鐘体が正円で桶形をなし口縁が六波で端部がやや内に傾くもの）・Ⅳ式（鐘体が円形で桶状をなし鐘口の切れ込みがつよいもの）に分類し、それぞれの盛行する時期を検討している［王明琦1992］。検討を要する点がいくつかあるが、王氏の研究は、その後の中国鐘の様式の変遷過程の基本軸となっている。

中国歴史博物館の孫機氏は、美術史学の立場から中国鐘を論説し、その起源としてインドの仏塔を飾った銅鈴にもとめ、それが中国先秦時代以来の伝統をもつ楽鐘と結びつき、南北朝のころに円筒形で撞座をもつ銅鐘が発生したと説く。さらに、中国鐘を、中国鐘Ⅰ型（陳太建鐘を代表とする袈裟襷紋様で平らな鐘口のもの）、中国鐘Ⅱ型（鐘口に浅い波曲があり北方地域で発達したもの）、中国鐘Ⅲ型（深い波口をもつもの）、中国鐘Ⅳ型（平口で口縁が外に拡張するもの）に分類され、美麗な線画を示しながら解説している［孫1998］。

また、大鐘寺古鐘博物館の全錦雲女史には、「試論中国古鐘的区分与探討」［全1998］・「北京古鐘文化放談」［全2000］・「北京古鐘的起源与演変」［全2006］など、北京市周辺に所在する鐘を中心にした中国鐘に関する総論的な論文が多い。「試論中国古鐘的区分与探討」に関しては『梵鐘』13号（2001年）に神崎勝氏の訳文がある［全2001］。全女史は、該博な知識を活用して豊富な文献史料の知識にもとづき、中国鐘鈴の歴史を描いておられる。

そのほかに、長らく北京大鐘寺古鐘博物館に勤務され、孔廟和国子監博物館に移られたが、現在は湖北省武漢の中南民族大学で博物館学の教鞭をとっておられる庾華女史は、2014年に『鐘鈴文物探微』（北京燕山出版社）を公刊された。この書に収録された論文は、大鐘寺古鐘博物館に在職の2005〜2012年に積み重ねられた中国鐘研究の成果であり、その中国鐘の研究の特徴については簡単な紹介をおこなった［五十川2015］。

本書に収録されている論文「従寒山寺元代鉄鐘看鐘鈴芸術的発展（寒山寺元代鉄鐘からみた鐘鈴芸術の発展）」は、日中の梵鐘を研究する者にとって興味深い。本論文は、寒山寺にある元至正十二年銘鉄鐘について、その様式を詳しく記述するほか、湯口の形態にも触れている。そして、南北の地域に異なった様式が存在した唐鐘との比較検討をおこない、唐末から宋時代に南北地域の異なる様式が融合を始めており、さらなる様式の融合によって、元至正十二年銘鉄鐘が生まれたことを説明している［庾2011］。このほか、女史は、北京市内周辺に所在する数多くの明清時代の梵鐘の調査成果を発表されている。その一つとして、明永楽帝が南京から北京へと遷都をおこなうことによって北京で盛行した大型梵鐘鋳造事業をとりあげ、それらの梵鐘の様式を分析している。さらに技術の視点が加われば、明清時代の南北の技術の違いや、その融合発展の歴史が解明できると筆者は考える。

日中における中国鐘の分類研究は、時代と地域によって個性豊かな中国鐘を、日本鐘の様式の淵源と考えられる南方地域の祖型鐘・中国鐘独特の波状口縁をもつ北方地域の荷葉鐘・上記の二者が融合したもの・荷葉鐘の波状口縁が深くなり蓮弁状になったもの・鐘身がベル形をなすものなどに大別し、それぞれを細分して流行した時期を確定することが基本となっている。これは梵鐘の編年や地域性を確定するという基礎的な研究として、重要な作業と考えられる。しかしながら、中国鐘の造型法や鋳造法などの技術をも加味して、その時代的変遷や地域性を追究した研究はほとんどみられない。

（3）　北京大鐘寺古鐘博物館

　北京市海淀区には、大鐘寺古鐘博物館という、梵鐘について展示や専門的研究をおこなっている博物館があり、北京の環状線である地下鉄2号線の西直門駅で地下鉄13号線に乗り換えて大鐘寺駅で下車し、西へ徒歩10分で博物館にたどり着く。筆者は1998年3月以降、この博物館を何度となく訪問してきた。最近、2012年秋から一時的に閉館していたが、2014年10月には、リニューアルして展示を再開しており、文物好きの観客を集めている。

　この博物館は、清雍正十一年（1733年）に勅許により造営された覚生寺がもとになっており、明の永楽年間（1403～1424年）に成祖朱棣永楽帝の命で鋳造された、高さ6.75m、口径3.30mの巨鐘が鐘楼に懸垂されており、訪れる人々を驚かせている。この永楽大鐘の鋳造技術に関しては多数の論文があるが、北京芸術博物館の韓戦明氏の論考「永楽大鐘鋳造工芸探索」が最も優れており、超大型鐘の鋳造技術を考察するために参考になる［韓2001］。それによれば大鐘の造型と鋳造の技術の特徴は、以下のようにまとめられる。

①永楽大鐘は、土を焼成して鋳型を作る泥范法で鋳造しており、失蠟法によるものではない。

②銘文の字は鋳型の表面に刻んで陽鋳としており、鋳造後に陰刻したものではない。

③鋳型の分割は内面外面で異なる。

④字は硬化した鋳型の表面に刻んだもので、軟らかい泥の表面に刻んだものではない。

⑤外型の各段は全部引き板で成形して、先に字を彫ってから分割している。

⑥鐘鈕は、鋳造しておいたものを、本体の鋳型に込めて鋳ぐるむ方法を採る。

⑦大鐘は正立した状態で鋳造をおこなう必要がある。

⑧鐘の湯口や押湯は天井部に開き、頂注方式である。

⑨鐘は底注法で鋳造したものではない。

　この寺院の堂宇のすべてが陳列室になっており、以下のようなテーマによって陳列や解説が展開され、編鐘や梵鐘の実物が所狭しと展示されている。それぞれの展示室には漢字四文字でテーマが設定されている。最後の数字は図63中の展示会場の位置を示す。

①勅建覚生（覚生寺が仏教道場や皇家の雨乞いの場所として創建された歴史）［④］

②閲古鐘林（中国鐘鈴の六千年の発展と変遷と伝統文化のなかでの位置づけ）［⑥］

③礼楽回響（周代礼楽制度下で楽鐘が権力や地位の象徴として果たした役割）［⑦］

④質器庄厳（魏晋南北朝に出現した梵鐘の様式とその明瞭な地域差と時代差）［⑨］

⑤妙境梵音（佛寺の威厳を増し名利に溺れる人や苦海に迷う人を救う鐘の声）［⑫］

⑥金火流光（伝統的な青銅製錬と銅鈴鋳造にしめされた古代科学技術の発展）［⑧］

⑦外国鐘鈴（世界各民族の鐘鈴文化の伝播伝承による相互影響・模倣・融合）［⑪］

⑧永楽大鐘（明永楽年間に成祖の命で鋳造され二三万字の銘文をもつ巨大鐘）［⑬］

第4章　中国鐘の様式と技術

図62　大鐘寺古鐘博物館　　鐘楼と正門

　今回のリニューアルに際して、新任館長の発案で、梵鐘を使用時の懸垂した状態で観客に見せるという展示方針で、唐代にさかのぼる梵鐘の実物はないが、唐鐘のレプリカが多数展示されており、筆者の中国古鐘研究にとって大いに参考となった。本博物館は中国鐘を学ぶための殿堂である。

　北京市では、市内に存在する文物の一つとしての古鐘資料の収集がおこなわれて、それらを総括した北京文物精粋大系編委会・北京文物事業管理局編集『北京文物精粋大系・古鐘巻』（北京出版社2000年）や大鐘寺古鐘博物館編『北京古鐘』上・下（燕山出版社2006年）などの豪華な図録が刊行され、首都に所在する文物の風格を提示している。また、大鐘寺古鐘博物館では、梵鐘成立以前の中国古楽器としての鐘鈴の歴史も追究しており、『中国楽鐘研究論集』（北京燕山出版社2010年）も出版されている。

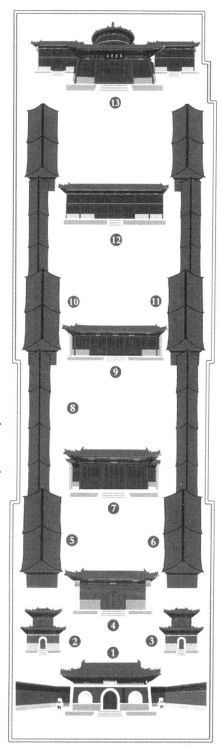

図63　大鐘寺古鐘博物館展覧会場一覧
　　　（大鐘寺古鐘博物館古鐘展「古韵鐘声」）

（4） 中国鐘の調査

1　中国鐘資料の収集と整理

　前述したように、現存する中国鐘に関する集成的な調査研究がないので、韓汝玢・阿俊主編
『中国科学技術史礦冶巻』（科学出版社2007年）の「梵鐘」（705〜707頁）、蒋廷瑜「広西所見唐
和南漢時期的佛鐘」（『巨贊大師誕辰百年学術研討会論文』2008年）などに記載された中国鐘の
紹介や解説はもとより、中国関連のウェブサイトの百度を大いに活用して、中国鐘の所在地や
現状について情報を収集し、現地に出かけて調査をおこなってきた。しかし、宋代以降の資料
について得られた情報は、氷山の一角にすぎないだろう。

　以下、中国あるいは日本に現存し、陳・唐・五代・宋・遼・金・元の各時代に属する中国鐘
について、筆者が実見した資料を中心に、中国の研究者の調査成果と総合して、個々の梵鐘ご
とに、様式と技術を報告検討するが、以下に表記上の注意を書き付ける。

　梵鐘には、所属する時代を示すアルファベット2文字を冠し、その次に通し番号を付した。
アルファベット2文字は、ピンインにもとづいて、陳（CH）、唐（TA）、五代十国（WS）、
北宋（BS）、南宋（NS）、遼（LI）、金（JI）、元（YU）とした。梵鐘の呼称は、所在
する省市県名・奉献寺廟名・現存寺院名・所蔵博物館名などを、適宜に勘案して命名した。
番号は仮のものであり、新資料が発見された場合には、将来的に変更する予定である。また、
各鐘の番号と名称の次に、銘文に記された紀年と坪井氏が製作した「支那梵鐘年表稿」の番号
［坪井1984b］を付した。

　唐鐘のうち、TA①〜TA⑤は荷葉鐘であり、紀年銘があるものと銘文がなくて年代の確定
ができないものに分けて配列した。一方、TA⑥〜TA⑱は祖型鐘と、祖型鐘と荷葉鐘が融合
したものであり、銘文による年代順に配列した。

　中国鐘の鐘体の紋様には、日本鐘とは異なって袈裟襷によってできた方形の区画の内側に、
凸線でさらに方格を描いているものがあり、内郭と呼ばれている［坪井1984a p258］。しかし、
朝鮮鐘の乳郭と、やや紛らわしいので、本書においては、この内側の方格を内区と呼ぶことと
する。内区の方格の四隅からは、四つの矛先が方格の四隅に向かって、突き刺さらんばかりに
伸びているのが中国鐘の特徴である。

　湯口系の分類ついては、日本鐘で用いた分類と同じものを使用する。中国鐘の湯口系には、
結論的に言えば圧倒的にC型に属するものが多いのであるが、かなり特殊な形態を呈するもの
もあり、それらは個別に解説する。また、中国鐘の鋳型（外型）分割には、日本鐘と異なった
ものもあるので、以下にやや詳しく説明する。

　また、各鐘の記述において、罫線による四角の枠内は銘文である。このほか、説明図・銘文
などの後に、参考にした文献や資料、ウェブサイトに関する情報を付した。

2　中国鐘資料の鋳型分割（図65・66）

　日本鐘の鐘身における鋳型（外型）分割が、横分割であることと比較して、中国鐘の鋳型（外型）の分割法には、非分割法・縦分割法・横分割法・縦横分割法の4種の方法があって、多様であることがわかっている［五十川2010c］。以下の梵鐘の図や写真は、鋳型の分割位置に三角形の印をつけた。

　非分割法　外型を一体のものとして非分割で造型をおこなうもので、筆者は京都市左京区北山別院鐘（明嘉靖二十三年（1544年））しか知らない。鐘体の表面上に鋳張りが認められず、鐘体上の装飾となっている凸線が波うちながら連続し、幅も一定ではなく、細くなって不連続が生じている箇所もある。これは引き板を回転することによって生じたものではなく、蠟の帯を接着して原形を製作する「失蠟法」によるものであることがわかる。この造型法については『天工開物』に記述と描画がある。

　縦分割法　鐘身の外型を縦に二分割した状態に作成するものであり、古い唐鐘に多い分割方法である。縦分割法には、桃太郎が誕生する時、おばあさんが大きな桃の実を、包丁で縦にスパッと断ち割ったような状態を示す方式（①）と、最上部の笠形の鋳型は分割されず一体をなし、笠形以下の円筒状の鐘身鋳型だけを縦分割する方式（②）の2種がある。前者①には、龍頭の長軸に沿って分割するもの（①ａ）、それに直交する方向に縦分割するもの（①ｂ）の2種がある。桃太郎誕生時の①ａ方式は『天工開物』に記述・描画されている。

　横分割法　日本鐘のように、外型を横方向に数段に分割する造型法である。日本の梵鐘を見慣れている者にとってはおなじみなのであるが、鐘身上を横方向に一周する、ごつごつした凸線が鋳張りであり、鋳型の重ね目を示している。中国鐘では唐末ごろから本格的に出現し、その後の中国南方地域の基本的鋳型分割法となったと推定される。唐末の天復二年（902年）に鋳造された中国鐘が岐阜県大垣市長徳寺に現存し、鐘身の外面には引き目がみられ、横方向の凸線も均整であり、外型が引き板によって形成されたものであることはまちがいなく、鐘身に横方向の鋳張りがみられ、基本的に日本鐘と同一の横分割の造型法をとっている。

　縦横分割法　縦方向にも横方向にも外型を分割する造型法であり、日本鐘にはみられない。この方法による場合には、一塊の外型全体を製作してから分割するのでなく、さきに横方向に数段に作った一体の外型を、縦方向にも分割することが華北軍区の民俗例から知られている。古い北方地域の中国鐘は、鐘身に方形区画をなす紋様の単位がみられ、その単位ごとに鋳型の単位が形成されていることが多く、外型も縦と横に細かく分割されたものになっている。この縦横分割法による中国鐘として有名なものに、北京大鐘寺古鐘博物館の永楽大鐘がある。

　以上の多様な鋳型分割法には、新古がある場合もあり、なおかつ異なる分割法が同じ時代に存在し、地域性がみられる場合もある。そして、分割法の違いは、基本的に異なる鋳鐘集団の流派による技術の違いであると考えられる。

3　中国鐘資料の湯口系（図64）

　中国鐘の湯口系の形態分類に関しては、日本鐘の湯口系の分類に準じて、Ａ１・Ａ２・Ａ３、Ｂ１・Ｂ２・Ｂ３、Ｃ１・Ｃ２・Ｃ３の基準に沿って資料の細別を試みる（図64）。

　　Ａ類　　龍頭の長軸に対して平行方向に、笠形上に長方形の堰（揚り）の痕跡を残すもの
　　Ｂ類　　龍頭の長軸に対して垂直方向に、笠形上に長方形の堰（揚り）の痕跡を残すもの
　　Ｃ類　　龍頭の長軸の両側または片側に、笠形上に円形の堰（揚り）の痕跡を残すもの

　それぞれの分類において、１は、堰（揚り）が笠形の端部に近い場所に位置するもの、２は笠形の中間よりも龍頭の付け根に近い場所に位置するもの、３は、位置は２と同じだが、痕跡が一つのものを指すこととする。

　しかし、中国鐘には、日本鐘の湯口系にはありえない形態と位置を示すものが、少数ながらあるので、一部を説明する。それらは、笠形上で独立して湯口（堰）をもうけるものではなく、図66の上部の写真のように、外型を縦分割する技術にともなう場合に、笠形上の鋳型の境目に細長い空間をもうけて。そこに湯口（堰）をもうける湯口系と考えられるものである。これは、古い青銅器にみられる湯口系の形式を継承したものかもしれない。

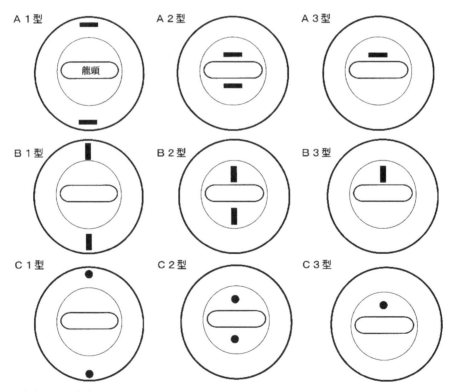

図64　梵鐘の湯口系（笠形を上から見た状況　黒塗が堰（揚り）［五十川2006b］を改変）

第4章　中国鐘の様式と技術

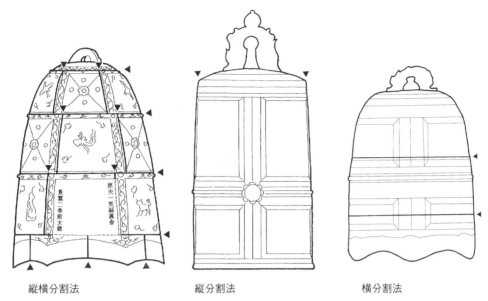

縦横分割法　　　　　　　　　縦分割法　　　　　　　　横分割法

図65　中国鐘の鋳型分割（矢印は鋳型の分割境界）［五十川2010c］

1　縦分割①ａと堰（揚り）陳太建七年銘鐘　　2　縦分割①ｂと堰（揚り）浙江博物館蔵鐘

3　失蠟法による造型　北山別院鐘　4　引き板による造型　長徳寺鐘

5　横分割法　長徳寺鐘　　　6　縦横分割法　景龍館鐘　　7　縦分割法　龍興寺鐘

図66　中国鐘の造型技術［五十川2010c］

105

表7　現存する中国鐘一覧

陳 Chen（557～589）　銅鐘

ＣＨ①奈良国立博物館蔵鐘————太建七年（575年）————坪井年表2————2011年12月5日調査

唐 Tang（618～907）　銅鐘

ＴＡ①陝西富県宝室寺鐘————貞観三年（629年）————坪井年表4
ＴＡ②陝西西安景雲鐘————景雲二年（711年）————坪井年表13————2010年4月29日調査
ＴＡ③甘粛武威大雲寺鐘
ＴＡ④甘粛張掖鐘
ＴＡ⑤陝西咸陽彬県鐘
ＴＡ⑥四川閬中武后鐘————長安四年（704年）————坪井年表9————2013年2月23日調査
ＴＡ⑦浙江省博物館蔵鐘————開元八年（720年）————坪井年表15————2014年2月28日調査
ＴＡ⑧山東北海龍興寺鐘————天宝年間（742～755年）——坪井年表21————2008年3月11日調査
ＴＡ⑨重慶黔江民族博蔵鐘————天宝年間（742～755年）————————————2011年9月10日調査
ＴＡ⑩江西萍郷大屏山鐘————天宝五年（746年）————————————2014年12月24日調査
ＴＡ⑪浙江諸暨鐘————広徳元年（763年）
ＴＡ⑫書道博物館蔵鐘————広徳二年（764年）————————————2015年4月23日調査
ＴＡ⑬広西融水信楽寺鐘————貞元三年（787年）————————————2012年3月2日調査
ＴＡ⑭広西容州開元寺景子鐘——貞元十二年（796年）————坪井年表36————2012年8月29日調査
ＴＡ⑮江蘇丹陽朝陽鐘————中和三年（883年）————坪井年表44————2010年12月11日調査
ＴＡ⑯福建泉州新華西路鐘————中和三年（883年）
ＴＡ⑰広西浦北陳寛款鐘————乾寧五年（898年）
ＴＡ⑱広東端州清泉禅院鐘————天復二年（902年）————坪井年表54————2009年4月10日調査
（日本国岐阜県大垣市長徳寺所蔵）

図67　唐鐘の分布

表7　つづき

五代十国・北宋・南宋・遼・金・元（氷山の一角）

五代十国 Wudaishiguo（907〜979）
　ＷＳ①福建政和県博物館蔵銅鐘——閩永隆元年(939年)———————————————2013年8月22日調査
北宋 Beisong（960〜1127）
　ＢＳ①江蘇泰州光孝寺銅鐘————熙寧八年（1075年）———————————————2015年9月11日調査
　ＢＳ②大鐘寺古鐘博物館蔵銅鐘——熙寧十年（1077年）———————————————2009年2月27日調査
　ＢＳ③近畿道江華島傳燈寺鉄鐘——紹聖四年（1097年）——坪井年表114——2014年2月16日調査
　ＢＳ④広東潮州開元寺銅鐘————政和四年（1114年）——坪井年表125——2013年12月25日調査
南宋 Nansong（1127〜1279）
　ＮＳ①江西上饒鶏応寺銅鐘————建炎元年（1127年）——坪井年表136
　ＮＳ②浙江金華天寧寺銅鐘————建炎二年（1128年）———————————————2014年3月1日調査
　ＮＳ③福建泉州開元寺銅鐘————紹興二年（1132年）———————————————2013年12月24日調査
　ＮＳ④四川万源県黄龍寺鉄鐘————慶元五年（1199年）
遼 Liao（916〜1125）
　ＬＩ①河北淶源閣院禅林寺鉄鐘——天慶四年（1114年）———————————————2015年9月14日調査
金 Jin（1115〜1234）
　ＪＩ①遼寧瀋陽故宮銅鐘————————天徳三年（1151年）———————————————2012年9月11日調査
　ＪＩ②江蘇淮安勺湖園銅鐘————天徳三年（1151年）
　ＪＩ③河北邢台開元寺鉄鐘————————大定二十四年（1184年）－坪井年表177——2013年8月14日調査
元 Yuan（1271〜1368）
　ＹＵ①湖北当陽玉泉寺鉄鐘————至大元年（1308年）——坪井年表267——2014年8月21日調査
　ＹＵ②湖北荊州開元寺内銅鐘——至大二年（1309年）———————————————2014年8月20日調査
　ＹＵ③湖北当陽玉泉寺鉄鐘————延祐七年（1320年）——坪井年表279——2014年8月21日調査
　ＹＵ④河南登封少林寺鉄鐘————至元二年（1336年）
　ＹＵ⑤江蘇蘇州寒山寺鉄鐘————至正十二年（1352年）
　ＹＵ⑥福建泉州開元寺銅鐘————至正二十四年（1364年）———————————————2013年12月24日調査
　ＹＵ⑦大鐘寺古鐘博物館蔵銅鐘——元代———————————————————————2009年2月27日調査

注1　ＴＡ③〜ＴＡ⑤には銘文がなく、したがって製作にかかわる紀年が不明である。このため、確実に唐鐘かどうかの判断は難しいが、北方系の唐鐘の様式をもつため、本表の唐鐘の欄に収録した。

注2　瀧遼一氏が写真を紹介している広東省肇慶府衛門麗譙楼の乾元年間（758〜760年）銘鐘は、肇慶市七星岩水月宮文物管理所にある可能性が高いが、乾寧年間（894〜889年）のものとされている。このほか、福建省泉州市永春県天馬山龍湖岩に、唐末大順五年十一月銘の梵鐘が保存されているとのことであるが、まだ、これら両口の鐘についての調査を完了していない。

Ⅱ　陳鐘の様式と技術

　ここで陳鐘と呼ぶ資料は、現在奈良国立博物館に収蔵されている陳太建七年銘の中国鐘１点である。ほかに中国南北朝時代の資料はなく、１番の番号を付した。

（１）　奈良国立博物館蔵陳鐘ＣＨ①の様式

　この鐘は、横断面が正円で袈裟襷の装飾をもち、現存する最古の中国鐘とされるものである。本鐘に関して、坪井氏は「陳の太建七年（575）在銘の高さ40cmに満たない小型品であるから、龍頭などの細部では大型品鐘のものよりも省略されているだろうと思われるが、コップを逆にしたような円筒形の鐘身からなり、上部に至るに従って、その径は減少し、その輪郭は外曲線を呈する。鐘身外面には大小長短の区画からなる所謂袈裟襷が施されていて、そのほぼ中央に蓮華文の撞座二箇所を備えている。鐘頭には双頭の獣首からなる環状の龍頭があって懸吊の用をなす。説明の便宜上、この型式の鐘を祖型鐘と呼び、この太建七年鐘をその第一形式とする。ただそうは言っても、この祖型鐘では和鐘の装飾要素として不可欠なものとされる乳がないのである。そして、この無乳の伝統は遥かに後世まで堅く遵守されて、支那の梵鐘には乳のあるものは一口も見ることができない」と記述されている［坪井1984a］。

　本鐘に乳はないが、日本鐘で言えば乳の間と池の間を画する位置にある突線は、乳を入れるべき空間が規定されていたことを物語っており、日本鐘と同様の企画性がみて取れる。

（２）　奈良国立博物館蔵陳鐘ＣＨ①の技術

　本鐘は、所蔵されている奈良国立博物館をはじめとして、各地の博物館で展示されており、どのように作られたのか、すなわち製作技術について、これまでに考えたことを紹介する。

　まず、本鐘の鋳型分割は、これまでに指摘されているように縦分割法によるものであって、鋳張りの線は、龍頭＋笠形＋鐘身全体を、上からまっぷたつに断ち割ったように続いている。鋳張りの線は龍頭の中央を走り、やがて笠形を通過し、鐘身の撞座のない縦帯の中央を下り、口縁までいたっている。縦分割法①aの方法である。資料を先取りして解説すると、このほか縦分割によるものとしては、浙江省博物館所蔵の唐鐘（ＴＡ⑦開元八年（720年））があり、この資料の場合には、龍頭の長軸の直交方向に鐘体全体を２分割するように鋳型を縦分割する①bの方法をとっている。

　これは、中国の合瓦形（杏仁形）の鐘、たとえば鎛のような青銅器の鋳型分割の伝統にのっとった分割方法であり、中国鐘の鋳型分割の中でも古い形態をなすものと考えられる。本鐘にみられる縦分割法は、小型品であるために採用されたと考えられてきたが、山東北海龍興寺鐘（口径88cm）や重慶黔江民族博物館蔵鐘（口径78cm）も縦分割（②）によるものである。

第4章　中国鐘の様式と技術

図68　奈良国立博物館所蔵の陳太建七年銘梵鐘

　次に本鐘の堰（揚り）の痕跡は、やはり笠形上にあると思われるが、他の唐代以降の多くの梵鐘においては鋳型分割の境界線と関係のない場所にあるのと異なって、鋳型分割線の途中にもうけていると判断した。すなわち、笠形上の龍頭両側の鋳型分割線上の中央部付近が、他の箇所よりも膨らんで幅が広くなっており、これが堰（揚り）の痕跡ではないかと考えられる。これに類している湯口系は、縦分割の鋳型分割法の例としてとりあげた浙江省博物館所蔵唐鐘（ＴＡ⑦）に同様に見られ、龍頭に直交する方向に走る鋳張りの龍頭の両側にややふくらんで幅が広くなった部分が認められる。

　これらの湯口系の特徴は、鋳型分割と堰（揚り）が、別々に設定されているのではなくて、共有されているということである。このような形式の湯口系をもつ青銅器があるのかないのか、筆者は類例を知らないが、おそらく梵鐘の場合は、湯口系が鋳型分割から独立してゆくことが、鋳造技術の変化の方向を示すものであろうと考える。

　中国の編鐘の造型技術を検討した李京華氏によれば、湯口は内型と外型の隙間にもうけられている［李1999］。日本の銅鐸の場合も、特別な湯口がなく、外型と内型の隙間に湯口がもうけられたと推定されている。梵鐘においても、このような鋳型の隙間に設置された湯口系が、やがて鋳型内の設定から離脱していったのであろう。その点からみて、日本鐘のＡ１型湯口系は、より古い形態を残しているのではないだろうか。

109

Ⅲ　唐鐘の様式と技術

（１）　唐鐘資料集成

ＴＡ①陝西富県宝室寺鐘　貞観三年（629年）坪井年表４　未見

　　この鐘は『雍州金石記』に清の康熙年間に川が氾濫を起こした時に出土したと記載される。銘文より唐貞観三年（629年）に鋳造されたことがわかり、中国に現存する最古の唐鐘であり、1956年8月6日に、陝西省人民政府は陝西省の名勝古迹第一号重点文物単位として公布した。銘文から宝室寺の梵鐘であったことがわかるが、後に移されて保大楼に懸けられ、警報のための鐘として使用されていた。梵鐘の高さ155cm、鈕高15.5cm、胴部の周囲420cm、口径150cm、重さ1500kgを、それぞれ測る。

　　鐘体の肩部は、蓮弁で装飾されている。鐘体の胴部には凸線が帯状にめぐって、鐘体を3段に分けている。その1段が、さらに六つの区画に分けられ、その区画内には、乳と×状の紋様とからなる紋様と神獣などの単体の形象が交互に鋳出されている。上から見てゆくと、上段は三体の飛天の形象で装飾されており、飛天がもつ托鉢はふわふわと大空にまいあがっている。中段は面ごとに朱雀の形象が描かれ、下段の三面は、二面にそれぞれ青龍を、一面には流麗な陰刻楷書体の銘文を鋳出している。この銅鐘は、造型が精美であり、図案は生き生きと美しく真に迫っている。鋳造技術は巧みであり、鐘声は雄渾荘重で、数十里に聞こえる。このような巨大銅鐘は、鋳造技術と図案装飾から、盛唐時期の政治・経済・文化が、大きく繁栄していたことを反映している。唐初の仏教・書法・絵画と鋳造技術を研究するために、珍しい実物資料が遺存しているのである。本鐘のレプリカが北京大鐘寺古鐘博物館の九亭鐘園にあり、筆者は2010年8月30日に、鐘体の実測と銘文の観察をおこなった。

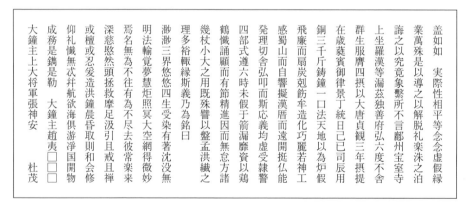

王永亮「富県宝室寺銅鐘」『文博』1990年第3期
姫乃軍「我国存世最早敵唐鐘」『考古与文物』1983年第1期
王翰章「唐宝室寺鐘銘考釈」『文博』2003年第5期
http://domestic.kankanews.com/XANews/2013-01-25/239715.shtml　富県宝室寺鐘

ＴＡ②陝西西安景雲鐘　景雲二年（711年）坪井年表13

　この鐘は、唐睿宗景雲二年（711年）に鋳造されたので「景雲鐘」の名がある。高さは247cm、胴部の周囲486cm、口径165cm、重さは6tを測る。鐘の形は、上にゆくにしたがってすぼまり、笠形は丸い形態をなす。口縁端部は、六つの波状をなしている。

　龍頭は、複雑な構造ではなさそうで龍頭の周囲に四つの平面円形の堰（揚り）の痕跡がある。笠形端部には蓮弁紋がみられる。鐘身は、偏行唐草紋と雲紋で飾られた帯が縦横に走り、上下3段、そして各段が六区画に分割され、全体で十八の区画を形成している。その区画内には、乳と×状の紋様と仙鶴や飛天などの単体の紋様が、交互に配されている。上段は、二区画に、それぞれ仙鶴、一区画に飛天を鋳出し、中段には鳳凰・人鶴・牛、下段には獅子・天人・鳳凰のほかに、銘文のための一区画を設定している。鐘体には、鋳型の境目の痕跡が鋳張りとしてよく残り、外型のうち最下の波状の部分と3段の紋様部は、それぞれ六つに分割されている。その特徴は、前述の紋様単位に対応して、鋳型の一単位も設定されていることである。また、銘文のある区画では、縦横の鋳張りを丁寧に消している。そして、これらの上に笠形の鋳型を設置したと考えられる。中国鐘の外型縦横分割法によって造型された典型例であり、引き目が見られるので、原形製作に引き板を用いたと考えられる。

　鐘身の紋様の下段の区画内には、十七字十八行の銘文があり、罫をひいて陰刻をしている。この銘文は唐睿宗李旦がみずから文章を撰述して書いたもので、道教の教義を宣伝し景龍観の来歴と鐘の製作経過と鐘に対する賛辞を述べたものである。書道史研究に貴重な資料である。

　現在、碑林博物館に安置されているが、西安市文物管理局によって製作されたレプリカが、西安鐘楼基座の西北角に懸けられ、旅客に対して開放されている。

原夫一気凝真含紫虚而構極三清韞秘控
碧落而崇因雖大道無為済物帰於善貸而
妙門有教減兹在於希声景龍観者
中宗孝和皇帝之所造也曽城写質閬苑而
形但名在鷲林而韻停鐘簨朕翹情八素締
想九玄命彼鼓延鋳斯無射考虞僎之懿法
得晋曠之宏規広召鯨工遠微鳧匠耶渓集
宝麗鑿収警珍警風雨之辰節昏明之候飛廉
扇炭屏翳営鑪翥鶴呈姿蹲熊発状角而不
震侈而克揚広其暁散霊音鎮入鳷鵲之殿
夕騰仙韻恒流鳷鵲之闈鼞俗聴而咸痊迷
方開而永悟洪鈞式啓宝字攸鎸其銘日
紫宸御暦青元樹用傾厳集宝竭府収珍枕
夔律応張永規陳形包九乳儀超万鈞上資
七廟傍延兆人風厳韻急霜重音新自荻千
歳従今億春懸玉京而薦福侶銅史而司辰
景雲二年太歳辛亥金九月癸
西金朔十五日丁亥土鋳成

王翰章「景雲鐘的鋳造技術及其銘文考釈」『文博』1986年第4期
中西亨「唐景雲二年鐘及びその拓本との出会い」『史迹と美術』553号　1985
王衛明「西安碑林博物館・唐景龍観鐘銘文をめぐる一考察」『京都橘大学研究紀要』38　2012
五十川伸矢「中国鐘の鋳型分割」『坪井清足先生卒寿記念論文集—埋文行政と研究のはざまで—』2010

ＴＡ③甘粛武威大雲寺鐘　未見

大雲寺の原名は宏蔵寺で、歴史悠久で規模雄大な仏教古刹である。五胡十六国の前涼の升平七年（363年）に張天錫が建設したが、唐載初元年（689年）七月に再建後、大雲寺と改称したという。たびたび地震や戦火に遭い、伽藍は一度壊滅した。明の洪武帝の十六年（1383年）に日本僧沙門志満が、はるかな海を越えて涼州に来て大雲寺に詣で布施を募って再建した。中日人民の友好史上の一つの美談である。

1927年4月23日に、強い地震が発生した時に、大雲寺もかなりの破壊に遭遇し、ただ寺内の古鐘楼だけが無事だった。古鐘楼は地面を掘って高くして、煉瓦でおおった土台の上に建造されていたためであり、基底は約12.5㎡をなす。楼上に懸かかっている鐘は、陝西富県宝室寺鐘や陝西西安景雲鐘唐鐘に酷似する紋様が鋳出されているので、唐鐘と考えられている。

本鐘は、高さ250cm、口径120cmを測り、重さは600余kgとされる。鐘体は六つの波状に鋳造され、3段十八の区画に装飾を鋳出す。第1段は飛天で飾る。飛天は頭に花冠を戴き、上半身胸をはだけ、下半身は長いスカートをはき、脚は祥雲を探り飛び回って空中を旋回している。第2段は天王鬼族で飾り、三天王の形象は軍事威力を示し、手には武器をとり身には鎧をつけ傍らには二つの小鬼が立ち、裸に短いズボンをはいている。下段には十二の野獣を飾る。正面から見ると攻めかかってくるように感じる。第3段の二区画は龍で飾り、一つは天王である。

http://blog.sina.com.cn/s/blog_66755e430100ywwi.html　李元輝「武威大雲寺古鐘楼」

ＴＡ④甘粛張掖鐘　未見

現在、甘粛省張掖市鎮遠楼上に懸かかっており、鋳造技術精緻で形体は重厚雄大。鐘の外壁はほぼ黄色を呈し、黄色のなかに鉄青色を帯びる。全体の高さは130cm、龍頭の高さ15cm、口径115cm。上が細く下が太いラッパ形を呈しており、口縁は六つの波状をなす。重さ約600kg。鐘身は3段にわかれている。各段はまた六区画にわかれ、その中に三区画に動物や人物の図があり、3段で合計九面がある。図像のある面は、紋様帯によって図像を区画している。上段の三図は、飛天を描き、飛天は頭に花冠を戴き、上半身は胸をはだけ、下半身には長いスカートをはいて、足を露出して手に花束を持ち、なよやかで洒落ており、飛び回って空中を旋回している。このような図は、敦煌莫高窟壁画中、唐飛天の風格にしばしばみられる。中段の二区画は雀、一面は玄武を描いている。朱雀は頸を長く曲げて伸ばし腿を長く翅が尾まで伸び、翅を開いて飛ぼうとしている。玄武は嘴も腿も長く、翅を広げ駆け回っている様子である。下段の三面は、二面が白虎、一面が青龍、龍が飛び立ち寅が躍り上がるように活気に満ちている。

解放前は張掖には消防施設がなく、城内に火災が発生したので、この鐘を警報としていた。この鐘は省級保護文物とされている。

http://baike.com/wiki/%E9%95%87%E8%BF%9C%E6%A5%BC　鎮遠楼

第4章　中国鐘の様式と技術

図69　陝西西安景雲鐘［五十川2010c］

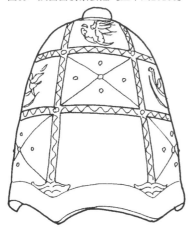

図70　陝西富県宝室寺鐘

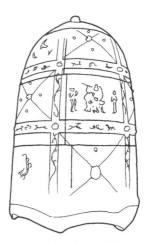

図71　甘粛武威大雲寺鐘

ＴＡ⑤陝西咸陽彬県鐘　未見

　彬県炭店郷林家堡村の村民李東牛氏が、村はずれで柴木を掘っている時、大きな鐘を発見し、その家族が迅速に文物部門に報告した。市と県の文物部門が、すぐさま技術員を派遣し現場に向かわせ実地調査をおこなった。この鐘の高さは140cm、口径85cm、重さ約700kgである。体部は円筒形をしており、肩部に蓮弁紋がある。鐘口には六つの弧があり、鐘身は緑色の錆でおおわれていた。鐘の体部は横方向と縦方向の凸線で３段にわかれ、各段が六区画にわかれ、総計して十八区画に分割される。一つの方格には紋様がないが、それをのぞくと飛天・龍・天馬・獅子・鳳・福輪宝が鋳出されていた。すべての画面は荘重古風で素朴であり、生き生きとして真に迫り、躍如として生きているようである。唐武宗による会昌の仏教弾圧の時に隠匿されたのではないかという説があるが不明である。

http://www.sina.com.cn. 2004年２月13日　西安新聞網　西安晩報

113

ＴＡ⑥四川閬中武后鐘　長安四年（704年）坪井年表9

　この鐘は、大周長安四年（704年）に作られたもので、高さ79cm、口径57cmを測る。青銅製で、重さは四百斤（唐制）と銘文に記載がある。龍頭は、融合して組合された龍の形態であったが、今では脚部をわずかに残すのみである。笠形の下端には、複弁蓮弁紋が全体で十六単位めぐっている。鐘身上の袈裟襷紋様は日本鐘によく似ているが、その方格中に内区をもうけている。撞座は４個あり、その位置は高い。撞座は単弁八葉で、三角形の間弁が配されている。駒の爪は発達せず、この鐘を見ていると、日本の最古鐘である妙心寺鐘や観世音寺鐘を彷彿させる。笠形の蓮弁の下に鋳張りがあり、本鐘の外型は笠形と鐘身の二つにわかれていたとみられる。また、湯口系はＣ３型とみられる痕跡が笠形に残るが、今後の検討を要する。

　坪井氏が『歴史考古学の研究』に紹介された『金石苑』の図に、銘文は撞座の下にある内区に書かれているが、実際は撞座より上の区画に陰刻で記され、則天文字が四字含まれている。

　『保寧府志』や『閬中県志』の記載によれば、銅鐘は保寧府署内に置かれていたが、もとは衙神祠に置かれていた。その後、府署前の清遠楼・南楼（現華光楼）に移され、清乾隆時代に府署の後の鳳凰楼に移された。中華民国の初めに省重点保護文物天宝鉄塔とともに東門鉄塔寺に置かれ、1956年に四川省第一号省級文物保護単位に指定され、最後に再び張飛廟に移された。文化大革命時には打ち壊されそうになり、龍頭のほとんどを失ったと考えられている。その後、文物管理部で保存されていたが、現在は閬中市博物館が開館し展示されている。

　フランスの詩人謝閣蘭Victor Segalen（1878～1919）が、1914年４月７日に写真撮影しており、20世紀初頭ごろに、閬中武后鐘が、どのような状態で保存されていたかがよくわかる。

維大周長安肆年歲次甲辰拾
月癸丑朔貳日甲寅合州慶林
觀觀主蒲真応等奉為
聖神皇帝陛下敬造洪鐘一
口重肆佰斤普及法界蒼生幷
同斯福
　朝議郎行合州司馬高徳表

（傍点は則天文字）

図72　四川閬中武后鐘

王積厚・張啓明「文物単位閬中銅鐘」『四川文物』1988年第４期
http://page.renren.com/601636904/note/893686325　閬中過去的老照片

ＴＡ⑦浙江省博物館蔵鐘　開元八年（720年）坪井年表15

　本鐘は、鈕の高さ６cm、高さ37.5cm、胴部周囲64cmの小型鐘である。撞座は２個で、撞座と龍頭の位置関係は新式。上帯と下帯に唐草紋様がある。袈裟襷は縦横の凸線で構成し、撞座のある部分では、中帯と縦帯との交差部分で凸線が撞座の中心に収束せず、中帯と縦帯が十字に交差する。また、撞座のない部分では、中帯が縦帯を切って縦帯が中断している。

　2014年２月28日の見学で、銘文全文を確認することができた。最初の縦帯二行と内区と縦帯の間の一行には、大唐開元八年に梵鐘を製作したとの記載があり、その後に多数の姓名が陰刻されている。

　鐘身だけでなく笠形や龍頭にも鋳張りが見られるので、鋳型は、龍頭─笠形─鐘身の全体を一気に縦分割していることがわかる。ただし、龍頭の中央で懸垂する時に引っかける部分に、縦方向の鋳張りが明瞭に見られるので、奈良国立博物館所蔵の陳太建七年銘鐘のように、龍頭の長軸に沿ってではなく、その直交方向に鋳型を２分割するという興味ある鋳型分割（①ｂ）によるものである。

　また、笠形上の龍頭に直交する方向にはしる鋳張りに、ややふくらんで幅が広い部分が認められる、これが堰（揚り）の痕跡ではないかと考える。このほか、龍頭の頂上部がやや幅広く突出しており、上部には大きな切断痕がみえる。これは揚りと思われるが、もしも堰であるとすれば中国鐘としては異例である。

維大唐開元八年　　　　　　　　　　歳庚申七月廿七日（縦帯）
戊寅朔清信弟　　　　　　　　　　　　　　　　　　　　（縦帯）
一口用銅一十三　　斤　　　□　　　等率化造洪鐘
　　　　　　　　　半　　　□　　　永充供養
　　趙□儀　　　　　　　　　　　趙萬福　　　（内区外）
　　趙百咸　　　　　　　　　　　趙伯永　　　（内区外）
　　趙伯和　　　　　　　　　　　趙婆女　　　（内区内）
　　趙□　　　　　　　　　　　　趙公高　　　（内区外）
　　趙公信　　　　　　　　　　　趙賢女　　　（内区外）
　　趙縕娘　　　　　　　　　　　李慶　　　　（縦帯）
　　呉女妃　　　　　　　　　　　石女兒　　　（縦帯）
　　萬婆娘　　　　　　　　　　　陳期娘　　　（内区外）
　　裴波媚　　　　　　　　　　　王民娘　　　（内区外）
　　故人趙女　　　　　　　　　　　　　　　　（内区外）

　　図73　浙江省博物館蔵鐘

浙江省博物館編『浙江七千年──浙江省博物館蔵品集──』浙江人民美術出版　1994［図73］
http://www.gucn.com/Info_MuseumCurio_Show.asp?Id=1619　中華古玩網　唐開元八年（720年）鐘

ＴＡ⑧山東北海龍興寺鐘　天宝年間（742〜756年）坪井年表21

　この鐘は、青州益都県城北門内玄帝観内の鐘楼にあったが、山東省博物館に展示されている。銘文は、序と銘ともに十四行、題名十行あったが、削平されている。「北海軍……鐘銘」に始まり、末尾に「龍興寺鐘銘」とあり、もと龍興寺鐘であったと考えられる。

　大きさは、口径88cm、鐘身高129cm、鐘上端径77cm。鐸上端の端部から30cmの龍頭に近くに直径が約4cmの丸形の凸部が残っており、Ｃ３型の湯口系を示すものとみられる。その周囲は鋳肌が平滑でなくザラザラした部分がある。2個の撞座をつなぐ線と龍頭の長辺は直交しており日本鐘の古式の位置関係にある。袈裟襷は、均整で凸線は正しく引き板で成形されたと考えられる。縦帯と中帯の交差部で凸線は中心に収束する。これらと上帯と下帯によって形成された四つの方格の内部に、内区を設定している。縦帯には、横方向の縦帯・中帯・下帯の端の線を消した痕跡が明瞭に残る。

　外型の鐘身部の鋳型は、撞座のない縦帯の中心部で縦に分割され、2個の鋳型でなりたっている。分割は、龍頭の長軸方向にそっておこなわれている。笠形部は分割されていない。この縦分割法を2008年3月11日に観察した時には、筆者は本当に驚いた。撞座は下から52cmの位置にある。

図74　山東北海龍興寺鐘

```
北海郡……鐘銘並序
益都県県尉進…張辛□撰
開元□寺
我…先禅機応道豊…之不建…脩
…感……元範…門…巡…格上…
六…宏化…道…韓無…心宏祖則□子嘉族庅人
陵□動実持諸之…寺…余以庚寅
娑銅…究…指…鋳鐘…
太上之教其……妙…奇鳩匠一……氏之工夫為鯨形之
撃独…既…飛乗…張其衆善於成理郡守嘉其
感…教道…早…
載四…其詞日
送是悟…何起…
銘製…黄…妙声…遠…
太子李力牧　長史鄭山甫　長史李潤
司馬段詵　議事参軍崔晏　司功参軍李㢴
前殿中侍御史行司戸参軍崔器
前長史県令行司参軍禁澤
前監察御史行司士参軍房休　司倉参軍
司田参軍□義　司兵参軍武翼　司戸参軍李□
司士参軍鄭萬□　参軍寶□　参軍□□　下市令□
益都県県令鄭萬　県丞李勧　主簿張
県尉□　県尉李勧　県尉張发
龍興寺鐘銘
```

常磐大定・関野貞編『支那文化史蹟』第７輯　法蔵館　1940

第4章 中国鐘の様式と技術

ＴＡ⑨重慶黔江民族博物館蔵鐘　天宝年間（742～755年）

　この鐘は、もと郁山鎮開元寺あるいは黔江県城北玉皇閣にあり、現在は、重慶市黔江の民族博物館に展示されている。高さ143cm、口縁周240cm、口径78cm、重さ約400kgを測る鐘である。鐘体は、円筒形の胴部に丸い笠形部が続いている。袈裟襷の縦帯と中帯とは、直角に交差し、凸線が交差部の中心に収束しない。これらと上帯・下帯によって形成された八つの方格内には内区をもうけている。頂部の双龍の龍頭は四足で身を支えている。撞座は２個で龍頭との関係は古式をなす。

　鋳型は笠形の中央部以下を、龍頭の長軸の方向に縦分割しており、鐘体上を横方向にはしる凸線が、分割線の左右で食い違っている箇所がある。湯口系の判別はかなり難しいが、笠形の縦分割より上の端部において、対向する位置に円形の凸部が２ケ所あるものと考え、湯口系はＣ２型とみられる。

　上の内区に三十八字の陰刻銘文がある。銘文によれば、黔州都督趙国珍が本鐘を鋳造した。黔府は黔中郡で六県を領有し都督府も置かれていた。郡役所は今の彭水にあり、黔江は属県の一つである。汧国公趙国珍は、唐天宝年間に黔府都督も兼ねており、本鐘は、当時作られたと考えられる。このほか、笠形下部に「大吉利」「願平安」の陽鋳の銘文があり、文字の周辺に活け込みの痕跡が認められる。本鐘の来歴に関しては、多く荒唐無稽な伝説が残っているが、黔江の八大勝景の一つとして金鐘飛韻があり、本鐘にちなんだものである。

　本鐘のレプリカが、北京大鐘寺古鐘博物館にある。

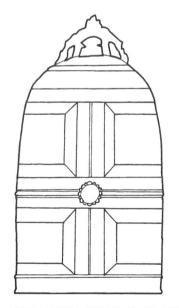

（胴部）
金紫光禄大夫工部尚書
兼黔府都督御史太夫持
節充本道観察処置選
補等使汧国公趙国珍
（笠形）
大吉利
願平安

図75　重慶黔江民族博物館蔵鐘［孫1998］

龔節流・陳世雄「唐代銅鐘」『文物』1981年第9期
四川省黔江土家族苗族自治県志編纂委員会『黔江県志』中国社会出版社　1994

ＴＡ⑩江西萍郷大屏山鐘　天宝五年（746年）

　1979年９月、萍郷大屏山で石炭工が道路基礎を補修している時、鉱山の麓の小土坑から一口の古鐘が発見され、炭鉱責任者劉科生氏が、博物館に電話通報して保存されることとなった。現在は、萍郷市博物館に収蔵展示されている。

　本鐘は、高さ53cm、肩部直径16.5cm、口径26.4cm、重さ17kgの小型の鐘である。袈裟襷は、縦帯と紐帯が直交して、交差部は中心に収束しない。これらと上帯・下帯によってできた八つの区画内に内区をもうけており、四つの尖った矛先が縦帯と上帯・中帯・下帯の交差点に突き刺さっている。交差部に八葉蓮弁紋の撞座が２個あり、撞座と龍頭の方向関係は新式である。頂部の龍頭は両龍が宝珠を負っている。

　陰刻銘文の初めを示した。唐代天宝五年（746年）の記載が見られ、李洞真なる人物が、謹んで作った銅鐘であることがわかる。以下に、寄進者氏名が延々と記載されている。

　銅鐘の出土地の萍郷市湘東区大屏山は、昔から湘贛二省（湖南省と江西省）の境を接するところであり、海抜約1000mの群山が、連綿と起伏して、呉楚彊越の障壁となっている。中腹に古い寺があり、名を「皇覚寺」といい、文革前には山門の扁額に「呉楚古刹」とあった。出土地は、この古寺から２kmも離れておらず、密接な関係があるはずだと考えられている。

　鋳型は、上帯部で上下に分割され、鐘身の鋳型は一体構成である。湯口系はＣ３型をとる。

萍郷博物館陳全昌「萍郷大屏山発現唐天宝五年銅鐘」『南方文物』1980年第02期

> 維大唐天宝五歳大歳丙戌十一月戊寅初三
> 日庚辰男宦大洞弟子李洞真
> 率例積縁敬造銅鐘一口永為
> 供養大近陵恩寺

ＴＡ⑪浙江諸曁鐘　広徳元年（763年）未見

　1977年12月に紹興市諸曁県青山公社蕾山大隊社員が、水口庵付近で整地作業中に出土した。高さ45cm、口径25cm、胴部周囲74.5cm、重さ13.25kgの小型鐘。袈裟襷で装飾して、八つの方格内に内区をもうけている。２個の撞座があり鐘面から少し突出している。撞座と龍頭の位置関係は、古式をなす。方格外の縦帯に刻銘を陰刻で記している。頂部に粗雑ながら、貞元十四年（798年）の以下のような銘文を追刻している。

> 楊乙娘　何妙娘　辺団娘
> 預縁人何筒　楊貞　辺隠
> 故人蔣融　故人楼代
> 朱遷　楊松
> 王本　王先
> 大威徳金輪佛頂一字王真言勃噲□
> 佛説　広大祕密善住宝楼閣心陁羅
> 唵摩尼跋闍梨吽
> 随心唵　摩尼達哩吽哺吒
> 銅卅五斤　永完供養
> 難陁奉為亡兄承之
> 越州諸曁県石瀆村檀越
> 維唐広徳元年歳次癸
> 鋳鐘一口用
> 主僧道勲僧
> 卯朔十一月廿日

第4章　中国鐘の様式と技術

「維唐貞元十四年閏五月十三日檀越主王潭等于石瀆嶺下村衆慕緩就　郷内楊栄漫贖小鐘子対衆秤起卅三斤　当上色絹糸七十両　従楊邦向衷永充供養　向外人不入縁」。

『諸曁県志』の記載によれば「諸曁唐隷越州会稽郡」、『旧唐書』地理志には「越州中郡督府諸曁漢県、属会稽郡、越王允常処都」とあり、記載と銘文が符合する。しかし、この鐘と刻銘中の記載の重量の実際の重量との差違は大きく、当時の度量衡制度と関連があるようである。この銅鐘の出土は、諸曁地方の沿革史と当時の度量衡などに対して参考価値をもっている。

図76　浙江諸曁鐘　上図［孫1998］

方志良・張光助「浙江諸曁発現唐代銘文銅鐘」『文物』1984年第12期［図76右拓本］
魏建梅「諸曁銘文銅鐘保護浅析」『神州』2014年17期

ＴＡ⑫書道博物館蔵鐘　広徳二年（764年）

　この鐘は、高さ36cm、口径18cmの小型鐘である。袈裟襷紋様は、中帯と縦帯が直交して、中心に凸線が収束しない。それらと上帯・下帯によって八つの区画を形成して、その内部に内区をもうけている。撞座は２個あり、龍頭との位置関係は古式である。笠形はうずたかく、その上に華やかな龍頭がついている。

　銘文は陰刻で、縦帯の撞座の上下に存在する。「鐘」字に「鍾」字が、使用されていることが特徴である。上帯の上部で上下に分割され、ＴＡ⑩と同様に鐘身鋳型は一体構造になっているとみられる。湯口系はＣ３型である。

惟大唐広徳二年歳
丑朔一三日丁丑比丘尼厳
勝発心敬造銅鍾一口重
十二斤永悉供養
　　　　　次甲辰十月乙

石田肇・鈴木勉「書道博物館蔵梵鐘二題」『史迹と美術』650号　1994
石田肇「日本現存支那鐘鐘銘集成稿（上）」『群馬大学教育学部紀要人文・社会科学編』44　1995

119

ＴＡ⑬広西融水信楽寺鐘　貞元三年（787年）

　この梵鐘は、1987年9月に、融水苗族自治県融水鎮下廊村埠頭の龍頭石の傍で、水深20mの所から引き上げられたもの。現在は、融水苗族自治県博物館に所蔵されている。高さ112cm、胴部周囲265cm、口径68cm、鈕高17cm。鐘体は円筒形、笠形はかなり扁平、口縁は平である。袈裟襷では、縦帯と中帯との交差部には凸線の中心への収束がみられず、八つの方格内に内区を形成している。4個の撞座は八弁の蓮華紋を飾る。この鐘を特徴付けるのは笠形部である。まず龍頭は二匹の獣が複雑に絡み合い、宝珠を抱える形象を表現している。この部分は蠟製の原形から鋳型を写し取ったのであろう。外型の鋳型分割については、上帯の上側の凸線の部分に、鋳型の境界があり、鐘身は一体構造とみられる。

　また、笠形上の端部からすぐのところに、平面形2cm×4cmで、1.5cmの突出部があって、きわめてめずらしい湯口系だといえる。このように、鋳造技術において異色なところがあり、やや地方的な生産工房の作品ではないかと感じられる。

　鐘身の縦帯と内区の狭い空間に陰刻の銘文が読める。貞元三年丁卯は、唐徳宗李適の年号で西暦787年である。重さは187kg。信楽寺は文献にみえない。融水は唐時代には融州の所在地であり桂西の重鎮であった。下流に位置する柳州には当時寺院があり、柳宗元『柳州復大雲寺』の記載によれば、武則天は命令を発して柳州に四座の佛寺を建て、同時に開元寺や天寧寺があったという。融州は、柳州から柳江を融州へとさかのぼり、貴州へとむかう要衝だったので、寺院があったはずで、信楽寺は、そのなかの代表であったに違いない。

維貞元三年歲次丁卯正月丙辰朔廿七日壬午信楽寺敬鋳鉄鐘一口重肆佰斤奉贈□

図77　広西融水信楽寺鐘
蔣廷瑜「広西所見唐和南漢時期的佛鐘」『巨贊大師誕辰百年学術検討会論文』2008

第4章　中国鐘の様式と技術

ＴＡ⑭広西容州開元寺景子鐘　　貞元十二年（796年）坪井年表36

　本鐘は、容県博物館内にある。通高183cm、胴部周囲325cm、口径109cm。口縁は平である。袈裟襷は、縦帯と中帯の交差部で凸線が中心に収束せず、八つの方格に内区を設定している。笠形には、絡み合った龍体による龍頭があり、湯口系は、直径2.5cmの丸形の突起が、龍頭をはさんで笠形上に２ケ所しっかり残っており、Ｃ１型である。龍頭の頂上には、揚りの痕跡が明瞭に認められる。撞座は蓮弁紋を飾り４個ある。内区の横線のうち、上から三線は、縦帯の間にも痕跡が明瞭に残る。鐘身は一体構造とみられる。

　銘文は２ケ所あり、一つは縦帯に二行に陰刻されており、もう一つはその反対側の草の間に陰刻で「開元寺常住鐘」と記す。銘文中の「在景子」は「在丙子」とすべきところを、唐高祖の父李昞の諱を避けて「丙」を「景」とした。そのため、本鐘は「景子鐘」と呼ばれている。唐代の容州は今の容県。房孺復は宰相房琯の子で、貞元十年（794年）に容州刺史、容管経略使に任ぜられた。『旧唐書・房琯伝』に「房孺復于貞元十三年九月卒、時年四十二」との記載がある。開元寺は唐初の建造で、容県城北にあったが、いつ本鐘が東門譙楼に移され、禁鐘として使用されたのは不明である。清の嘉慶謝啓昆が修した『広西通史金石略』に「此鐘当時在容県東城楼」と載せる。明成化３年（1467）、都御史韓雍が大藤峡瑶民の反乱を鎮圧した後、本鐘を梧州総監府に運び「府治禁鐘」とした。1920年代に容園に運ばれたが、50年代に容園が毀され旧城の濠のなかに遺棄され、1954年、経略台に運ばれ亭を作って懸けた。1963年、経略台真武閣に保存された。

（縦帯）貞元十二年歳在景子十一月廿二日己酉当道経略使守容州刺史兼御史中丞房孺復与幕府及諸大将于開元寺敬鋳鴻鐘一口重三千五百斤永充供奉

（草の間）開元寺常住鐘

図78　広西容州開元寺景子鐘
蔣廷瑜「広西所見唐和南漢時期的佛鐘」『巨贊大師誕辰百年学術研討会論文』2008

ＴＡ⑮江蘇丹陽朝陽鐘　中和三年（883年）坪井年表44

　この鐘は、現在は江蘇省丹陽市の人民公園内に安置されている。高さ210cm、厚さ11cm、口径141cmを測る。丸い笠形には、造型的に優れた双龍がとりついている。鐘身の袈裟襷は、中帯と縦帯が垂直に交差し、凸線は交差部の中心に収束しない。それらと上帯・下帯によって八つの方格が形成されており、その中に内区をつくる。撞座がなく、口縁端部は六つの波状をなしている。これが、これまで解説してきた唐鐘との大きな違いであり、本鐘の最大の特徴である。銘文は陰刻で、ほぼ全面に付されており、本鐘が唐の僖宗中和三年（883年）、王十四娘の信女が発起して鋳造され、重さは五千五百斤と記す。

　中帯の少し上の内区の下線付近、草の間の中央部のやや上部の２箇所に、横方向の鋳張りが確実に確認できるので、鐘身部の造型は３段に横分割されていることが判明した。唐鐘のうち本鐘は、筆者がはじめて横分割法による造型によるものと確認した資料である。また、本鐘の鋳型分割の位置は、袈裟襷の紋様構成とあまり関係なく任意に分割されており、その点でも、奈良・平安時代の日本鐘の鋳型分割に類似するところがあることにも気づいた。しかしながら本鐘は唐末の作品であり、日本鐘の成立を考える直接的な材料にならないことも予想できた。湯口系はＣ２型であり、これまで紹介した多くの中国鐘と同様にＣ型の仲間であった。

　　　［上欽］太守　崔　［下欽］
　　　［上欽］御史賜緋魚袋陸諤
　　　［上欽］兼侍御史賜緋魚袋崔
　　　［上欽］檢校尚書水部郎中　［下欽］
　　　［上欽］部員外郎兼侍御史大夫賜紫金魚袋
　　　判官□□□檢校尚書吏部　［下欽］
　　　［上欽］持節潤州諸軍事兼潤州刺史上柱国□国公邑三千戸　［下欽］
　　　［上欽］中書門下平章事　［下欽］
　　　鎮海節度　［下欽］管内宮田並諸
　　　［上欽］弟子僧　［下欽］
　　　僧元慶　［下欽］
　　　僧行　［下欽］僧徳規僧帥約
　　　僧行国　僧敬　僧□金
　　　僧　［下欽］僧契天僧行瓘　［下欽］
　　　書□国　［下欽］
　　　當寺往衆僧　［下欽］
　　　上座僧　［下欽］主僧　［下欽］僧□行苦
　　　奉請鑄鐘僧　［下欽］
　　　都住持功徳留　［下欽］大徳寺禅師
　　　僧敬　僧行賓　［下欽］
　　　直歳僧可　典座僧連寧　都維那僧徳玄
　　　勅於本□建鑄銅鐘一口重二千五百斤都料劉昱董璋
　　　維唐中和三年歳次癸卯九月甲子朔十三日丙子潤州丹楊県朝
　　　銀青大夫　［下欽］

第4章　中国鐘の様式と技術

図79　江蘇丹陽朝陽鐘

女弟子王十四娘請鑴智炬如来破地獄真言
摂尉儒林郎前行丹楊県尉盛　瑧
将任郎守潤州丹楊県丞独孤岳
承奉郎潤州丹楊県令李元翃
浙江西道搬運　上供銭物使銀青光禄大夫検校国子祭酒守　王友羽林
軍将軍知軍事兼御史大夫上柱国趙岳
銀青光禄大夫検校国子祭酒前守威王友兼御史中丞上柱国杜玄卿
朝儀郎使節岳州諸軍事前岳州刺史柱国賜緋魚袋薛位
翊麾校尉前守右千牛備身周隣
祭酒兼御史大夫上柱国周珙
武寧軍度□□銀青光禄大夫検校国子　[下欠]
将仕郎守国子四門博士周　[下欠]
兼御史大夫上柱国周
大夫検校右散騎常侍守右武衛将軍鎮海軍節度後楼決勝軍使銀青光禄
[下欠]
浙江西路監軍使朝議大夫守内侍省内侍員外置同正員上柱国賜紫金魚
袋第五尋礼
監軍副使朝議郎行内侍省宣闡局令員外置同正員上柱国賜紫金魚袋李
監軍判官登仕郎行内侍省内府丞員外置同正員上柱国郭齊述
監軍判官□□郎行内侍省内府丞員外置同正員上柱国魚希厳
前　[下欠]　郎行内侍省内府丞員外置同正員上柱国文丞庾
監軍判官□□郎御史裏□□崔軻

（左頁へ）

丹陽市地方志編纂委員会編　『丹陽県志』江蘇人民出版社　1992
嚴耕望編『江蘇金石志』（石刻史料叢書）藝文印書館　1966

123

ＴＡ⑯福建泉州新華西路鐘　中和三年（883年）　未見

　本鐘は泉州海外交通史博物館に収蔵されている。実見していないが、鮮明な写真を入手したので、その観察結果を記す。高さ30.5cm、口径17.5cm。鐘頂には双龍の龍頭がある。頸はそれぞれ左右の下方に垂れ、尾は上に向かい相互に結合して鐘を懸ける鈕となっている。袈裟襷は五単位あるとみられ、下端は六つの波状をなすと推定される。これは唐末期以降の装飾意匠とみられる。また、鋳型分割については、写真を見るかぎり断定できない。

　鐘上には、七行三十一文字が刻まれている。傍点のある「克」字には「艹（くさかんむり）」がつく。

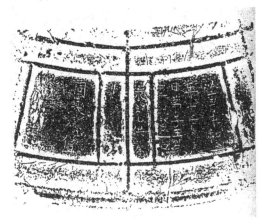

以唐中和三
年十二月十
八日弟子王克・
造銅磬一口
永充供養
同募縁僧
鳴瑾

図80　福建泉州新華西路鐘
泉州市海外交通史博物館呉文良「1964年閩南新発現敵両件文物」『文物』1965年第11期［図80拓本］

第4章　中国鐘の様式と技術

ＴＡ⑰広西浦北陳寛款鐘　乾寧五年（898年）　未見

　本鐘は、広西省浦北県旧州唐城遺跡から出土したもの。唐乾寧五年（898年）に鋳造され、高さは46cmしかなく、重さは14kgで、比較的小さく巧みにできている。三本の水平の凸線紋、垂直の五本の凸線紋があり、鐘面を八つに分割している。

　中央部に蓮華紋の撞座が１個あるという。頂部には龍形の龍頭が鋳出されている。胴部に五行の銘文が刻まれている。唐城遺跡は広西浦北県泉水鎮旧州石渡坡にある。銅鐘と伴出したものには、隋唐時代の蓮華紋の瓦当がある。蓮華紋の瓦当の出土は、仏寺があった証拠である。しかし、これらの仏寺はその名が失われ、銅鐘の銘文にも残っていない。

敬鋳銅鐘壹口重卅斤
右弟子陳寛為地震乞保康泰
乾寧五年十二月十四日
設斎慶度
永充供養（改行任意）

蔣廷瑜「広西所見唐和南漢時期的佛鐘」『巨賛大師誕辰百年学術研討会論文』2008

ＴＡ⑱広東端州清泉禅院鐘　天復二年（902年）坪井年表54

　本鐘は、唐天復二年（902年）に製作されたもので、総高127cm、口径73cm。撞座は４個あり、円形で紋様がない。龍頭の龍は細い前脚を備えていたと思われる。龍の脚は日本鐘にはない。鐘身の鋳型は横方向に３分割されている。湯口系は、Ｃ２型である。陰刻銘文によって、端州（広東省肇慶）刺史であった利部が、唐天復二年に鋳造して清泉禅院で供養したこと、鋳造の当時に銘文を施していなかったために九年後の開平五年（911年）に工人周往を遣わして銘文を刻ませたことがわかる。現在、岐阜県大垣市三津屋長徳寺に所在する。

図81　広東端州清泉禅院鐘

弟子節度左押衙充府墻池内外副指揆使幷都教練
使銀青光禄大夫検校尚書右僕射使持節端州諸軍
事守端州刺史御史大夫上柱国利部去天復二年十一月廿
三日鋳造洪鐘壱口重壱千斤於清泉禅院供養永
乞爵位高遷家眷属謐此時設斎慶讃訖久未得
題号今専差匠人周往鐫字開平五年六月三日
重記
都教化住持禅大徳子希普勧衆縁鋳造

坪井良平『梵鐘』学生社1976、坪井良平「支那鐘随想」『歴史考古学の研究』1984
石田肇「日本現存支那鐘銘集成稿（上）」『群馬大学教育学部紀要人文・社会科学編』44　1995

125

（2）　唐鐘の銘文

　現存する唐鐘の銘文については既に記したが、庾華女史が文学に記録された唐鐘の銘文を、「唐代文学名家与寺観鐘銘」に集成し、句読点ほか記号を付記されている［庾2014 pp59-74］。

1　呉少微『唐北京崇福寺銅鐘銘』

夫鐘者、梵場之信皷也。聚萬法者、莫大乎信皷。所以是故佛置信皷、所以窮遠究微一切賢聖恒河沙類者也。使天下之人善勧而淫懼也、所以制鬼神之端而開教設敬、魔魅不得閃其人姦、義利不得載其毒也。故以聴則不感、以念則受福者、信皷之謂矣。

罝皇家厥之旧業也。颺言曰皇后之旧、飛龍在天、載羹厥不改耽耽、萬構在堂、有巃鉞、振金皷、於是休兵、十月入自禅関、則以昭蘇群聳、鉄也、曷以昭蘇群聳、賈梁岷之銅、張而鏞之。

吼延周倣字会東郊而北之。於是再有盧龍之役、天子申命、俾兵申命、戎左、公於東字一皷、而不可響者、句有日矣。

光響皇梵願税金紫会仁置以、蘇鉛液注、煎準沸渭、爛墜。

宣火房、□飛廉扇、回禄金光、庁工慮釣、壌秦晞炭、

右執金吾南陽張公仁、嘗試而鏗之、声聞於天、得未嘗有。

埏烘赫、制作可観、而不椷也、敏也。長而不掉、正也。周而無瑕、忠也。小扣則小、大扣則粗、厲而猛奮、勇也。忠也。

則清、瀹而温韵、仁也。大扣則粗、厲而猛奮、勇也。小扣則小、大扣則有其成。

非夫虚妙純粋、幽能致於此、故良冶莫之測者、執能致於此、故良冶莫之□。

歃、群真慎躍、自相与建高台於西廂、彌土木之瓊峻赫如、大力引萬人唱而萬人和、

斯抜乃登夫懸焉。攢栄以扛之、千人引萬人唱而萬人和、大力

也。則俯絣以累之、寘也、長絙制曳以麾、震、

四綱用壮、是拒是考、始作也。訛而河泄、双城井陌、□、大力

皪皪縦也、訖而河泄、双城井陌、栗栗哦、

爾其乱也、雷霆闘、魚脱淵潮、眷雌戯鷇、春容将、

夜、汗涸於是、旭旦是音達而人恠悒、老時

尽而汗涸、於是旭旦是音達而人恠悒、求将

而汗涸於是、況貔虎与百獣、夫其終也！戦怒游威、

勉、人釈其病昧、爽哉！人室其意、欲惣九圍、而利萬有者

割日子…故撞鐘本三声、昭会百衆持六情、厥有咤王愛輪

日子…佛説撞鐘本三声、若二公美、莫不可歌也、則其曠離之。

勉、是夫初大夫之禱施也。人咸曰、休哉！夫而不称君頌

銘。凝巍巍神力誰其屍、大道至感曰諸佛。

一救冥獄湯剣時、二救餓厲釈纓飢、三救六畜報愚

巍巍四救長獄湯剣時、因而作偈演之曰、凡鑠堅剛十耗一、我金再錬溢百

『古儷府』巻八、『文苑英華』巻七百八十九

2　李邕『越州華厳寺鐘銘并序』

有同乎源、播厥派者夥哉！沿之椎輪、則崇構夏屋、譯梵言則終列大略、象楗槌於景鐘、従来久矣。

華学、象槌於景鐘、警閝門、剣輪在空、法妙於則音奨弘誓、艾芸趣、撰糧釈訓、警閝門、剣輪在空、法妙於

衆斯斯、鏞之時義大矣哉！郡司冠北平楊公、忠為迦維之業堅

沙門師萌抵浄根保耳界妙有、乃首唱群吏、傳閝庶経、雖庶

呕、合聴悉心、聚糧奨幣、勾呉通邑、傳閝庶経、雖庶

群氓、挙帆雲屯、撃穀雷動、歴今日、鏞文馬石之製華緇驤

言者計以萬億。然后陶人事炉、火正疏冶、累贅華緇驤

黄者、蔚焉丘峙、亭午卒手風願

舞者翳景、楽工揚嘆、称慶者振林、遅明蔵功、蔚焉丘峙、亭午卒手風

業蒲牢跧曲以駿嗷、隠天網、譬地理、鯨魚咤怒震以昭

撃鼓藁景、称慶者振林、彫簴懸列、鯨魚咤怒震

浄一念信心、有無識生、幽執鬼物、莫不利那昭復

応域、貞観真諦矣！有若大者不椷、小者不

宛、則州立号分考彼華鐘、震発三界分載鑠載其

聾、大雄立号分考彼華鐘、震発三界分載鑠載其

銘、俾我群動分聴、曷以臻其間歟？其詞曰…覚其

弥億斯年号分罔有罷厥凶、君子是象分載

『古儷府』巻八、『文苑英華』巻七百八十九、『李北海集』巻四

3 李白『化城寺大鐘銘』

噫！天以震雷鼓群動、佛以鴻鐘驚大夢。而能発揮沈潜、開
覚茫蠢、則鐘之取象、其義博哉！夫揚音大千、所以清真心、警俗
慮、協響広楽、彰天声。銘勲皇宮、豈徒然也。

粤有唐宣城郡当塗県化城寺大鐘者、邑宰李公之所創也。
公名有則、系玄元之英蕤、茂狗之天枝。生蓋
于公族、貴而秀出、少蘊才略、壮而有成。西逾流沙、立功絶域。
帝疇乎厥庸、始学古従政、歴宰潔白、声聞于天。天書褒栄、輝之
簡牘、稽首三復、子孫其承。天宝之初、鳴琴此邦；神明其道、越不
可尚。

不建大法鼓、樹之層台、使群聾六時有所帰仰、乃謂諸龍象曰：「曷
発一言以先覚、挙百里而感応。秋毫不挫、人多于来。銅崇朝而山
積、工不日而雲会。維、
飛廉震驚。金精転洽以融煙、銅液星熒而璀璨。光噴井道、炬林宇宙、功侔鬼神、瑩而察
之、呵可駭也。紅雲点於太清、紫煙蔚於遥海。

爾其龍質炳発、虎形蹲踞、麋金素以上絙、懸宝楼而送撃。傍
振萬壑、高聞九天。声動山以隠隠、響奔電而闐闐。赦湯鑊於幽
途、息剣輪於苦海。景福□蟺被于人天。

丞尉等幷衣冠之亀龍、人数之標準。大雅君子、同僚尽心、聞
善賈勇、賛成厥美。寺主昇朝、閑心古容、英骨秀気、洒落毫素、
謙柔笑言。海受水而皆納、鏡無形而不燭。
然。常虚懐忘情、潔已利物、是人行空寂、不動見如来。有若上座、普
聞八萬法。深入禅恵、精修律儀。賢哉六開士、普

豪吏、姑執賢老、乃緝乃黄、是趨梵庭、請揚宰君之鴻美。
侍従、備方辞臣、恭承徳音、敢闕清風之頌。
将我以文章、求我以述儀。功徳大海、酌而難名、遂与六曹
非李公好謀而成、宏済群物、孰能興於此乎？

魅招霊宰仙
愷悌賢人父母。興功利物信可久、徳方金鐘永不朽。
侍従、傍極六道于九泉、剣輪輟苦期息肩。湯鑊猛火停燼燃、
雄雄鴻硏隠天、雷鼓鏗鏘大千。含号烜嚇声無辺、摧折魍

『李太城文集』巻二十九、『山堂肆考』『唐文萃』ほか

4 独孤及『洪州大雲寺銅鐘銘』

越五月辛丑新鐘成、於是此邦民大和会、膜拝縦観、盈
億兆諦聴、鯨魚乃発、旬然如扶揺号、而萬竅怒、霹靂作而崇
山破、在坑満坑、在谷満谷、金界岌容、若震若蕩、既而拗怒散渙
与回飈俱、激越若大千、周流六虚、経於厳城、入于梵宮、徘徊乎
霜天、凌厲乎清夜、千門徹、萬戸警、聾盲知方、識浪安流、地獄清涼、
刑聆其根、鏡照身業、彼金鼓声気、間声以知受、観受以悟法、
根刑、刀輪摧蔵、厳受心者、聞声以知受、観受以悟法、
聖人弘道以勧善、因善以建法、木鐸徇路、整衆字号、方斯陋矣、
法者教之因、善者教之宗也。
銘曰：我鐘乃懸、是訓是崇、世界有極、大音無窮。

参変化、孕律呂、和神人、莫疾於声。故天地以雷震萬物、聖
人以楽節八風、佛土以鐘警六時。天造聖作、同符異貫、自真乗開。
設、其輪三転、像善其前、而法鼓之制存焉。形彤蓮宇、于江之
浜、萬井在其前、人欲誕敷我法音、啓迪我善根、是以
方土上、釈法観精繆、与比丘衆百三十有五人実果其願、将辨所
作于時、火官金工修厥戒令、法陰陽九六之数以合造化、均薄厚
侈弇之斉以諧清濁、聚精会神、大悲之感、与萬霊接、祝融回禄仿佛
交応。故衆心如城、施如如市、鳩工於其間。

『毘陵集』巻七

6 李賢『京師西明寺鐘銘並序』

維大唐麟徳二年、歳躔星紀、月次降婁、二月癸酉朔、八日庚
辰、皇太子奉為二聖、於西明寺造銅鐘一口、可一萬斤。発漢水之
奇珍、採蜀山之秘宝、虞儴厚載之徳；晋曠而騰規、応鯨
桴勒而写制、声流九地、退宜厚載之恩；韵徹三天、遠播曽旻之徳。
敢勒貞金頌其銘曰：
竊群生於覚路、警庶類於迷途、業擅香垣、功斉塵劫、
登情、興言浄業、制陵周室、規蹤漢庭、慶溢千齢。
獣疑驚、青祇薦社、黄離降精。
渦川毓徳、瑶嶺飛英。七珍交鋳、九乳図形。吹銅表性、
俯導蒼生、声騰億劫、
風飄旦響、霜傳夜鳴、式旌高躅、仰廷皇祚。
翔龍若動、偃寝

『広弘明集』巻二十八上

5　独孤及『鹿泉本願寺銅鐘銘』

無心・随軽重之所考者金為長、金声之動物者鐘為大、相彼創制、本乎
庭用之以和楽、梵宇作之而助道、有洪繊之而応、其旨幾神也哉！
所卜即輪王建塔之地、有隋氏因而緝焉、日都維那某等焉、
三学之奥府、同寅葉恭之而議改作、乃為陵、日維光朝而則、増壮厥美、昔召良冶輔
雖二厳之巨翼、張二厳之巨翼、以遍十方、蓄精誠、含寥亮
而後施也為実、蛇信委於数廟察。夫修未疑、曦燉奪清夜、陽以烈、壊爆泉沸、
鼂氏・宰陶人、修林撲、植火正、光連紫徽旁、気憤雲洩、通宝風、洞然而博
而陳力・巨扇咆吼洪炉赫、叱吒以啓号、博召流美、
下、潜成于数廟。而後発、驪龍踏於上、蓄精誠、含寥亮
句・而仙獣勒於
宝器之大壮也！

且夫作有度而体有経、侈奄均・厚薄中、則不播・不杵、不石・不
不柞、雖鴻音未揚、識者已知其妙矣。
瀅濛而一色。然後挿雲柱、里之髦彦、聚捨珍翫、
充鬱、而懸之衣冠、倚天梯、猛以交扛、攬修索、峻嶒百常、沈克・不
滅長夜之苦、一杵之播、使浩福潜潤、冥機坐融、其諸佛神通之用而
下属海潼溶而一吼虓、響発蕓塵滞、襄開冥蒙、滌除曉曠
斯属軒転而鏗、雄以筍鱗、顚以交扛、作以篠権、作以離立、大器
劫之瑕、洪椎万鏗、威音潼溶而一吼虓、
勢之、然者千鈞之声、後登而畢也。張以楽、或謂登鏗本
三勢・後既鋭而徹、周平其念、皇慈登鏗、漸諸佛神通之本、
雷裂韻、六時登聞、猛毅僵蹶、皆怖怖不惺、以安以楽、我大雄引
曳妙韻、又抑而深思也。実欲普其念、不差不式、神之不可以已、若登
皆悲克哉！後思而後壮、故初起細而促、允鼇僧務本、何
舒既鋭而徹・使萬物咸若、霊祗殺走、住持我像教、我雄範会之引
山傾河洩、厭徳顕聖賢、厭徳有秩、則易以臻於是矣、
我唐宣徽妙、洞達我幽明、清寧我秩、戯於此也！若陳巨禹也！而宏範
氏慈風、其他方聖衆飛来而考之、張梵楽以考之、後登而畢也。洋溢
唐十有八年春仲月八日、是鐘也既成、其秋孟月上弦、我像教、復皇
構之他方聖衆飛来、神之不可以已、於菩薩踊出而瞻仰、事畢矣！
莫叙之、張梵楽以考之、煌煌休哉！菩薩踊出而能事畢矣。
　　　　　　銘日・

河南史凜然文林之秀也。尉于右邑掾茲銅章、恵化一清於灌
希声重美於洪器、命我昭也、式副群心之望恵、而主簿弘農楊
洞・其有高幹才敏・力懋於道、勉奉天秩、允恭仁
量新輔営楽石、賛就厥美、雖本道内虚含至円、雄威蓄毓時乃宣、震撃鏗
鏘我真声咸息肩、十萬調御及聖賢、一切苦輪悲熾然、
開我真声咸息肩、虚空有尽福無辺、神用広大莫与先・
壇大千兮八稔含於斯・

『唐文萃』巻六十七

7　蘇頲『太清観鐘銘並序』

大矣哉鐘之為用、軒轅氏和音楽之、夏后氏陳義聴之。此皇王
所宝、太微君上真撫之、紫虚君玄方撫之、此仙聖所珍也。国家
誕発元系、七映厳飾、四時洞開、与時偕行、惟道攸佑。于昔図旅常：北斗城連、
玉京崇絶、大造融於一、範園乃息。器或雲聚、普集諸天、契乎九
陶鋳三品、大空合於吹萬、其鼂氏鴻鐘、声希以節、広於已日、瑠璃珍地、律已而満、皓魄初満、
儦儦虫而上扶、重以珍珠為闕、普集諸天、非与其
起六幽厳童、近召香童、遥薇羽葆斉、四時城連、韻圏周旋所勒彝鼎鼐、徹於千歳、紀徳昭
仙霜始飛、傾耳帰真、調心入道、徹於千界、是功樹善、於千載、
西升路接、遥薇羽葆斉、四魔是革、安可不篆于銘銑者哉！
事未有萬人斯和、四魔是革、安可不篆于銘銑者哉！
至疾旋、執臻於此乎？在昔図旅常：
其詞日・
揚其巨唐之声、懸於劫海、
碧落朱宮兮鬱其崇、金振玉扣兮殷而鴻、
成之不日兮鏗乗風、声無已兮服無窮。
九枚是献兮百神工・

李昉等編『文苑英華』巻七百八十九

8　権徳輿『興唐観新鐘銘並序』

声為陽、所以発越。金尚氏工焉、法器成
玄門掲焉。与夫楽出虚鏗、故鼂氏工焉、
興唐観新鐘者、観経構之初、会主道門威儀太清官供奉祀之説倍
也。是観道門威儀太清官供奉師彝素之所創
其妙音中火錬、為紀綱輔之既済
毀葉。法音不嗣、久矣。師有環中火錬、為道流亀鑑。
以言発而響、会上士、仁人展其助、弘願攸
言法音自然、無為而無不為、所以恢玄功、誠修而物応
其助法自然、神遇而神遇、棄戚其具、精乎六齐、循其既
衆和於心、撥九幽而三界五苦。皇都人士游者莘兮、古者林
宛和於心、操静者懸解、師之善利、利物可勝哉。師之心於
以萬象、声希以呈、無害金、小大随也、無耗気、不合
其柜不石・不播、雷大音兮集群仙、福元后兮返万
周六虚而洞三界、鏗訇響亮鴻都前、上入冥兮下徹泉、然后春容銷散兮、
日鐘：其動也懸而天、其用也虚而円、
億年・
物於自然。

『文苑英華』巻七百八十九

9 唐鐘銘文の特徴

財前謙氏の近著『日本の金石文』（芸術新聞社2015年）に、銘と序についての明快な説明があり納得した。「銘とは名を呼ぶことであった。文字がなかった時代には亡き人の名をひたすら口にしてこれを弔った。（中略）やがて文字が登場すると、これを金属に鋳こんだり、彫りつけるようになり、「銘」という漢字が生まれた。だから銘とは、本来は韻文つまり詩のことであった。しかし、去る者は日々に疎しとはよく言ったもので、亡き人を悼んだ詩の共通理解は時間の経過とともに困難になってくる。するとそこではその解釈が必要とされる。これが「序」である。韻をふんだ銘に対しての序とは、散文であり、説明することであった」。

庾華女史が紹介した唐代鐘の銘文の数々は、序と銘を完備した壮麗なもので圧倒されるが、現存の中国唐鐘には、こうした序と銘からなる正式な銘文を、今もなお明瞭に読み取ることのできる資料は、ほとんど残っていない。

湯川紅美さんの銘文の日中比較研究は、興味ある仮説を提出している［湯川2013］。中国の唐代祖型鐘には序や銘で銘文を構成するものは少ないが、中国西北地域においては主流だった可能性があり、いずれも陰刻であった。日本の奈良時代鐘の銘文は、叙述をもたず構成要素の項目のみを列挙したもので、平安時代前期に序や銘で銘文を構成するものが急速に増加して、陽鋳が主流であった。遣唐使や渡海した僧侶達によって交流のあった唐から銘文が入ってきたと考えられるけれども、日本では中国の標準的な陰刻の表現方法とせずに陽鋳にした。そこで古代日本の梵鐘において、陽鋳が銘文の表現方法として一般的だったのは、朝鮮鐘の表現方法の影響であったのではないかというのである。

法隆寺非再建説を論じ、喜田貞吉氏の再建論に反駁した平子鐸嶺氏（1877-1911）は、盛唐の文物が山なす波のように流行した奈良前期において、長所を唐の文物にのっとって、模範とするところを唐に求めたのは、自然の成りゆきであり疑うことができないとして、薬師寺東塔の水煙檫銘が、唐道宣律師編『広弘明集』巻二八上にみえる西明寺鐘銘（麟徳二年（665））を参考にしていることを発見した［平子1907］。下枠内は、薬師寺東塔の水煙檫の銘文であり、

傍点部分は西明寺鐘銘をもとにしたとされる部分である。日本鐘の創始期と思われる7世紀後半に、このような唐鐘の銘文が、既に日本に将来されていたとみられるわけであるが、中国における序と銘からなる正式な銘文をもつ梵鐘の残存状態を考えると、あるいは日本においても、こうした正式な銘文をもつ梵鐘が、奈良時代に作られていたのだが、現在に残っていないのではないだろうか。

> 齡・寂寂法城福崇億劫慶溢萬・
> 筋靈宇莊嚴調御亭亭寶利
> 運慈哀猗獗聖王仰延冥助爰
> 巍巍蕩蕩藥師如來大發誓願廣
> 其銘曰
> 生業傳曠劫式於高蹄敢勒貞金
> 照先皇之弘誓光後帝之玄功道濟郡
> 騰仙大上天皇奉遵前緒遂成斯業
> 中宮不念創此伽藍而舖金未遂龍駕
> 天皇卽位八年庚辰之歲建子之月以
> 維清原宮馭宇

本項の執筆にあたっては、湯川紅美さんに多大なご教示を得た。

（3） 唐鐘の様式と技術

1　A群鐘・B群鐘・C群鐘

　①～⑤は、坪井氏が荷葉鐘と呼んだものであり、口縁端部が蓮（荷）の葉のように波打っているのが特徴である。これらは、唐代において陝西省や甘粛省などの西北の地域で流行したと考えられ、神崎氏の分類ではⅡ式鐘とされている［神崎2010］。本稿ではA群鐘と呼ぶ。

　これに対して日本鐘の淵源となった鐘の系統のものを、坪井良平氏は祖型鐘と呼んでいる。⑥～⑭と⑰・⑱が、それであり、山東省・江蘇省・浙江省・江西省・四川省・広東省・広西壮族自治区などの地域に広く分布している。神崎氏の分類ではⅠ－b式鐘である［神崎2010］。これらをB群鐘と呼ぶ。B群鐘は、上記のA群鐘とは異なって、中国の南部地域に広く分布している鐘であることは、坪井良平氏の中国鐘の研究によって、既に解明されてきたところである［坪井1984a］。

　さて、今回集成した唐鐘のなかには、荷葉鐘とも、祖型鐘ともやや異なるものが２点ある。それは江蘇丹陽朝陽鐘（⑮）と福建泉州新華西路鐘（⑯）であり、袈裟襷を基本装飾とする点において祖型鐘と類似しているが、口縁端部が波状を呈し、荷葉鐘の形態をもちあわせている。唐鐘では二口しかないが、この鐘の時代以降には類例が増加するのでC群鐘とする。この鐘を神崎氏はⅢ－c式鐘と分類して、荷葉鐘のⅠ－b式の桶状の鐸身と内区のある袈裟襷紋が継承された南方系の作品だと述べている［神崎2010］。

　また、北京大鐘寺古鐘博物館の庾華女史は「江蘇丹陽唐代鐘は、もはや口縁が水平な南方の風格でなく波状の典型的な北方の風格である。しかし、その器体は、弦紋と方形区画によって、鐘形を異なった区域に分割したものとなって依然として南方の地域的な風格を継承している。（中略）［本鐘は］遅くとも唐宋時代に南北地域の異なる風格の寺観鐘の造型が、すでに融合を開始していたことを物語っている」と説明して、唐末梵鐘の一群をなすものと考えておられる［庾2011］。このようにA群鐘・B群鐘・C群鐘の三群鐘は、唐代における代表的な三つの様式を示すものとみてよい。その分布状態を図82に示した。

2　A群鐘の様式と技術

　A群鐘のうち、②の西安景雲鐘は、詳しい調査をおこない、①の富県宝室寺鐘は、レプリカを北京の大鐘寺古鐘博物館で見学した。①・③・④の解説や写真も利用して様式を検討する。

　まず、鐘体の装飾のなかで、龍頭には複雑な装飾は少ないようである。①と②には、笠形の下端の装飾として、蓮弁があることが確実であり、このA群の特徴をなす装飾の可能性が高い。また、体部には、３段、各段六区画、総計十八区画を設定し、各区画内に、乳と×からなる紋様単位と単体の神獣霊鳥などの紋様単位を、交互に配当することを基本としている。まことに荘重優雅で、この時代に隆盛を誇った寺廟を飾るのにふさわしい意匠である。

第4章　中国鐘の様式と技術

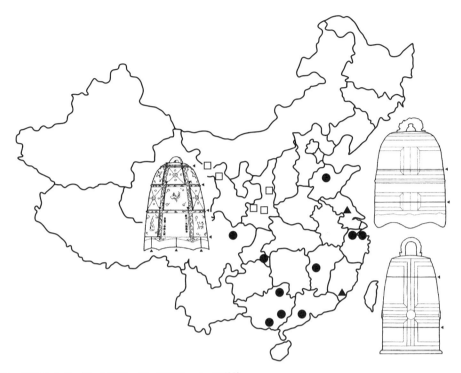

図82　唐鐘の分布　□ A群鐘・● B群鐘・▲ C群鐘

　①〜⑤の資料のうち、①・②には壮麗な陰刻の銘文があるが、③〜⑤には銘文がないらしい。ただし、⑤の陝西咸陽彬県鐘には、一区画に空間があるとのことであり、あるいは銘文を陰刻で記す予定であった可能性がある。

　これらの荷葉鐘は、鋳張りの痕跡から外型縦横分割法によって造型されていると推定される。そのうち西安景雲鐘(②)の鋳型分割は、かなり紋様単位に対応したものであるが、その対応の程度を細かくみると、富県宝室寺鐘(①)と武威大雲寺鐘(③)は西安景雲鐘に次ぎ、張掖鐘(④)にはかなりのずれが認められる［五十川2012b］。製作技術の系統や時期の違いによるものであろう。湯口系の形態は、西安景雲鐘(②)しか確認できておらず、今後の課題である。

3　B群鐘とC群鐘の様式と技術（表8・9）

　A群鐘が、日本鐘に対して影響を与えなかったのに対して、B群鐘・C群鐘（⑥〜⑱）は、日本鐘の成立と展開を考えるうえできわめて重要な存在である。日本鐘の成立と展開をみすえ、これらの様式と技術について比較検討をおこなう。

　龍　頭　日本鐘の龍頭と比較すると、立体的な造型をしているものが多い。小型鐘には、かなり平面的なものもあるが、B群鐘・C群鐘のうちで最古の四川閬中武后鐘(⑥)の龍頭は、脚部しか残っていないが、かなり精緻でうず高い形態のものと写真から推定できる。そして、時代とともに低い逆U字形の形態に変化してゆくようである。

131

表8　B群鐘・C群鐘の様式

番号・名称	蓮弁	袈裟襷	撞座数・関係	銘文・位置
⑥　四川閬中武后鐘	あり	×型	4個	陰刻・縦帯
⑦　浙江省博物館蔵鐘	なし	＋型	2個・古式	陰刻・縦帯＋内区
⑧　山東北海龍興寺鐘	なし	×型	2個・古式	陰刻・内区
⑨　重慶黔江民族博蔵鐘	なし	＋型	2個・古式	陰刻・内区
⑩　江西萍郷大屏山鐘	なし	＋型	2個・新式	陰刻・縦帯＋内区
⑪　浙江諸曁鐘	なし	×型	2個・古式	陰刻・縦帯＋内区
⑫　書道博物館蔵鐘	なし	＋型	2個・古式	陰刻・縦帯＋内区
⑬　広西融水信楽寺鐘	なし	＋型	4個	陰刻・縦帯と内区の間
⑭　広西容州開元寺景子鐘	なし	＋型	4個	陰刻・縦帯
⑮　江蘇丹陽朝陽鐘	なし	＋型	なし	陰刻・縦帯＋内区
⑯　福建泉州新華西路鐘	不明	＋型	なし？	陰刻・縦帯＋内区
⑰　広西浦北陳寛款鐘	不明	＋型？	1個？	陰刻・不明
⑱　広東端州清泉禅院鐘	なし	＋型	4個	陰刻・縦帯

　笠　形　　下端部に蓮弁のあるものは、四川閬中武后鐘（⑥）のみである。蓮弁は、A群鐘にみられるので、⑥の蓮弁は、四川と陝西・甘粛との地理的な近接が生んだ現象であろう。

　袈裟襷　　日本鐘との比較の観点からみて、すべての鐘に共通していることを列挙すると、まず乳の間の欠如があげられる。つぎに、凸線によって縦横に区画した袈裟襷によって形成された八つの方格の内部に、凸線によって内区を形成していることである。

　中帯と縦帯の交差部における凸線のありかたには相違があるので、×型と＋型に分類する。×型は、縦帯と中帯が直交するところで交差部の中心に凸線が収束する形態であり、日本鐘では通常の意匠である。そして、＋型は、縦帯と中帯の凸線が交差部で収束せず、十字形に交差するものである。×型には、閬中武后鐘（⑥）・山東龍興寺鐘（⑧）・浙江諸曁鐘（⑪）があって、それ以外で判別できるものはすべて＋型を示す。そして、×型が、B群鐘とC群鐘のうち、古い時代の作品にみられることは、日本鐘が古い唐鐘の様式を採用して成立したことを示しているとみられる。

　撞　座　　中国鐘には、撞座数が4個の鐘や撞座のない鐘もあるが、小型鐘は撞座2個が基本であるようだ。今回、撞座と龍頭の位置関係には古式のものが多いことが判明した。今後、日本鐘と同じように古式から新式への変化があるかどうか、宋元鐘との比較をおこなう。

　銘　文　　重慶黔江民族博物館蔵鐘（⑨）では、笠形に小さい陽鋳の文字があるが、それを除くと唐鐘の銘文には陰刻が基本である。その記載は、小型鐘を除くと内区に延々と記すものは少なく、縦帯とその周辺に数行記すものが多い。

　鋳型の分割　　日本鐘にみられるような横分割法と確実に認定できる梵鐘には、江蘇丹陽朝陽鐘（⑮）や広東端州清泉禅院鐘（⑱）があり、比較的新しい製品である。それ以外は縦分割法や一体構造とみるべきものからなっている。小型鐘の浙江省博物館蔵品（⑦）は縦分割法による

第4章　中国鐘の様式と技術

表9　B群鐘・C群鐘の技術

番号・名称	鋳型分割	湯口系
⑥ 四川閬中武后鐘	一体構造	C3型
⑦ 浙江省博物館蔵鐘	縦分割法	陳鐘類似
⑧ 山東北海龍興寺鐘	縦分割法	C3型
⑨ 重慶黔江民族博蔵鐘	縦分割法	C2型
⑩ 江西萍郷大屏山鐘	一体構造	C3型
⑪ 浙江諸曁鐘	不明	不明
⑫ 書道博物館蔵鐘	一体構造	C3型
⑬ 広西融水信楽寺鐘	一体構造	特殊型
⑭ 広西容州開元寺景子鐘	一体構造	C1型
⑮ 江蘇丹陽朝陽鐘	横分割法	C2型
⑯ 福建泉州新華西路鐘	不明	不明
⑰ 広西浦北陳寛款鐘	不明	不明
⑱ 広東端州清泉禅院鐘	横分割法	C2型

外型縦分割の痕跡（⑧）

造型である。中国南朝の陳太建七年銘鐘は小型鐘であるために縦分割法によるとされてきた。山東北海龍興寺鐘（⑧）や重慶黔江民族博蔵鐘（⑨）のように、口径が70〜90cmを測る梵鐘においても、縦分割法による造型がみられるので、梵鐘の大きさに関係なく、縦分割法は唐鐘の古い時期の有力な造型法であったことが判明する。また、鐘身鋳型が一体構造となったものも、この時代の特徴である。

　湯口系　広西融水信楽寺鐘（⑬）の特殊な湯口系を除いて、ほとんどの唐代梵鐘がC型の湯口系を占めることが、大きな特徴である。日本の奈良時代鐘において一般的であるA1型の湯口系は、まったくみあたらない。また、浙江省博蔵鐘（⑦）の鋳型分割と湯口系は、陳鐘に類似するものの可能性があり、唐鐘の一部には古式の伝統が残存していたのであろう。

　以上のように、日本鐘の成立に関わった系統の唐鐘をかなり細かく分析してきたが、様式には類似が認めうるものの、技術においては奈良・平安時代の日本鐘とは、かなり異質な要素があり、日本鐘の成立においては、様式と技術が中国から一元的に移入されたとはいいがたい。この問題は、以下においても検討したい。

4　東南アジアの唐代鐘の様式と技術

　杉山洋氏の研究によれば、ベトナム国ハタイ省タインマイン出土鐘は、銘文より、唐徳宗の貞元十四年（798年）に鋳造されたものとされる。高さ60.1cm、口径37.1cmで、形状は、中国祖型鐘に近く日本鐘にも類似している［杉山2007］。この鐘の様式は、笠形上面に蓮弁紋と珠紋を入れて、蓮華を形作る。鐘身は、＋型袈裟襷紋で飾り、単弁の蓮華紋を付した2個の撞座があり、龍頭との関係は古式をなす。鐸身全面に漢字1542文字の銘文を陰刻している［梁2014］。鐘身の鋳型分割は、縦分割法によるものである。本鐘は、上記の中国国内所在の唐鐘と比較して、ほぼ近い様式と技術によって製作されているものと考えられる。

Ⅳ 唐代以降元代の中国鐘の様式と技術

（１） 唐代以降元代の中国鐘資料

ＷＳ①福建政和県博物館蔵銅鐘　閩永隆元年（939年）

　1958年の調査で発見され、政和県博物館所蔵。総高93cm、口径54cm。袈裟襷は五単位になっており、それに対応して下端の波形も五波になっている。鐸身の上半区画内に水平に鋳張りが

はしり、鋳型は横分割法による。笠形に４cm程度の丸形の湯口が１ケ所認められる。内区には、閩王曦の永隆元年の銘文が陰刻され、五代のものとされる。

図83　福建政和県博銅鐘［博物館解説］
曽凡「五代閩国銅鐘」『文物』1959年第12期建省政和県博物館銅鐘

```
永隆元年歳次己亥十二月
廿二日鋳就
此鐘重貳伯壹
拾肆斤
建隆三年八月　日官屯人黄龍館内
```

ＢＳ①江蘇泰州光孝寺銅鐘　熙寧八年（1075年）

　江蘇省泰州市の光孝寺に残る古鐘であり、総高206cm、口径115cmを測る。

　その様式を解説すると、まず笠形端部は蓮弁で装飾し、その下部には八卦の記号を配する。鐸身には縦帯らしいものがない。中帯の上下に方形区画がそれぞれ８単位あって、上下で方形区画の位置が、交互にずれていることが特徴である。鐘身下端は八つの波状をなして、下帯と波状の間の隙間に華麗な花紋を配する。撞座が、波の下端に４個付いている。

　下帯の中央部・中帯の下部・上帯の中央部に、横方向の分割を示す鋳張りがはしり、方格の境界をなす縦方向の凸線周辺に縦方向の分割をしめす鋳張りがあり、下端では波状の中央部を確実に縦分割している。これは、典型的な縦横分割法による造型であり、北方地域の伝統的な梵鐘の造型法を示している。

　本鐘の年代に関しては、銘文をもたないために、唐代・五代後唐代・五代の南唐代・宋代・明代などの諸説があるが、北宋時代のものとする説を採った。

第4章　中国鐘の様式と技術

図84　江蘇泰州光孝寺銅鐘

王為剛・崔健歆「泰州光孝寺銅鐘鋳造年代考証」『文物鑑定与鑑賞』2011年01期

ＢＳ②大鐘寺古鐘博物館蔵銅鐘　熙寧十年（1077年）

　本鐘の笠形の下部には蓮弁を装飾し、上帯には六葉の花文を飾る。4単位の袈裟襷と内区があり、鐸身下端は八つの波状をなす。撞座は2ケ所。鋳型は全体を4分割する横分割法による。笠形には、装飾の蓮弁の端から10数cmに直径約5cmの丸形湯口が2ケ所あり、Ｃ2型を示す。

増一阿含経云若打鐘願一
切悪道並皆停止、得除五
百億却生死重罪兼説倡讃
西在間鍾聲即有必須□
合掌發善心　聖賢皆歡喜
又偈曰
洪鐘震響覚群生
聲遍十万無量土
合識群生普間知
援請衆生長夜苦
大宋熙宗十年丁巳歳三月七
日丁巳朔
仁王院鋳鐘功徳主僧守造建
　住持賜紫守憲

図85　大鐘寺古鐘博物館蔵銅鐘

北京文物精粋大系編委会・北京市文物事業管理局編『北京文物精粋大系　古鐘巻』2000 pp32-33

135

ＢＳ③近畿道江華島傳燈寺鉄鐘　紹聖四年（1097年）坪井年表114

　大韓民国近畿道江華島の傳燈寺の北宋鉄鐘は、坪井良平氏が紹介されており［坪井1984a］、国立中央博物館の梵鐘展示においても、本鐘が在韓の中国鐘として解説されている。

　全形は、口径約１ｍ、円筒形の鐸身と丸味を帯びた笠形からなっている。笠形の端部には、蓮弁の装飾があり、上帯は２段をなす。上段は日本の梅鉢に類似する装飾、下段は八卦を入れている。袈裟襷については、縦帯があり、内区をもつ方格が上下八区に配置される。撞座は、鐘身の下方に４ケ所ある。鐘身の下端は八つの波状をなす。

　鋳張りは、下図のように、上帯の中央部・中帯の上部・袈裟襷の直下の３ケ所に確認でき、横分割法によるものである。笠形に直径約15cmの丸形の突起が２個あって、湯口系はＣ２型と考えられる。鐸身に陽鋳された銘文は、かなり読みづらくなっており、坪井氏の記載に従った。

図86　近畿道江華島傳燈寺鉄鐘

（下層）
大宋懐州修武（一区）
県百巌山崇明
寺紹聖丁丑歳
丙戌念三日鋳
鐘一顆
寺主僧道展供養主□道（二区）
鋳鐘會主（三区）
内殿承制懐衛州通利軍都巡検
使康（四区）

（上層）
第二都大保（一区）
長王寶楽安
姪男王昌
王展村世主李信妻揚氏張用（二区）
妻李氏
張吉妻劉氏
陳順妻李氏
王展村世鋳鐘地住人李□妻王氏
男不邇姪恵哥姪小傳
楽安村趙氏（三区）
皮村周氏
于村李昌妻
張氏
李崇義李真（縦帯）
□妻李氏□氏陰氏陽氏（五区）
張衡妻□氏（六区）
皮□周氏（七区）
通利軍鋳鐘（八区）
大鑒王文立
王元王彦成
王忠信
匠人母郭氏
小博士□元□小博士王在（縦帯）

坪井良平「支那鐘随想」『歴史考古学の研究』1984
金庠基「宋崇明寺鐘」『考古美術』4-3

第4章　中国鐘の様式と技術

BS④広東潮州開元寺銅鐘　政和四年（1114年）　坪井年表125

　本鐘の口径は110cm、総高は約160cmである。堂々とした梵鐘であり、袈裟襷で鐘身を装飾しているが、上帯と下帯がもうけられていない。撞座は2個あり、単弁蓮華紋で飾っている。

　銘文は二つの縦帯と内区にわたって陰刻で記されている。長文であり、皇帝への賛辞や平安を願い寄付をした人々の氏名がみえ、北宋政和四年（1114年）に鋳造されたもの。

　外型の鋳型分割については、上の内区の上から少し下・内区の中央世のやや下・中帯の上部・下の内区のやや上の4ケ所に鋳張りがあり5分割されている。中国の12世紀の鋳型分割には、本例のように鐘身の任意の場所において、鋳型分割するものと、装飾の切れ目のような場所において分割するものの2種があったことがわかる。また、湯口はC2型とみられ、中国鐘に通有の形式のものと思われる。

　なお、『支那文化史蹟』第3輯に広東省潮州開元寺鐘として写真を掲載しているものは、本鐘とは異なる。

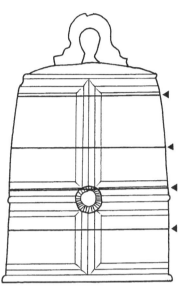

図87　広東潮州開元寺銅鐘

```
承議郎權通判潮州軍州管司学事兼管内勤農事賜緋田袋張□斉
朝奉大夫權知潮州軍州管司学事兼管内勤農事借紫金田袋朱彦信
炉首黄歓黄和白当行者宗法徳懺
僧衆容霊　　仲照　　相仁　　以定　　正嘉　　以賢正悟
祖中　　　　順珪　　妙悟　　了能　　惠秀　　永寿
　　　　　　□百殊　　以□□　宋□　守一　　　　　遠信
鍾頭僧□□□　　　　　　　　　　　勾当僧　了修
監院僧　　　以□　　知県僧　　立　　首座僧　惠□
　　　　　　□□王元振　　　　　　　　　　　　　　　
洪照　　　　睡佳　　臣李雍
都□首住持傳南宗沙擇蘭　　　　呉従長　陳□
弟子泰澤舍錢十貫文祈保家春平安（縦帯）
白瓷窯住弟子劉競王満王長順徳鄭一娘各舍（二区）
錢五貫文各所平安　　弟子朱祖舍錢五貫文資荐
亡□楊四娘外姑陳十娘二魂祈超生界者
弟子董寅舍錢五貫文祈保□寧
弟子王歓同妻舍錢五貫文祈考□二親生界
弟子林旺同妻方五娘舍錢五貫文祈乞合家平安
```

謝逸主編『潮州市文物志』1985
達亮『潮州開元寺』（嶺南文化知識書系）広東人民出版社　2005

ＮＳ①江西上饒鶏応寺銅鐘　建炎元年（1127年）　未見　坪井年表136

　もと、五代十国の時代、呉の順義三年（923年）に真宗刺使の周本が鋳造したが、南宋の建炎元年(1127年)に会首の劉能等が再鋳したものという。最初、天寧寺にかかっていたが、何度も場所を変えて、清嘉慶十六年（1811年）に、鶏応寺に移されたが、東峰廟に保存されている。口径170cm、総高283cm、厚さ12cm。＋型の袈裟襷による装飾で、撞座が縦帯の中間にあるのが興味深い。

　「皇帝万歳」の銘文がある。写真による判定で、上帯中間・上の方格の下部・下の方格内の内区との間に、鋳張りがあるように観察される。1957年に省級の文物保護単位に指定されている。

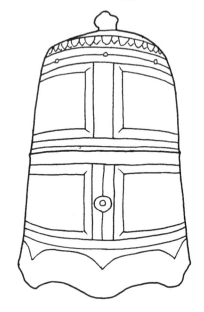

図88　江西上饒鶏応寺銅鐘
http://www.xzrj.cn/Content/201309/25/19117.html

ＮＳ②浙江金華天寧寺銅鐘　建炎二年（1128年）

　現在、天寧寺は無住であり、その本堂の左に本鐘が安置されている。鋳張りは、上帯下部・中帯の上・下の方格の直下にあり、横分割と思われる。ともに凸線上である。湯口はＣ２型。

図89　浙江金華天寧寺銅鐘

（銘文一部分）
建炎二年歳次戊申二月二十四日
恭為祝延　今上皇帝萬歳福及郡邑官僚六軍萬姓
前資住持都幹當日僧道円立

第4章　中国鐘の様式と技術

ＮＳ③福建泉州開元寺銅鐘　紹興二年（1132年）

　本鐘は、泉州市開元寺仏教博物館に所蔵されており、そのレプリカが北京大鐘寺古鐘博物館に展示されている。様式については、龍頭は二本足を踏ん張った双龍のような複雑な形態ではなく、逆Ｕ字形の平板状の形態をとる。日本鐘の龍頭に構造的には類似している。その頂部は突出部を折りとった痕跡が明瞭に認められる。本鐘の袈裟襷は、方形区画が上下ともに五区画あるという珍しいものである。

　銘文は下の方形区画の三区にわたって陽鋳によって記されている。鋳型への彫り込みが深くて、文字が精良に鋳出されている。

　技術について説明する。鋳張りが、上の方形区画の内区の上端からわずかに下の位置と中帯の上部にみられ、横分割法による外型造型が認められる。いずれも、分割位置は凸線の上ではなく、凸線からわずかにずれた地点にあることが特徴であり、これも日本鐘と類似する。

　笠形は、鋳造の後と思われる補修がなされており、湯口などの明瞭な痕跡を確認することはできなかった。上述のように、龍頭の上部は折りとられており、揚りがあったとみられる。

（第一区）
浄慈禅院
謹募十万僧俗男女
恭為
今上皇帝祝延
聖寿郡県官僚増
添禄位四思三有各信
先七福利同沽入縁信
士現存眷受咸保義
寧重注視
聖寿洪鐘一口永鎮

（第二区）
山門時紹興二年壬子歳
三月辛酉三十題
勧首賜誉普照大師惠清等
同勧首林喬　謝待
同勧首楊舟楊□
都勧首住持傳法沙門惠仿

（第三区）
監院僧　智溢
句當僧德應惠宗
　　　　　僧躰常
注手大同
　　　林聖弟

図90　福建泉州開元寺銅鐘

139

ＮＳ④四川万源黄龍寺鉄鐘　慶元五年（1199年）　未見

　本鐘は、四川達州博物館にあり、大きさは、高さ241cm、口径158cm。頂部に６個の円穴が等間隔に並ぶ。その下には花の模様と「重臣千秋」と「皇帝万歳」の大字が鋳出されている。鐘身には、銘文と寄贈者の姓名合計二百人余が鋳出される。銘文の下に鐘体を一周する３本の

凸線があり、下端は精巧な花紋と文字があって、８個の波状口をなす。鋳型分割は縦横分割。

　銘文と『万源県志』によれば、太平興国禅院の古鐘で、宋太宗の太平興国年間（976〜984年）に、禅院が造営され、鐘は南宋慶元五年（1199年）に鋳造された。当時禅院の主僧惠達が率先して財を集めて駄山の鉄を買って鋳造したものという。

図91　四川万源黄龍寺鉄鐘　余天健・程前林
「宋太平興国禅院古鐘」『文物』1984年２期［図91］
寥揚凱・程前林「万源黄龍古鐘」『四川文物』1985年第１期

ＬＩ①河北淶源閣院禅林寺鉄鐘　天慶四年（1114年）

　河北省保定市淶源県閣院禅林寺所在の鉄鐘。高さ160cm、口径150cm。遼の天慶四年（1114年）に鋳造。鐸身の下端は６個の波状をなす。銘文のうち上部は金剛経で、五十五の梵字がみえる。この鐘は、遼の末期に天祚帝が公主（王女）のために祈願して造ったという。写真判定だが、明確な中帯が存在せず、笠形以下２段に区画を形成する。右図のように、横方向の鋳張りと縦方向の鋳張りが認められ、上下で区画をずらしている。外型は縦横分割法によるものである。鐘身を横に３分割し、それぞれを縦に６分割し、頂部に直径４cmの２個の堰（揚り）がありＣ２型である。これは典型的な北方の梵鐘である。

　北京大鐘寺古鐘博物館に、精巧なレプリカが展示されている。

図92　河北淶源閣院禅林寺鉄鐘　http://club.travel.sina.com.cn/thread-261350-1-1.html
梁末濤・王路璐「河北淶源県閣院寺遼代「飛狐大鐘」銘文考」『北方文物』2015年第１期

第4章　中国鐘の様式と技術

ＪⅠ①遼寧瀋陽故宮銅鐘　天徳三年（1151年）

　本鐘は、遼寧省瀋陽市内にある故宮内の東辺の壁際の露天に、安置されているものであり、大きさは、総高185cm、口径120cmを測る。

　その様式は、２本１組とする水平方向の凸線と同様の縦方向の凸線により、鐘体に方形区画を作り出して装飾としている。凸線の高さは横高縦低となっており、区画が段ごとに互い違いに配置されていることも大きな特徴である。全体としてかなりシンプルな装飾を形成しており鐸身の下端は六つの波状をなしている。

　方形区画の一つに陰刻によって銘文が記されている。王明琦・李仲元の研究によれば、遼の承天皇太后が、統和十七年に南侵して楽寿を破った時にかすめとり、帰って統和四年に建てた感聖寺に賜い、金天輔六年初めに兵火で壊され、天徳三年に再鋳されたものとされる。

　鐘身にも笠形にも、全体に引き目が美しく観察できる。下から１～３段目の横方向の二重の凸線上に、鋳張りがかすかに残っており、鋳型を４段に横分割していることが確実である。

　湯口系については、龍頭の付け根に近接して、３cm×１cmの方形にちかい形態の突起が２個残っている。中国鐘の湯口系の痕跡については、円形の突起が残存するものが大半を占めるが、それとは異なっており、日本鐘のＡ２型に近似するものである。

　本例は、北方地域に位置している遺品であるが、鋳型横分割でＡ２型の湯口系であるとする観察が正しいとすれば、日本鐘や朝鮮鐘の技術に類似している。

応暦八年承天皇太后破楽寿覚
道寺獲大鐘一顆賜感聖寺因兵
火隳壊至
大金天徳三年潤四月十日辰時
再鋳重六千斤幷記
匠首東京高自佛字
郭琳
　　　　　　　　　　　次匠
李寿　　　　　　　　　　　張慶
　都維那沙門　　　　　　　恒炳
　　銭帛尚座沙門　　　　　相殊
　寺主清閑大徳沙門　　　　性微
　提点沙門　恒倹
興中府前三学経主円悟大徳賜紫沙門
　　　　　　　　　　　　　　玄鑑
前管内僧判講論沙門　　　恒崇
上京都僧録伝戒宣微弘理大師賜紫沙門
　　　　　　　　　　　　行広
　　　　　　　　　　　　　惠胥
首座総摂大徳賜紫沙門　趙仁端書
前堂州弘政県令承徳郎飛騎尉

図93　遼寧瀋陽故宮銅鐘
王明琦・李仲元「盛京定更鐘考」『故宮博物院院刊』1981

ＪⅠ②江蘇淮安勺湖園銅鐘　天徳三年（1151年）　未見

　本鐘は、淮安市勺湖園北側の毗隣勺湖書院鐘亭に安置されている。総高198cm、口径132cm、厚さ1.75cmを測る。笠形の下部には蓮弁があり、その直下には９個の円形突起があり、中帯で上下８個の方形区画を作る。縦帯には「皇帝万歳」「重臣千秋」「国泰民安」「宝輪常転」の

陽刻の大字があり、そのほか二百四十余り字の陰刻の文字があるという。鐸身下端は八つの波状をなし「最響」の陰刻があるという。銘文によれば、この鐘の鋳造には、３回にして成功したという。写真判定だが、外型は横分割で鐘身を３分割し、湯口系はＣ２型と思われる。

図94　江蘇淮安勺湖園銅鐘　http://zl5843.blog.163.com/blog/static/111134372009102112179l6/

ＪⅠ③河北邢台開元寺鉄鐘　大定二十四年（1184年）　坪井年表177

　2013年８月14日、酷暑のなかを湯川紅美・木谷義紀の両氏とともに、中国新幹線を利用して、北京から邢台東へ向かい、実物調査をおこなった。銘文の解読は、湯川紅美が担当した。

　本鐘は、総高320cm、口径235cm、大型の鉄鐘である。笠形周辺に湯口と思われる突起が見えるが詳細不明。その周囲に蓮弁を配し、その下には、横方向と縦方向の凸線によって、３層にわたり方形区画を８個表現している。方形区画は上下で互いにずれるように配置されている。

　最上の第１層の各区画内には、黄道十二宮を二つずつ、あるいは「香花供養、佛法僧寶」「皇帝萬歳、重臣千秋」の文字を入れる。上から第２段と第３段には陽鋳銘文を入れている。口縁の八つの波と第３段の間には八卦の装飾がある。

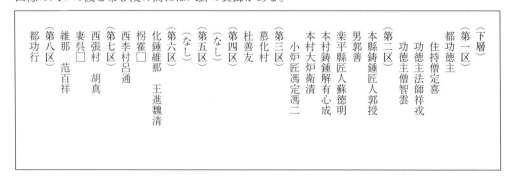

第4章　中国鐘の様式と技術

図95　河北邢台開元寺鉄鐘

　鋳張りの観察から、鋳型は横方向には蓮弁から第1段。第2段・第3段・それ以下の四つに分かれ、縦方向には、基本的に方格や波状部分を単位として分割がおこなわれており、典型的な縦横分割法によるものである。これは北方地域の造型法と考えられる。

〔上層①〕
〔第一区〕
定遠大将軍行縣令軽車都尉開国伯食邑七伯戸主壁
主簿闕
武義将軍行縣尉不木魯蒲剌都
□大定甲辰歳丁卯月庚申朔
戊子日巽時鋳造

〔第二区〕
范□□□
本村施主　趙成
范善　范成　刘源　刘泉
辟徳全
高進　范言
解□王喜
東廣　施主解直
午信各旺　李資　□定
郢□得通　范整　解徳全

〔第三区〕
沃州福勝院
僧順法師
真定府元氏縣龍泉
郷龍□院都管勾
化縁　僧　智洪

〔第四区〕
告成寺住持僧定善
門人庫頭僧智福
僧智弁　僧智宝
僧智通
講経論伝　大乗戒
沙門祥戒　門人闍梨宗政
小師智詮

〔上層②〕
〔第五区〕
叅頭杜行者
蘇維那携三十
施功李念三
都功徳主僧智雲
都管勾化主僧智洪

〔第六区〕
副維那范徳進
都維那范惠鍾寺前
都維那范□　張琛
副維那
副維那蘇彦忠
維那□善通
維那王慶鍾

〔第七区〕
維那張宗建
維那范昌　維那魏百全
維那□趙欽　維那宋喜
維那范玘
維那解□得无　維那張全建
維那陳進　維那范彦
維那李仔元　維那
維那張□智　　李興
維那范百祥

〔第八区〕
西李村
維那刘徳成
維那馬全忠
維那
張顕　尚俊　尚信
施祥
施主　馬福

范玉琪「金大定邢州開元時鉄鐘考」『文物春秋』1993年第1期

ＹＵ①湖北当陽玉泉寺鉄鐘　至大元年（1308年）　坪井年表267

ＹＵ③湖北当陽玉泉寺鉄鐘　延祐七年（1320年）　坪井年表279

　隋大業十一年（615年）銘鉄鑊（鍋）や北宋嘉祐六年（1061年）銘の鉄塔など、特異な遺物を所蔵する湖北省当陽県玉泉寺には元代の鉄鐘が二口現存している。一口は至大元年（1308年）、一口は延祐七年（1320年）で12年の違いがあるが、様式や技術はほぼ等しい。

　その様式については、笠形の下部には蓮華紋を飾り、鐘身は上帯・中帯・下帯以外に、上帯と中帯の間にもう１本の横帯を入れて３段を作り出している。日本鐘の乳の間と草の間の中間に、横帯を設定したようなものである。鐘身の下端は八つの波状となっている。

　二鐘ともに龍頭を損傷して地面に置かれているが、笠形部にはＣ２型の湯口系が残る。また、鐘身は各帯の中央や上部に４本の鋳張りが横方向にはしり、外型は横分割法による造型であることが判明する。銘文は、最上とその次の区画に陽鋳で付され、『支那文化史蹟』第10輯に、写真が掲載されている延祐七年の鉄鐘では、縦帯に「皇帝万歳」の大きい字の銘文が見える。下記の銘文は、至大元年鐘・延祐七年鐘のものの序と銘の部分を略記したものである。

至大元年鐘銘文

記荊門玉泉在襄漢為大精
舎山水佳勝乃陳隋智者
頭禅師遺跡之地后唱
教于天台二浙終焉佛隴
而龕護惟謹関公雲長
生為忠臣臣没封王神廟食
荻山感師癭玉隴撒龕移
霆雨而帰依玉泉異哉公
以定身而帰依而護法夜宜
壮節猛烈雄偉卓出千古
垂之国史而英風不泯也
逮
聖元更化長老藏山珍公
開展旧規崇堂殿作
興佛事今住山霞璧瑄公
襲領其陰事今住山霞璧瑄公
悉治之以完事辦肯
声委提点比士宝鏡遠
募潭湘醴陵魯山巡
検文公率勧信鋳就
清円而韵遠舟遠而
帰蓋浴人之深省也
而与夫施者為福幽滞
者為解脱距可量乎為
之銘曰
聚鉄之精熔液而成
晨昏考撃震霆吼城
霜天遞響遍荊楚城
深発夢省蟠螫是驚
壁泉之勝声振之清
祝
天子寿　如日方升
江西仰山禅寺住持常陵撰
至大元年四月佛生日　謹題
江西袁州路萍郷西匠人文子成

延祐七年鐘銘文

荊門州当陽県玉泉景
德禅門荊州当陽玉泉
精荊舎門山玉泉寺鐘当陽大為智者
惟龕鋪力論公在銘
天謹台神廟力公浙遺水泉之勝
以封哉宜挟食雲終焉佛隴地后唱徳師没
撒異哉公移撒龕雨師徳没
長城異公壮地為龕雨師徳没
千逮古
也逮
展聖旧元更化長老藏山珍公開
悉治之以完事持能辦肯無心
襲領其陰事今住山殿広作興
佛旧事今住山珍公開
運伯遠冶命之其非成袁州路萍郷遠舟而
乎為幽滞帰省清人円韵遠舟而
与鉄為夢省響撃精銘日為唯就州
聚発之夢蟠螫是驚声
晨昏遞考遍荊楚城
霜天遞響震霆吼城
深省夢蟠螫是驚
玉泉住山寿老禅如日方升
径花翅代校兼尉農県魯鐘山広住持
祝山天子聖寿如日方升
将仕郎劉忽兼都勧長万
忠当代陽勧陽県魯花義赤
前当陽勧農県怡主事木簿兒別外
前兼哈刺県欽察赤

http://www.foyuan.net/article-796244-1.html（邢東風「当陽玉泉寺史迹伝説雑考」『中国佛光文化網』2009）

第4章　中国鐘の様式と技術

図96　湖北当陽玉泉寺鉄鐘　至大元年

図97　湖北当陽玉泉寺鉄鐘　延祐七年

ＹＵ②湖北荊州開元寺銅鐘　至大二年（1309年）

　本鐘は、荊州市開元寺内の鐘釜亭に安置されている。総高145cm、龍頭高27cm、口径106cm、厚さ2〜4cm。笠形の下部には蓮華紋を飾り、中帯の上は広い方形区画、下は狭い方形区画を凸線によって作り出す。撞座は下部に4個あり、鐘身下端は八つの波状をなす。銘文は陽鋳。縦帯に大字で「護法増長天王」「護法広目天王」「護法多聞天王」「護法持国天王」と記し、方形区画内にぎっしりと鋳鐘を損資した施主や鋳鐘工人の名が小字で記される。

　鋳型分割は、上帯の中間・中帯の上部・下の方格の下部の3ヶ所の突線上に鋳張りがあって、横分割法によって鐘身を3分割したことが明確である。また、本鐘の湯口系はＣ2型と判定できる。このほか、天井部の中央部に天門と呼ばれる穴があることも特徴である。

図98　湖北荊州開元観銅鐘
丁家元「荊州開元観所蔵古鐘略考」『江漢考古』1997年第4期

ＹＵ④河南登封少林寺鉄鐘　至元二年（1336年）未見

　本鐘は、1976年の調査によって発見されたものであり、日本僧邵元が、少林寺の書記を務めていた至元二年（1336年）十月二十五日に鋳造されたもの。総高118cm、口径100cmを測る。

　蓮弁装飾が８個あり、各弁の中に４cmの穴があく。その下は８個に区画されて、その上部には２個の大きな文字によって、「皇帝」「万歳」「太子」「千秋」「国泰」「民安」「法輪」「常転」と記す。下部には鋳造年代・地点と下属寺院の名称、少林寺知事に関する記載を比較的詳細に銘文に記す。さらに、その下部には八卦図があり、鐸身下端は８個の波状をなす。

　銘文中に「住持嗣祖沙門息庵」「書記邵元」とあり、邵元と息庵との間には、深い友誼があった。鋳鐘後４年（至元六年）に息庵は逝去し、５年後に邵元は息庵のために撰した碑文には「凡所住之処革故鼎新、百廃倶挙」とある。明らかに本鐘は「鼎新」（革新）の一例なのである。日本僧邵元は、息庵禅師の名前と同時に鐘に出現するので、これは中日両国友好往来の歴史のための実物資料を一つ増すものである。

　崔耕報文に付された写真と拓本を見て製作技術を推定すると、縦横分割法による造型をおこない、横方向には４段、縦方向に８個に、鋳型分割しているとみられる。笠形以下の第１段と第２段は縦分割位置は通っているが、第３段は上の第１・２段とずらしている。この分割法は日本の長崎市発心寺にある中国鐘の鋳型分割に類似する。

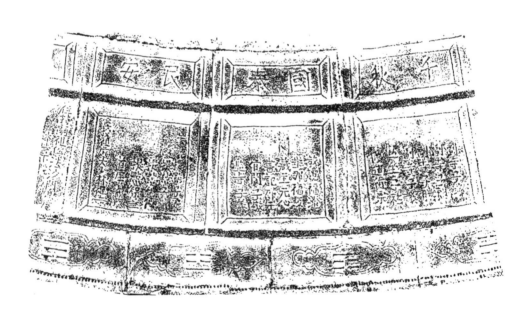

図99　河南登封少林寺鉄鐘
崔耕「登封少林寺発現鋳有日僧邵元題名的鉄鐘」『文物』1980年第５期［図99］

第4章　中国鐘の様式と技術

YU⑤江蘇蘇州寒山寺鉄鐘　至正十二年（1352年）　未見

　本鐘は、総高115cm、口径70cmで、鉄質をしている。笠形は円弧状を呈し、その中央に龍頭が位置する。笠形中央には1個の円形の穴がある。鐘身は円筒形で袈裟襷の装飾をほどこし、上下の方形区画は5つで構成されている。上部の方形区画内に陽鋳銘文がある。鐘体端部は、波状をなしている。

　笠形上の龍頭の両側に二つの円形の堰（揚り）の痕跡があり、湯口系はC2型とみられる。龍頭の頂上は円柱状をなし、揚りの痕跡と考えられる。鋳張りが、上帯下端・中帯上部・下の方格の下部の3ケ所に見られ、横分割法によるもので、銘文を分断することを避けている。

図100　江蘇蘇州寒山寺鉄鐘［庚2011］

時大元至正十二
歳次壬辰腊
月念一庚申日
開山主縁僧徳清
謹志勧首鄭祖
禹助財黄聖饒
（以下改行不明）
沙県念四都勧首鄭祖舜　張文清
兪聖張　郭文帰　羅口山　朱元旺
李福慶　李同娘　李神馬　庄法起
鄭公発　林君美　化至什方信善
同合社此鐘　充人龍天岩　撃釦上祝
聖寿万安次願　各人寿命延長者
念大都徳星坊檀越李元福
同室鄭氏妙政　奉合資金二定
祈求男嗣早賜珍応　山渓坊助財信人
黄慶娘　黄二九姑　男恩娘　兪聖安
陳仙娘　黄救娘　姜充縁　兪少娘
各人舎宝鈔十両　　祈保福寿康安

庚華「従江蘇蘇州寒山寺蔵元代鉄鐘看鐘鈴芸術的発展」『芸術市場』2011年02期［図100］

YU⑥福建泉州開元寺銅鐘　至正二十四年（1364年）

　本鐘は総高182cm、口径96cm。龍頭は、前述の南宋紹興二年銘の梵鐘と比べて立体的である。袈裟襷は方形区画が四単位ある。笠形や中帯にチベット文字をいれるなど装飾性の高い梵鐘である。銘文は下の方格に陽鋳で記載されている。以下に最終区の銘文を記した。上下の方形区画の直上と直下にあわせて４個の鋳張りが鐸身を一周するので、横分割法による外型造型とわかる。湯口はＣ２型。

図101　福建泉州開元寺銅鐘

（第一区）
願此鐘聲超法界
鐵園□暗志皆聳
三塗雖苦罷刀輪
一切衆生成正覚

（第二区）
摩訶磐波
（中略）
亦無量無明盡乃至無老死亦無老
死蓋無（下略）
（上略）波羅揭諦
波羅僧揭諦菩提薩婆訶

（第三区）
至正廿四年看晉南市金大鍾戊上
人權公与其徒宴相倡和之蓋將百
鈞焉使来請日是佛事之盛也宜有
銘夢観菴居大圭洒之銘日
有寂而興生人之恒一為鬼神幽則
弗農孰寂不惜何以警之孰幽不論
何以極上維聖作則鴻鐘是職大音
一鳴人鬼開蘇天地以和何所不孚
□乎流慈宴我人師空斯霊發其春
之土範金既成梯空斯霊發其春客
上出雲雨以正朝夕以有啓霊天人
同休而況幽戸維聲之攸豈必自口
開物導迷於鍾而巧物之攸覚将日
以多其有弗覚如此鍾何玄風載揚
苦海不波来考来歌維佛壽是邇
□

（第四区）
泉州普邑□□院重募衆縁鋳造銅
鐘二口僧堂前鐘楼永充供養恭祝
皇帝聖寿十万檀信福慧荘厳四恩
普報三有藤資法界含霊均沾利楽
化主
　　　　　　　　　　　　　　　　　　　顕明
至元二十四年歳次甲辰三月上巳日重題
都　　　　　　　　　　　　　　　　　正受　□妙十力
勧　知事　　　　　　正寶　慧果圓因
　　主縁　　　　　　　宗栄　慧体宝福
東　　　　　　　　　　道圓　正浄志潜
堂　　　　　　　　　　徳權　契順崇永
　　　　　　　　　　張　寿郷

ＹＵ⑦大鐘寺古鐘博物館蔵銅鐘　元代

　本鐘は、口径123cm、総高さ211cm。様式について説明すると、中帯は７本の凸線がめぐっているが縦帯がなく、正式の袈裟襷の構成をとるものではない。そして、中帯の上下の２段を、２本の縦方向の凸線で方形の六区画に分けている。方形区画は、上段と下段とでずれた位置に配置される。龍頭は小さい逆Ｕ字形を示し、きわめて簡素である。撞座はみられない。下端は、縦方向の区画線に対応して六つの波状をなす。

　これは中帯の存在を除くと、ＪⅠ①遼寧省瀋陽市故宮銅鐘と類似する装飾であるが、銘文がないため、正確な時代判定ができない。大鐘寺古鐘博物館の解説に元代鐘とあり、したがう。

　製作技術に関して説明すると、まず、笠形に４個の突起がある。このうちの180°の位置に対応する２個が堰で、その他の２個が揚りとみられる。やや大型の突起が、龍頭の長軸の外側にあり、これを堰とみたい。この仮定にたてば湯口系はＣ２型と考えられる。

　また、鋳張りは、上段の方格の上・上段の方格の下の２本の弦紋の中間・下段の上の２本の弦紋の中間・下段の下の２本の弦紋の中間の４ケ所にあり、弦紋状をなしている。横分割法による造型であり、鐘身を４分割している。

図102　大鐘寺古鐘博物館蔵銅鐘
北京文物精粋大系編委会・北京市文物事業管理局編『北京文物精粋大系　古鐘巻』2000 p39

149

（2）　唐代以降元代の中国鐘の様式と技術

　これまで紹介した古鐘資料は氷山の一角であり、今後、未知の資料の調査がすすんだなら、大きな訂正をしなければならないことも覚悟のうえで、唐代以降元代にいたる時代の中国鐘の様式と技術について整理をおこなってみたい。

1　C群鐘——祖型鐘と荷葉鐘の融合

　唐鐘のうち、江蘇丹陽朝陽鐘（ＴＡ⑮）や福建泉州新華西路鐘（ＴＡ⑯）は、袈裟襷を基本的装飾とする点においては祖型鐘と類似しているが、口縁端部が波状を呈して、荷葉鐘の形態をもちあわせている。これらを、Ⅲ節においてC群鐘とした。前述のように庾華女史は、これを唐宋時代に南北地域の異なる風格の寺観鐘の造型が融合したものとされ、中国鐘のうち一群をなすものと考えておられる［庾2011］。

　このC群鐘は荷葉鐘であるが、袈裟襷を基本装飾として中帯と縦帯を完備するものである。今回紹介した唐代以降元代にいたる時代の中国鐘のうち、多くの資料は、このC群鐘の系譜につながるものと考えられる。北京大鐘寺古鐘博物館所蔵の銅鐘や韓国京畿道江華島の鉄鐘は、現在の所在地に近い寺廟に献納されたものではないと思われるので保留するならば、C群鐘は浙江省・福建省・広東省・江西省・湖北省など、中国の南方地域の一帯に分布していることがわかり、地域性があると思われる（図103）。

2　D群鐘——北方地域の新しい展開

　今回資料収集をおこなった中国鐘には、上記のC群鐘のほかに、鐘身の装飾として、上帯・中帯・下帯と縦帯を基本構成要素とするのではなく、方形の区画を鐘身全体に数段にわたって配置する様式の古鐘が、C群鐘よりも数量は少ないがみられる。江蘇泰州光孝寺銅鐘（ＢＳ①）、河北涞源閣院禅林寺鉄鐘（ＬＩ①）、遼寧瀋陽故宮銅鐘（ＪＩ①）、河北邢台開元寺鉄鐘（ＪＩ③）、河南登封少林寺鉄鐘（ＹＵ④）、大鐘寺古鐘博物館蔵銅鐘（ＹＵ⑦）が該当しD群鐘と呼ぶ。

　その分布は、図103のように、前述のC群鐘の分布と比較すると、北にかたよっていることがわかるため、D群鐘は、宋代ごろに北方地域に新たに展開した様式であろうと考えられる。前節において、中国の西北地域に唐代を中心に展開した中国古鐘としてA群鐘をとりあげた。このA群鐘は、整然とした袈裟襷を中心とする紋様ではなく、方形区画に様々な形象を鋳込んで装飾しており、D群類とも一脈通じるところがあり、これらの関連が注目されるが、本稿で設定したD群鐘が、A群鐘と、どのように関連するのかは、今後の研究課題とする。

3　C群鐘の様式と技術（表10・11）

　C群鐘は、袈裟襷の構成要素のうち、中帯と縦帯を確認できるものであるが、上帯や下帯が不明確になったものもある。C群鐘は、日本鐘成立後の中国鐘の展開を考えるうえで、重要な存在であるため、日本鐘の変化をみすえて様式と技術について検討をおこなう。

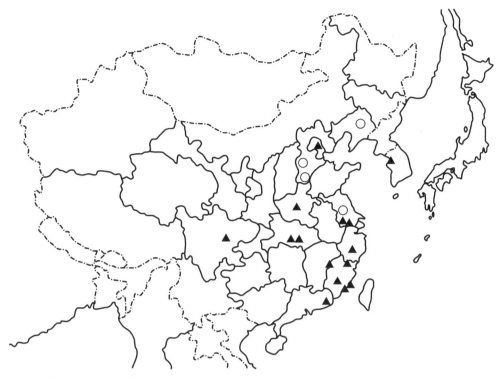

図103　唐代以降元代鐘の分布　▲ C群鐘・○ D群鐘

　龍　頭　　表10では、龍が二脚を踏ん張った立体的な構造をもったものを複雑、日本鐘のようにやや平板に双龍を表現しているものや、逆U字の環に近いものを簡素と分類してみた。龍頭が立体的な形象を示すのは中国鐘の特徴であるが、C群鐘においては、簡素なものから複雑なものへと時代的に変化をとげてゆく傾向があるように思われる。製作にあたった工人集団などについても、今後検討すべきであろう

　笠　形　　笠形下端部に蓮弁のあるものとないものが認められる。唐鐘では、蓮弁は北方地域の特徴ではないかと考えた。表をみると蓮弁のないものは、浙江省南部・福建省・広東省など、中国の東海岸地域に分布しているようである。地域差があるのかもしれない。

　袈裟襷　　唐鐘と同様に乳の間をもつものはなく、凸線によって縦横に区画した袈裟襷によって形成された、いくつかの方格の内部に凸線によって内区を形成している。唐鐘の検討において、中帯と縦帯の交差部における凸線のあり方について、縦帯と中帯が直交するところで交差部の中心に凸線が収束する×型と、縦帯と中帯の凸線が交差部で収束せずに十字形に交差する＋型に分類したが、唐代以降の中国鐘においては、すべて＋型であり、中帯が縦方向の凸線を切っている。このように、唐代以降の中国鐘の袈裟襷は、日本鐘とはまったく異なった形態へと変身を遂げている。

表10　C群鐘・D群鐘の様式と技術①

番号・名称	龍頭	蓮弁	紋様	区画段数	撞座・場所・関係
C群鐘					
ＷＳ①福建政和県博物館蔵銅鐘	簡素	なし	袈裟襷＋	5区2段	なし
ＢＳ②大鐘寺古鐘博物館蔵銅鐘	簡素	あり	袈裟襷＋	4区2段	2個・下端・古式
ＢＳ③近畿江華島傳燈寺鉄鐘	簡素	あり	袈裟襷＋	8区2段	4個・下端
ＢＳ④広東潮州開元寺銅鐘	簡素	なし	袈裟襷＋	4区2段	2個・中帯・古式
ＮＳ①江西上饒鶏応寺銅鐘	不明	あり	袈裟襷＋	4区2段	2個・中間・新式
ＮＳ②浙江金華天寧寺銅鐘	複雑	なし	袈裟襷＋	6区2段	なし
ＮＳ③福建泉州開元寺銅鐘	簡素	なし	袈裟襷＋	5区2段	なし
ＮＳ④四川万源県黄龍寺鉄鐘	不明	文字	袈裟襷＋	不明1段	2個・下端・古式
ＪＩ②江蘇淮安勺湖園銅鐘	複雑	あり	袈裟襷＋	4区2段	なし
ＹＵ①湖北当陽玉泉寺鉄鐘	複雑	あり	袈裟襷＋	4区3段	2個・中帯・新式
ＹＵ②湖北荊州開元寺銅鐘	複雑	あり	袈裟襷＋	4区2段	4個・下端
ＹＵ③湖北当陽玉泉寺鉄鐘	複雑	あり	袈裟襷＋	4区3段	2個・中帯・古式
ＹＵ⑤江蘇蘇州寒山寺鉄鐘	複雑	なし	袈裟襷＋	4区2段	不明
ＹＵ⑥福建泉州開元寺銅鐘	複雑	なし	袈裟襷＋	4区2段	なし
D群鐘					
ＢＳ①江蘇泰州光孝寺銅鐘	複雑	あり	方格互違	8区2段	4個・下端
ＬＩ①河北涞源閣院禅林寺鉄鐘	簡素	なし	方格互違	6区3段	なし
ＪＩ①遼寧瀋陽故宮銅鐘	簡素	なし	方格互違	6区3段	なし
ＪＩ③河北邢台開元寺鉄鐘	複雑	あり	方格互違	8区3段	なし
ＹＵ④河南登封少林寺鉄鐘	不明	不明	方格平行	8区2段	不明
ＹＵ⑦大鐘寺古鐘博物館蔵銅鐘	簡素	なし	方格互違	6区2段	なし

　袈裟襷の上下に作った区画は四単位あるのが通常であるが、福建政和博物館銅鐘（ＷＳ①）、福建泉州開元寺銅鐘（ＮＳ③）、近畿江華島傳燈寺鉄鐘（ＢＳ③）、浙江金華天寧寺銅鐘（ＮＳ②）、福建泉州開元寺銅鐘（ＮＳ③）など変則的なものもある。この変則的な区画は、浙江省や福建省など海岸部の地域性を示すものかもしれない。

　また、湖北当陽玉泉寺の二鉄鐘（ＹＵ①・ＹＵ③）では、上帯と中帯の間に横方向の凸線区画がある。あるいは、日本鐘にみられる乳の間と池の間の区別に対応する表現をしているのかもしれないが、この他に類例を知らず、今後の検討課題である。

　撞　座　　中国鐘には撞座数が４個のものも、撞座のないものもある。唐鐘では、撞座と龍頭の位置関係には古式のものが多いことが判明しているが、今回の資料で撞座と龍頭の関係のわかるものは少なく、古式４例・新式２例が認められた。日本鐘のように古式から新式への明瞭な変化があるとは、かならずしもいえないようである。また、撞座の位置は、鐘身の下端に一気に降下してしまうのでなく、広東潮州開元寺銅鐘（ＢＳ④）、湖北当陽玉泉寺鉄鐘（ＹＵ①）、湖北当陽玉泉寺鉄鐘（ＹＵ③）などのように、中帯に撞座をとどめるものもある。もちろん唐鐘に比べれば、撞座の位置は、かなり降下したところにある。

表11　C群鐘・D群鐘の様式と技術②

番号・名称	質	湯口系	鋳型分割―段数・場所	銘文・位置
C群鐘				
ＷＳ①福建政和県博物館蔵鐘	銅	Ｃ３	横分割―２段・任意	陰刻・内区
ＢＳ②大鐘寺古鐘博物館蔵鐘	銅	Ｃ２	横分割―３段・適所	陰刻・内区
ＢＳ③近畿江華島傳燈寺鐘	鉄	Ｃ２	横分割―３段・適所	陽・内区＋縦帯
ＢＳ④広東潮州開元寺鐘	銅	Ｃ２	横分割―４段・任意	陰刻・内区＋縦帯
ＮＳ①江西上饒鶏応寺鐘	銅	不明	横分割―３段・任意	不明
ＮＳ②浙江金華天寧寺鐘	銅	Ｃ２	横分割―３段・適所	陽・内区＋縦帯
ＮＳ③福建泉州開元寺鐘	銅	不明	横分割―２段・適所	陽・内区
ＮＳ④四川万源黄龍寺鐘	鉄	不明	縦横分割―不明	陽鋳・内区
ＪＩ②江蘇淮安勺湖園鐘	銅	不明	横分割―３段・適所	大字陽鋳・小字陰刻
ＹＵ①湖北当陽玉泉寺鐘	銅	不明	横分割―４段・適所	陽鋳・大字縦帯＋内区
ＹＵ②湖北荊州開元寺鐘	銅	不明	横分割―３段・適所	陽鋳・大字縦帯＋内区
ＹＵ③湖北当陽玉泉寺鐘	銅	不明	横分割―４段・適所	陽鋳・大字縦帯＋内区
ＹＵ⑤江蘇蘇州寒山寺鐘	鉄	Ｃ２	横分割―３段・任意	陽鋳・内区
ＹＵ⑥福建泉州開元寺鐘	銅	Ｃ２	横分割―４段・適所	陽鋳・内区
D群鐘				
ＢＳ①江蘇泰州光孝寺鐘	銅	不明	縦横分割―３段	なし
ＬＩ①河北淶源閣院禅林寺鐘	鉄	Ｃ２	縦横分割―３段	陽鋳・方格
ＪＩ①遼寧瀋陽故宮鐘	銅	Ａ２	横分割―３段	陰刻・方格
ＪＩ③河北邢台開元寺鐘	鉄	Ｃ２？	縦横分割―４段	陽鋳・方格
ＹＵ④河南登封少林寺鐘	鉄	不明	縦横分割―３段	陽鋳・方格
ＹＵ⑦大鐘寺古鐘博物館蔵鐘	銅	Ｃ２	横分割―４段	なし

　銘　文　　唐鐘の銘文は陰刻を基本としていたが、時代とともに陽鋳が増すことは確かである。鉄鐘は陰刻できないから、陽鋳は鉄鐘の出現と関係するとも考えられるが、南宋あたりから銅鐘でも陽鋳が多くなるようである。元代にはいると、「皇帝万歳」などの大字を縦帯に記して、小字の銘文を内区に詳細に記すという方式も現れる。未見だが、江蘇淮安勺湖園銅鐘（ＪＩ②）では、大字は陽鋳で小字は陰刻となっているとのことで、これが事実であるとすると12世紀の中国には、鋳鐘の誂え生産ばかりでなく、商品生産もあったとも推定できる。

　鋳型の分割　　筆者が収集したＣ群鐘は、不明なものを除き、ほとんどが横分割法による外型造型をおこなっており、唐鐘では縦分割がみられたのと大きく異なっている。この横分割の造型法は、日本鐘の外型造型法であるが、中国鐘では、唐末にならないと一般的にはみられないこと、そして、中国南方地域で盛行することは、大きな問題点である。

　Ｃ群鐘の鋳型分割位置は、表中において、袈裟襷の方格や内区を無視し中間を横切るように設定しているものを任意とし、配慮しているものを適所と記入した。その結果、唐末の梵鐘に任意の位置にあるものがあるが、時代が降りると方形区画の中央を横切るようなことがなく、区画をしている凸線の近く、あるいは、その凸線上へと徐々に変化してゆくようである。

12世紀以降の日本鐘では、池の間の上下の端付近で鋳型を横に分割しており、これは銘文を記載するための配慮であった。中国鐘も、これと基本的には軌を一にした変化を、ゆっくりとたどっているのではないかと考える［五十川2012a・2012b］。

　湯口系　　C型の湯口系が、ほとんどを占めていることは、唐鐘とほぼ同じ傾向である。そして、日本古代の鐘に一般的にみられるA型やB型の湯口系がほとんどみあたらず、しかも日本古代にはC型湯口系が、きわめてまれであることも大きな特徴であり、日本鐘の技術的な系譜を考えるうえで、重要な問題となってくる。

　このように、唐以後の中国古鐘にみられる技術については、同時代の日本鐘の技術とかなり類似しているとは言えず、日本鐘と様式において類似性のみられた唐鐘とも異なる要素も形成されている。しかしながら、大きな流れとして、鐘身の表面に銘文をいれることが頻繁になってゆき、明確な区画を設定するために、鋳型分割も変化しているという方向性には、共通した展開があったと考える［五十川2012a］。

4　D群鐘の様式と技術（表10・11）

　今回収集できたD群鐘は6点に過ぎないので、様式と技術に分けて解説する。

　様　式　　分類のところでも記したように、鐘身の上の基本的な紋様は袈裟襷ではなく、各段に設定された方格である。その方格には、上段と下段で位置が互い違いのものと、平行のものがある。また、方格の数は、下端の波の数に併せて6個あるいは8個であるものが多い。これは、C群鐘の一部にもみられる現象であるが数は少ない。D群鐘は、袈裟襷は四区であるという伝統に縛られない環境で製作されたからであろう。銘文は、陽鋳が基本とみられるが、鉄鐘が多いためかもしれない。

　技　術　　湯口系に関しては、詳細がわかるものがやや少ないが、遼寧瀋陽故宮蔵の金の天徳三年鐘（ＪＩ①）はA2型である。1cm×3cmの長方形の突起があり、日本鐘のA2型の湯口系と酷似するが、中国鐘で、こうした形態のものをみない。鋳型分割については、D群鐘では、縦横分割が基本であると考えられ、日本の梵鐘とは大きく異なっている。しかし、前述の遼寧瀋陽故宮蔵金鐘は横分割法によるものであり、この点においても他例と異なっている。この鐘は特殊な環境で製作されたものなのかもしれない。このように、D群鐘の様式と技術は、全体としては日本鐘に直接的な影響を与えるものではなかったと考える。

　この縦横分割は、中国において大型の鍋形容器の鋳造のための鋳型において、しばしば用いられたことが判明している。たとえば、河南省登封県少林寺大雄宝殿の遺跡の前に残る鍋は、口径165cm、高さ91cmで四方に取っ手がある。この鍋は、明の万暦四年（1576年）に製作されたものである。鋳張りが明瞭にわかり、外型は上下方向に3段、上段と中段の鋳型は、それぞれ8個に分割されている［五十川2003］。また、明清代の青銅・鉄製の罐においても、こうした縦横分割によるものであることが解明されている［三船2003］。

5　唐末以降の中国鐘の展開

　横分割の造型法は、中国鐘では唐末にならないと顕在化せず、しかも、その後時代の中国の南方の地域では盛行することは、日本鐘にも関わる大きな問題点であると考える。なぜなら、この横分割造型法は、日本鐘の成立以降、その基本がまったく変化せずに継続して、現代にも生きている造型法であり、それ以外の無分割・縦分割・縦横分割の各造型法は、日本鐘にはまったくみられず、横分割法こそが、日本鐘を特徴付ける鋳型作りの技術であるといえるからである。

　ところが、唐代初期の中国鐘には一体構造や縦分割法が主流を占めており、しかも湯口系も異なっているために、日本の最古段階の鐘と中国の唐代初期鐘との技術的連絡がつけられない。そこで、日本の最古段階の鐘との技術的な連絡を求めて、次章以下では、視野を変えて検討を進める。端的に言えば、日本の初期梵鐘の技術を、朝鮮古鐘の技術との関連で説明できないだろうかという仮説を検討することとしたい。

　その前に、東アジアの梵鐘鋳型の横分割法について、いささか検討をおこなう必要がある。唐末以前の中国鐘は、横分割鋳型造型法となんの関連ももっていないのだろうか。

　北方系の外型縦横分割法を検討しよう。温廷寛氏が紹介した華北軍区の鋳鐘民俗技術では、横分割を基本にして形成した数段の鋳型を縦方向に切開して、縦横分割法を完成させている。また、遼寧省瀋陽市銭鑫銅工程有限公司では、横分割になるように細かい鋳型を水平の数単位に積み上げてゆく方法がとられている。これは、最終的には縦横分割となるのだが、横分割を基本としながら縦方向の分割も加えてゆく方法であり、縦横分割が横分割の要素をもっていることを検討する必要があるだろう。このように、技術を単純に比較した場合ではあるが、縦横分割法が横分割法から発展した技術である可能性をもっているのではなかろうかという説を、筆者は、以前に提出したことがある［五十川2010b］。

　しかしながら、中国の西北地域では縦横分割法による鋳型造型が唐時代から確認できるが、本章で検討したように、その後、北方地域では、この縦横分割法が継続して採用されており、さらに後述のように、現代の中国北方地域の鋳鐘民俗技術にまで縦横分割法が継承されていることは、まちがいないようである。

　このような事実から、唐末以降の南方地域に盛行する横分割の造型法は、北方地域における縦横分割の造型法からの技術移転というよりも、当時において横分割を採用していた日本鐘の技術、または朝鮮半島の技術との関連を考えたほうが、自然ではないかと筆者は考えている。これは、日本や朝鮮半島における梵鐘の創出時の様式が、中国から伝播されたのとは、方向が逆である。そして、様式の側面のみならず技術の側面においての交流をも、東アジア文化交流と位置づけることができるならば、東アジアの梵鐘文化は、相互に影響を受けあってきたのだと考えることができるのである［五十川2014c］。

第5章　朝鮮古鐘の様式と技術

　日本鐘の様式と朝鮮鐘の様式は、見た目が大きく異なっているため、朝鮮鐘は、その成立の当初から日本鐘とは異なった技術によって、独自に製作されたのであろうと考えられてきた。そして、その製作技術は、原形を蠟で作成して焼成によって蠟を流し出す失蠟法によって鋳型を製作するもので、精密鋳造という別名のとおり、精緻な紋様を鋳出しているとされている。しかし、はたしてそうなのだろうか、日本鐘との技術的な関連性はまったくないのだろうか。日本鐘と朝鮮鐘の違いに注目することによって、その個性を認識し、それぞれの本質を知るという研究も大切だろうが、日本鐘が一衣帯水の地の鐘と浅い関係しかなかったとは、筆者には思えない。本章では、そのような素朴な疑問から出発して、日本と大韓民国に所在する新羅鐘と高麗鐘の実物観察の結果を勘案して、日本鐘と朝鮮鐘の技術の比較を試みることとしたい。この作業によって、意外にも両鐘の間に密接な関係があることを提示できたらと思う。

I　朝鮮古鐘の調査研究

（1）　これまでの研究と課題

　朝鮮鐘に関しては、坪井良平氏『朝鮮鐘』（角川書店）・『新羅鐘・高麗鐘拓本実測図集成』（奈良国立文化財研究所飛鳥資料館編）、崔應天『韓国の梵音具に関する研究』（学位論文）など、梵鐘の様式に重点を置いて論じられた詳細で深遠な先行研究があり、韓国梵鐘研究会編『梵鐘』や日本古鐘研究会編『梵鐘』など、梵鐘にテーマをしぼった雑誌によって、朝鮮鐘に対する調査成果が公開されている。

　これらの重厚な研究蓄積に、筆者はいまだ精通しておらず、日本鐘と中国鐘の様式と技術の系譜関係や歴史的変化を検討するうちに、東アジアの梵鐘の一員である朝鮮鐘の世界に、ふと迷い込んだにすぎないが、本書第3・4章で示した方法を使って、朝鮮鐘に対しても鋳型分割や湯口系などの技術に重点を置いて観察をおこない、日本鐘の技術との比較検討を試みたい。中国鐘と日本鐘の間に、まだ見ぬミッシングリンクがあるのではないかと気づき始めたのは、2年前の2013年秋であって、筆者の朝鮮鐘の勉強は、きわめて日が浅いので、基本的な認識に誤りがあるかもしれないが、検討課題として技術に的を絞って考察をおこなう。

　なお、最初にも記したが、本書では韓国に所在する梵鐘を「韓国鐘」と呼ぶことがあるが、朝鮮半島において、これまでに製作され使用されてきた標準的な梵鐘を「朝鮮鐘」あるいは「朝鮮古鐘」（新羅・高麗時代）と表記する。

（2）　朝鮮古鐘の技術の調査

　以下に、これまでに観察をおこなった朝鮮古鐘について、一覧表と図をかかげて解説する。

表12　朝鮮古鐘の一覧

新　羅

番号	所在地		年代	備考
1	上院寺	江原道昌郡珍富面	開元十三年(725年)	
3	国立慶州博物館	慶尚北道慶州市仁旺洞	大暦六年(771年)	聖徳大王大鍾
5	常宮神社	福井県敦賀市常宮	太和七年(833年)	
7	宇佐八幡宮	大分県宇佐市南宇佐	天復四年(904年)	
101	雲樹寺	島根県安来市清井町	新羅時代8世紀前半	
104	光明寺	島根県雲南市加茂町	新羅時代9世紀中葉〜後葉	
105	国立清州博物館	忠清北道清州市上党区明岩路	新羅時代9世紀中葉〜後葉	
106	住吉神社	山口県下関市一の宮住吉	新羅時代10世紀前葉	

高麗前期

番号	所在地		年代	
9	照蓮寺	広島県竹原市本町	峻豊四年(963年)	
10	国立中央博物館	ソウル特別市龍山区龍山洞	統和二十八年(1010年)	天興寺鐘
11	天倫寺	島根県松江市堂形町	辛亥年(1011年)	
13	恵日寺	佐賀県唐津市鏡	太平六年(1026年)	
16	園城寺	滋賀県大津市園城寺町	太平十二年(1032年)	
17	国立中央博物館	ソウル特別市龍山区龍山洞	清寧四年(1058年)	
107	西大寺観音院	岡山市東区西大寺中	高麗前期10世紀中葉	
108	円清寺	福岡県朝倉市杷木志波	高麗前期11世紀前半	
110	龍珠寺	京畿道華城市松山祠	高麗前期11世紀前半	
113	聖福寺	福岡市博多区御供所町	高麗前期11世紀前葉	
114	不動院	広島市東区牛田新町	高麗前期11世紀前半	
115	長安寺	新潟県佐渡市久知河内	高麗前期11世紀前半	
a	甘木歴史博物館	朝倉市秋月	高麗前期11世紀前葉〜中葉	
118	鶴林寺	兵庫県加古川市加古川町	高麗前期11世紀後半	
124	専修寺	三重県津市一身田	高麗前期12世紀	

高麗後期

番号	所在地		年代	
25	九州国立博物館	福岡県太宰府市石坂	承安六年(1201年)	
31	高麗美術館	京都市北区紫竹上ノ岸町	貞祐十三年(1225年)	
141	正伝永源院	京都市東山区小松町	高麗後期13世紀	
151	辰馬考古資料館	兵庫県西宮市松下町	高麗後期13世紀前半	
b	国立中央博物館	ソウル特別市龍山区龍山洞	乙巳(1245年)	

　番号・図・様式に関するデータは坪井氏『朝鮮鐘』により、奈良文化財研究所飛鳥資料館編『新羅鐘・高麗鐘拓本実測図集成』で補った。それ以外の参考文献は資料の解説の末に付加した。図中の梵鐘のうち特記のないものは縮尺1/15。確実な鋳型分割位置には矢印を付した。

第5章　朝鮮古鐘の様式と技術

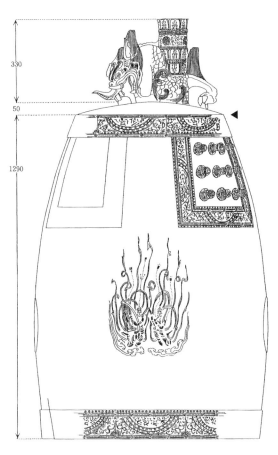

1　上院寺（725年）

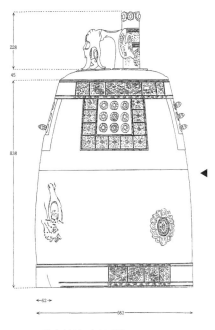

5　常宮神社（833年）

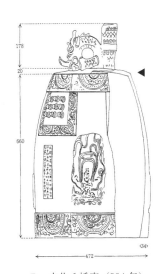

7　宇佐八幡宮（904年）

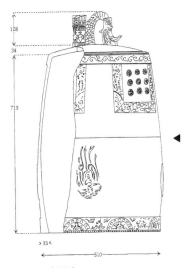

101　雲樹寺　　　104　光明寺

図104　新羅鐘①

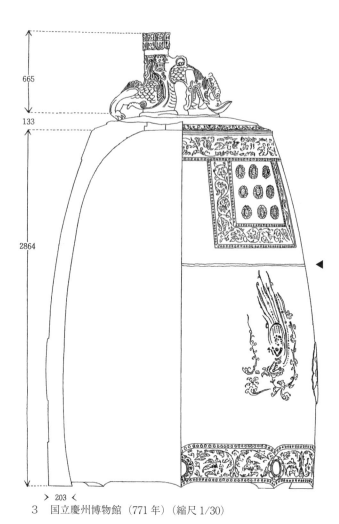

3 国立慶州博物館 (771年) (縮尺 1/30)

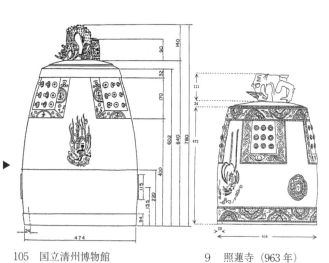
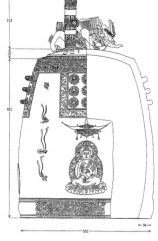

105 国立清州博物館　　9 照蓮寺 (963年)　　11 天倫寺 (1011年)

図105　新羅鐘②・高麗前期鐘①

第5章 朝鮮古鐘の様式と技術

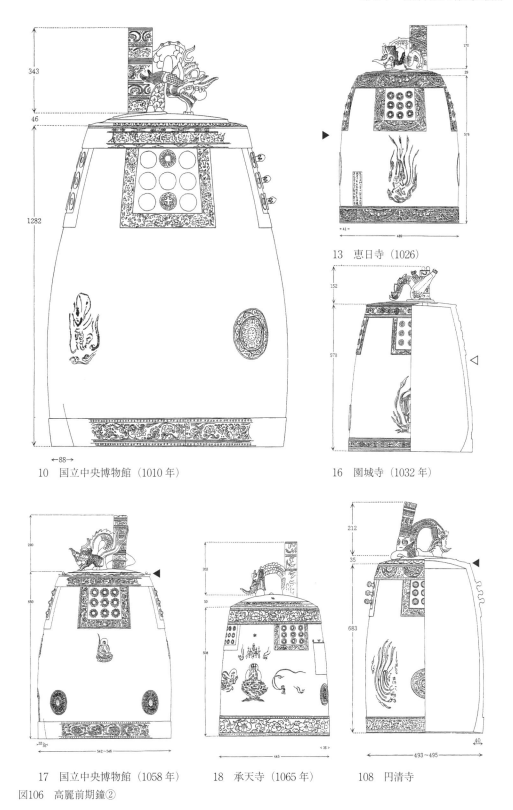

10 国立中央博物館（1010年）　　13 恵日寺（1026）
　　　　　　　　　　　　　　　16 園城寺（1032年）

17 国立中央博物館（1058年）　18 承天寺（1065年）　108 円清寺

図106　高麗前期鐘②

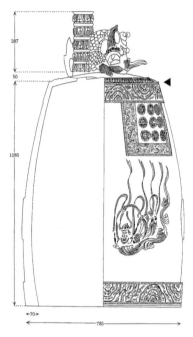

106 住吉神社

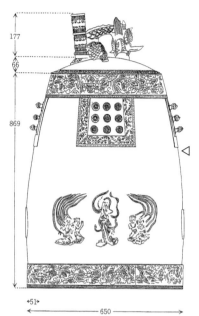

107 西大寺観音院

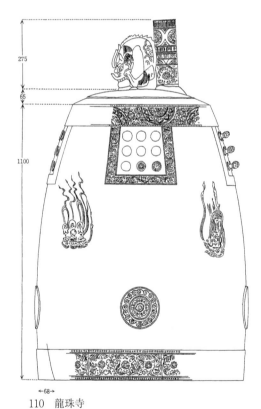

110 龍珠寺

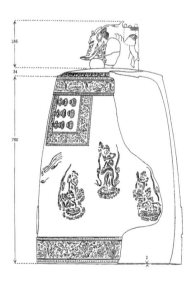

113 聖福寺

図107 高麗前期鐘③

第5章　朝鮮古鐘の様式と技術

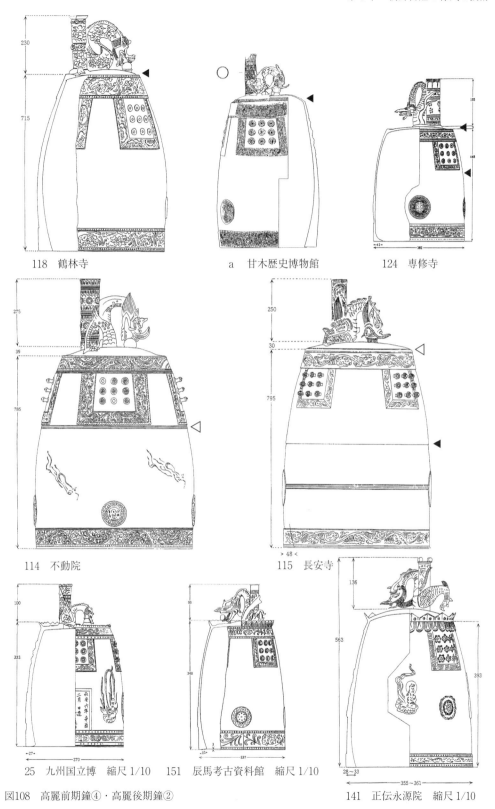

図108　高麗前期鐘④・高麗後期鐘②

Ⅱ　朝鮮古鐘の様式と技術

（1）　新 羅 鐘

1　上院寺鐘　開元十三年（725年）

　本鐘は、大韓民国の江原道昌郡珍富面東山里の上院寺に所蔵され、総高167cm、口径90cm。銘文から新羅聖徳王の開元十三年（725年）に鋳造されて、朝鮮睿宗元年（1468年）に上院寺に移されたものである。朝鮮鐘の最古の作品としてよく知られ、大韓民国の国宝となっている。2014年 2 月17日に雪積もる上院寺を訪ねて、本鐘を観察した。

　この鐘の笠形には陰刻銘文があり、坪井氏『朝鮮鐘』や『新羅鐘・高麗鐘拓本実測図集成』に拓本が掲載されている。それを細かく見ると、笠形上の鐘身との境界に小さい突起の痕跡がみられる（図109）。この突起は、日本の奈良時代鐘の堰（または揚り）と考えられるものに形態や位置が酷似している。そして、本鐘の笠形を実見した結果、笠形の龍頭と甬の両側に、それぞれ 3 個ずつ突出した痕跡があることが判明した（図110）。3 個の突起のうち 1 個が、堰であり他の 2 個が揚りではないだろうか。日本鐘の奈良時代鐘では、類似する突起が、笠形の龍頭の両側に 1 個ずつ合計 2 個認められ、中国鐘では円形突起が普通である。また、鋳張りの痕跡から笠形と鐘身の屈曲する境界部が鋳型の境界と筆者は考える。

　本鐘は鐘身の表面には細かい凹凸がみられ、鋳造後に乱暴な取り扱いを受けたことが想定されるが、引き板によって鐘身が成形されたことは確かである。乳郭紋様は異常なほど鋳あがりがすぐれているが、撞座や、それと交互に配された奏楽天人には活け込みの痕跡が明瞭である。この活け込みの痕跡は、外型に部分鋳型を装着した痕跡なのか、蝋製の紋様部分を本体原形に貼り付けた痕跡なのか、にわかには判断できない。

　また、鐘の口縁の下面に数個の穴があり、羅亨用氏は湯口の痕跡として鐘身下部から溶金を注入する下鋳法（下注ぎ）を想定している［羅2005］。しかし聖鐘社の元千秀・元普炫両氏の教示によれば、これらの穴は蝋原形を流出させた穴の痕跡とする見解があるとのことである。これが事実であるならば、蝋原形を最初に作り、それをもとに外型を造型した可能性が高くなってくるだろう。また、本鐘は鐘身面上に鋳張りがみえず、鐘身の鋳型分割が不明である。しかも、本鐘の鐘身の下部は中央部がふくらみ、下にゆくにつれて少しすぼんでいる。もし、引き板により土製の外型の造型をおこなうとしたならば、抜け勾配の問題があるため、直径が最大の部分において鋳型を分割しなければ内型を設置することができない。このため、少なくとも鐘身に関して、その全体からなる蝋原形から外型を製作したと考えるのが適切であろうと元千秀氏は説明されたが、その意見は説得力のあるものであった。本鐘では、上述のように、笠形と鐘身の境界で鋳型は分割されていたと考えられるので、鐘体全体を失蝋法によって形成したものではないことは確かである。

第5章　朝鮮古鐘の様式と技術

図109　上院寺鐘の笠形部の堰（揚り）の痕跡［坪井1974，奈文研飛鳥資料館2004］

図110　上院寺鐘笠形部の堰（揚り）の痕跡

165

３　慶州博物館蔵聖徳大王大鍾　大暦六年（771年）

　慶州国立博物館の展示館の北側の鐘楼に懸かる聖徳大王大鍾は、大韓民国最大の古鐘であり、奉徳寺に懸かっていた鐘である。奉徳寺は開元二十六（738年）に孝成王によって父聖徳王追福のため創建されたものであるが、孝成王は存位わずか五年で没したため、弟の景徳王がその位を継ぎ、十二万斤の銅を用いて大梵鐘を鋳造しようとしたが在世中に完成せず、景徳王の子の恵恭王が大暦六年（771年）に、ようやく父王の遺志を継いで完成したものという。

　報告書によると、笠形上には多数の突起がみられ、堰（または揚り）の痕跡とされている。羅亨用氏は、図111の12個の突起のうち、①と②を溶金が流入した湯口、それ以外は押湯（ガス排出口）と考え［羅1999］、廉永夏氏は、10個の突起のうち４〜６個を湯口とする［廉1999］。本鐘は、高さ366cm、口径223cmの大型の梵鐘であるため、鋳造時には複雑な湯口系を必要としたと考えられるので、多数の湯口があったとみるべきであろう。

　注意すべきことは、羅氏が湯口とした突起が、不整形ながら長方形を呈し笠形の端部に位置していることである。これと奈良東大寺鐘楼に懸かる国宝大鐘の湯口系とを比較してみよう。東大寺鐘の湯口系に関しては、香取忠彦氏が「笠形上面に、湯口と思われる大きな痕が四カ所、ガスぬきと思われる痕が三カ所みられる」と記述をしておられる［香取1970 p83］。ただし、湯口やガスぬきの正確な場所が記載されていないが、修理工事報告書の第191図に梵鐘を真上から見た写真が掲載されており、笠形上の縁辺部に沿って、楕円形ないし隅丸長方形の痕跡や円形に近い痕跡が並んでいる［奈良県教委1967］。これらは、位置といい形態といい、慶州博物館蔵聖徳大王大鍾の笠形に見られる湯口系に類似しているものとみられる。

　本鐘の鐘身のやや上半部に鋳張りが認められ、鐘身の外型は２分割したと考えられる。また、梵鐘の鐘身上に紋様や銘文を付加する方法は、失蝋法であれば紋様を付した蝋原形の貼り付け、失蝋法でなければ紋様単位の部分鋳型の活け込み・紋様単位の陽型の押圧・手彫りのいずれかであるが、なかなか確定できない。銘文は彫った深さが浅く、手彫りによるものと考えられる。羅氏は、紋様は押型（押印）によるものと考えている［羅1999］。

　また、鐘身の紋様を観察すると、上帯や下帯の紋様に単位が認められる。下帯においては、その単位が撞座と撞座の間に配置されているが、場所によって単位の端部にずれが認められる。施紋については、同一の型をもちいたことは確かであろう。一方、乳郭の紋様は、全体として類似しており、基本的に同一の型を使って作成した可能性もあるが、とくに隅部を観察すると紋様の小異が見られる。この部分の鋳型製作が、蝋原形なのか押型なのかは確定できないが、型だけで全体を完成したのではなく、型をもちいた後に最終的に若干の手作業による修正によって鋳型を完成させたことがわかる。つまり、紋様構成のみにより失蝋法によるものだとは断定できないと考えられる。そして、本鐘も、部分的に失蝋法をもちいているかもしれないが、完全な一体型の失蝋法ではないことは明らかである。

第5章　朝鮮古鐘の様式と技術

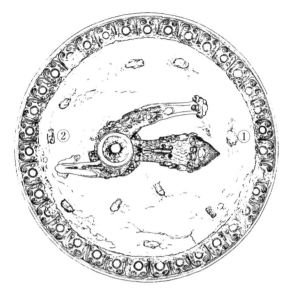

図111　慶州博物館聖徳大王大鍾の笠形（上から）［国立慶州博1999a］

図112　慶州博物館聖徳大王大鍾の上帯・乳郭・下帯［国立慶州博1999a］

167

5　常宮神社鐘　太和七年（833年）

　福井県敦賀市の常宮神社に保存されている国宝の朝鮮鐘は、総高111cm、口径66cmを測り、朝鮮鐘としては大型品に属する。銘文に太和七年（833年）の紀年があり、日本最古の紀年銘をもつ朝鮮鐘として、古くからよく知られていたものである。鐘身部の中央には明確な鋳張りが認められ、外型は鐘身部を二つに横分割するものであったことがわかる。また、笠形の龍頭と甬の両側に堰（揚り）痕がある。一方は２cm×10cmの長方形を呈し、もう一方は周辺が崩れて不整円形となっているが、長辺が10cm程度の長方形に復原しうるものであり堰に間違いなく、本鐘の湯口系はＡ２型と判断される。この鋳型分割と湯口系は日本の平安時代の鐘に類似しており、本鐘は、日本鐘とほぼ同様の造型鋳造技術であった可能性を強くもつと考える。

7　宇佐八幡宮鐘　天復四年（904年）

　大分県宇佐市宇佐神宮所蔵の朝鮮鐘は、統一新羅末期の天復四年（904年）の紀年名がある。総高86cm、口径47cmの中型品であり、坪井氏によれば「全体の手法も弛緩し、上・下帯の紋様単位の布置の無造作なことならびに、その天人像、撞座の仕上げの無頓着なこと喫驚のほかはない」とされ［坪井1976b p173］、上帯下端や下帯上端では、かなり強い段になっている。龍頭付近に一辺１cm程度の不整四角形の突起を１ケ所確認でき、湯口系Ａ３型の可能性がある。引き目のなかに小さな凸部が何ケ所かあるが、鋳張りではなく紋様を付加するための基準線ではないかと思われる。

101　雲樹寺鐘　新羅時代８世紀前半

　総高75cm、口径44cmの小型鐘であるが、坪井氏によれば、さながら上院寺鐘をそのまま縮小した観があるとされる優美華麗な作品である。鐘身上に引き目が美しく残る。技術について、鐘身は分割しておらず、撞座や飛天は丁寧に活け込みをしている。また、笠形部周縁数cm幅に鋳張りを除去したかのような痕跡が残る。つまり、一線をなす通常の鋳張りとはやや異なっているようで補修を疑わせる。また、３cm程度の円形にちかい不整形の痕跡が、上記の笠形部の端部内側の３ケ所に残っている。本鐘が、補修や改造をまったく受けていないとするならば、きわめて特異な湯口系といえる。

104　光明寺鐘　新羅時代９世紀中葉～後葉

　総高88cm、口径51cm。鐘身がやや細長い鐘である。引き目はあまりめだたないが、引き板で鐘体を成形していることは間違いない。上帯・乳郭・下帯に付された紋様は、前述の雲樹鐘におよばず、上帯と下帯で紋様単位の装飾が異なるのも特徴とされている。撞座や飛天には活け込みの痕跡が明瞭である。鐘身の中央部には明瞭な鋳張りがあり、鐘身の上部と下部に鋳型を分割し、笠形の端部から６cm内側の地点で、円形をなす笠形の鋳型を構成している。湯口系は龍頭のごく近くに、11.5cm×2.5cmと4.5cm×3.5cmの、ほぼ楕円形の堰（揚り）の痕跡が残る。これは、Ａ２型の湯口系と判断できる。

第5章　朝鮮古鐘の様式と技術

図113　常宮神社鐘

図114　光明寺鐘

105　国立清州博物館鐘　新羅時代9世紀中葉〜後葉

　忠清北道にある国立清州博物館所蔵朝鮮鐘は、統一新羅後期の9世紀のものとされている。総高78cm、口径47cm。やや小型の作品である。全体に引き目がよく残り精巧な作りである。

　撞座も飛天の紋様も突出があまりなく、型押しによる施紋を感じさせるが確定はできない。鐘身下部の口縁部から40cm上のところに、明瞭な鋳張りが見え、その直下に撞座がある。この鋳型分割からみて、引き板で真土を引いて外型を作る方法を想定するのが無難である。

　湯口系は龍頭両側に近接して、長方形の堰の痕跡がほぼ平行してみられ、日本鐘のA2型に近似する。大津市園城寺所蔵朝鮮鐘にも、類似する明瞭なA2型の湯口系がみられる（図115）。日本鐘のA2型は、A1型の発展として平安時代に展開して、その様式の定型化とともに、2個の堰（揚り）が龍頭のすぐ脇に定着してゆくが、A2型の湯口系は中国鐘には、ほとんどみられないため、これら朝鮮鐘にみられるA2型は、日本鐘との関連が予想される。

106　住吉神社鐘　新羅時代10世紀前葉

　住吉神社所蔵の朝鮮鐘は、日本に存在する朝鮮鐘の最大のもので、総高142cm、口径79cm。精美な模様を今に伝え、統一新羅末期のものとされている。鐘身には鋳型分割が認められず、笠形縁辺の蓮弁紋の上で鐘身と鋳型分割されたとみられる。堰（揚り）の痕跡は約2cmの円形を示し、龍頭と甬の両側に一つずつある。典型的なC2型の湯口系としてよいものである。

169

（2） 高麗前期鐘

9　照蓮寺鐘　峻豊四年（963年）

　総高61cm、口径41cmの小型鐘である。峻豊四年（963年）の紀年銘があり、高麗初期の作品。笠形周縁部1.5cmに蓮弁紋がめぐり、その内側のラインが笠形と鐘身の鋳型境界とみられる。鐘身には鋳張りはない。笠形上の鋳型の1cm内側で相対する位置に、5cm×1cm程度の長方形の堰（揚り）痕が2個あり、日本鐘のＡ1型湯口系に類似する。鐘体を横に一周する珠文帯は水平ではなく、各所でグニャグニャと小さく曲折しており、引き板で成形したものではありえない。本資料は、蠟製原形をもとに外型を成形したと確実に判定できる。

10　国立中央博物館鐘　旧天興寺鐘　統和二十八年（1010年）

　ソウルの国立中央博物館には多くの朝鮮鐘が展示されているが、3階の美術工芸品の展示室の中心に鎮座しているのは、統和二十八年（1010年）の紀年銘をもった旧天興寺の鐘である。総高は168cm、口径が96cmもある大鐘で、下端は、ややすぼみ気味の鐘身形態をもっているが、鐘身表面に鋳張りとおぼしきものは確認できなかった。上院寺鐘と同様に、失蠟法の可能性を強く感じさせる鐘である。本鐘は、高い台の上に設置されていたため、持参した脚立をもってしても、笠形部の観察はできなかった。湯口系の確認は、今後の検討課題である。

11　天倫寺鐘　辛亥年（1011年）

　総高87cm、口径53cmの中型鐘。笠形の周縁に蓮弁紋を配列し、優雅な主たる紋様は、天蓋の下に結跏趺坐する如来像であり、その優美さはこのうえない。しかし、この鐘の特徴は、鐘身の主たる銘文のほかに、笠形上に短冊状の座に陽鋳文字で表したもの12個を放射状に配置していることである（図115）。そして、陽鋳文字以外の2個の凸部が堰（揚り）の痕跡であり、Ｂ2型の湯口系と判断でき、日本の平安時代鐘のＢ型に類似する。また、下記の園城寺蔵鐘と同じく撞座の型は半円の型を組合せて成形している。

13　恵日寺鐘　太平六年（1026年）

　総高73cm、口径51cmを測る。この鐘の特徴は、笠形に線で大きく八葉蓮華紋をいれ、周縁に簡単な唐草紋をめぐらせていることである。乳は簡素であり、上帯と下帯の内部は連続円圏紋で装飾し、各円圏内に振り放射線紋と十字形花紋をいれて、各圏を綾杉紋でつなぐ。しかも、これらの紋様は手彫りによって鋳型に付加しているとみられる。鐘身中央の紋様のない部分に明瞭な鋳張りはないが、この部分では引き目が消されており、部分的ながら水平方向に身食い（突出した不要部分を折り取った場合に本体部分内部までもぎ取られて生じた凹部）が確認できるので、ここに鋳張りが存在したことが確実である。鐘身中央部で上下に鋳型を横分割しているのである。朝鮮鐘には、こうした例が他にもあるが、見破れないのではないかと考える。笠形には、8cm×1.5cmの湯口跡が明瞭に残っており、湯口系はＡ3型である（図115）。

第 5 章　朝鮮古鐘の様式と技術

　11　天倫寺鐘　Ｂ２型［奈文研 2004 p69］

　13　恵日寺鐘　Ａ３型［坪井 1974 p87］

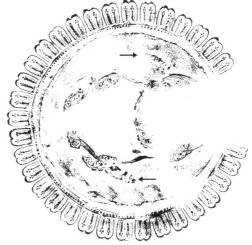

　16　園城寺鐘　Ａ２型［奈文研 2004 p98］

図115　朝鮮鐘の笠形にみられる湯口系①

16　園城寺鐘　太平十二年（1032年）

　総高78cm、口径49cm、中型のどっしりした作品。2014年に新装なった園城寺文化財収蔵庫の第１室に展示されている。笠形には、長軸４cm×短軸１cmの楕円形をなす凸の痕跡が２個残っており、位置は甬と龍頭の中心を結ぶラインの垂直方向とずれている（図115）。湯口系は、Ａ２型の典型である。笠形の端辺には蓮弁紋が一周し、その内側数cmのところに周圏がある。これが天井部と鐘身の境界とみられる。鐘身には引き目が明瞭に残る。乳郭の直下に鈍い凸状の線が鐘身を一周するが、あるいは鋳張りかもしれない。前述の天倫寺蔵例と同様に、撞座は半円の型を二つあわせて全円を成形している。上帯・下帯にみられる紋様単位は、つなぎ目であわせようと努力しているが、多少ずれて紋様の連続しない箇所が多い。飛天の紋様部分には活け込みをした痕跡はみられない。

171

17 国立中央博物館鐘 清寧四年（1058年）

　上記の旧天興寺の大型鐘の脇に展示されていたのは、清寧四年（1058年）の小型鐘であった。総高85cm、口径54cm。全体に引き目が明瞭に残り、鐘身には鋳型の分割痕がみられない。湯口系に関しては、この鐘の龍頭と甬の片側に３cm×３cm程度の方形の突起があるが、反対側には突起は認められなかった。Ａ３型の湯口系に属するということになる。笠形と鐘身の境目には、低い繰形紋をめぐらせており、ここで鋳型分割をしていると推定される。また、笠形外端から数cm内側に周圏がある。これは日本鐘にみられる装飾としての凸帯ではなく、朝鮮鐘の笠形部と鐘身部との鋳型分割の境界となっている部分である。前述の園城寺も同様である。

107 西大寺観音院鐘 高麗前期10世紀中葉

　総高111cm、口径65cmで、観音院門楼の上に懸かっている。笠形の下辺は蓮弁帯がめぐり、その内側に周圏があり、これが笠形部と鐘身部との鋳型分割の境界と思われる。６cm×１cmの堰（揚り）が２ケ所残り、一方が甬と龍頭の中心を結ぶラインに平行、もう一方は垂直方向を示し、Ｔ字形をなす。この湯口系は新種の特異なものである。鐘身の乳郭の直下に鐘身を一周する線がはしり、鋳張りの可能性がある。撞座は半円の型を２つあわせて全円を成形しており、一方は左右分割、もう一方は上下分割する。乳郭や天人の紋様部には、活け込みの痕跡なし。

108 円清寺鐘 高麗前期11世紀前半

　総高93cm、口径49cmの清涼な雰囲気をたたえた梵鐘である。笠形の龍頭のすぐ脇に、１cm×３cmの堰の痕跡があると思われるが、甬と龍頭の反対側には破損の穴があり、その有無を確認することができない。笠形下辺の蓮弁の下部と鐘身の境界に凸部があり、削った痕跡が認められるので、ここに鋳張りがあったものとみられる。上帯・下帯ともに、紋様単位をうまく数単位ならべて精緻華麗にしあがっている。鐘身中央に鋳張りの痕跡は認められず、乳郭・撞座・天人の紋様部には、活け込みとみられる痕跡はほとんど見えない。

110 龍珠寺鐘 高麗前期11世紀前半

　京畿道水原市の龍珠寺鐘は、高麗前期（11世紀前半）とされるものであるが、鐸身に鋳張りは確認できず鋳型分割は識別できなかった。笠形は荒れていて観察が難しいが、Ｃ２型の湯口系ではないかと判断した。

113 聖福寺鐘 高麗前期11世紀前葉

　本鐘は総高98cm、口径61cmの中型鐘。笠形上に堰（揚り）痕が２箇所あり、Ｂ２型の湯口系とみてよいものである。その位置は、園城寺所蔵鐘と同様に、甬と龍頭の中心を結ぶラインの垂直方向と少しずれている（図116）。笠形の下辺の蓮弁帯の上側が、鋳型の笠形部と鐘身部の境界となっていると推定される。鐘身の表面は引き目がきわめて明瞭である。上帯・乳郭・下帯の紋様は、繁縟な宝相華紋をうまくつないでいる。端正に鋳あがっており、飛天は活け込みとは思えない。

図116 朝鮮鐘の笠形にみられる湯口系② 113 聖福寺鐘 Ｂ２型［奈文研2004 p162］

114 不動院鐘 高麗前期11世紀前半

　総高110cm、口径65cmのやや大型の鐘である。笠形に蓮弁帯がなく、笠形と鐘身の屈曲する境界が、鋳型の境界と確認できる。笠形の甬と龍頭を結ぶラインに垂直方向の対称の位置に、６cm×２cmの堰（揚り）が２個あり、これだけならばＡ２型であるが、甬と龍頭を結ぶライン上の笠形の端部近くの両側にも2.5cm×1.5cmの堰（揚り）が、一つずつ合計２個ある。非常に異色の湯口系である。鐘身の乳郭の直下に２本の凸線が見られるが、その下側の線は鋳張りの可能性がある。本鐘には撞座が４個あって、活け込み痕跡が見てとれるが、飛天には活け込みの痕跡はみられず、美しくしあげられている。

115 長安寺鐘 高麗前期11世紀前半

　総高107cm、口径61cmのどっしりした、やや個性的な鐘である。笠形の端辺に蓮弁紋はなく、笠形と鐘身の屈曲する所が、鋳型境界となっているようである。笠形の甬と龍頭の中心を結ぶラインの垂直方向に、４cm×１cm程度の堰（揚り）の痕跡が２つ残存する。Ａ２型の湯口系にまちがいない。鐘身には引き目がよく残り、相対する２個の撞座を水平に結ぶ子持ち凸線も、日本鐘の中帯のように引き板によって精美に形成されている。２個の撞座は、活け込みをした明確な痕跡が残っている。中帯凸線があるため、飛天の装飾がないことも本鐘の特徴である。そして、乳郭と撞座の中間付近に、明瞭な鋳型の境界を確認できる。この境界は部分的に段になっている箇所もあるので、境界の上と下の鋳型を、別々に引き板で形成したこともわかる。本鐘は、鐘身を横に２分割する外型によって鋳造した製品である。上帯・下帯の紋様は、唐草文で飾っているが、切れ目がみられないので、手彫りによって施紋した可能性がある。

この鐘は、朝鮮鐘としての様式に基づきながらも、中帯を鋳出しており、なおかつ、技術が平安時代中期ごろの日本鐘の標準的な技術と酷似しており、日本鐘を見ているかのような感覚を覚える作品である。

a　甘木歴史資料館鐘　高麗前期11世紀前葉～中葉

本鐘は、総高101cm、口径53cm。1988年に朝倉市の秋月城跡から出土したものであり、紋様がかなり不鮮明な箇所もある。四方に撞座があり、天人などの紋様がないことが特徴としてあげられる。笠形の縁辺には蓮弁帯があり、その上端の凸線上が笠形部と鐘身部の境界とみられる。笠形上には、笠形の甬と龍頭を結ぶラインの垂直方向に、4cm×1cm程度の堰（揚り）の痕跡が向かい合って2ケ所確認できる。それらの一方は、身食いになって穴があいている。B2型の湯口系とみられる。

118　鶴林寺鐘　高麗前期11世紀後半

総高95cm、口径53cmの鐘。下帯に比較して上帯がすぼんでいるのが本鐘の特徴である。笠形を後に修理して鐘身に接着しており、笠形の縁辺部が旧状を残しているかどうか不明である。幸いにも笠形上の破損のない部分に堰（揚り）の痕跡が2ケ所残る。堰（揚り）は甬と龍頭を結ぶラインの垂直方向にやや斜め方向に、向かい合って3cm×4cmと3cm×1cmの不整円形の突出として残存していた。B2型もしくはC2型の湯口系とすべきものであろう。笠形と鐘身の屈曲する境界に鋳型の境界があったとみられるが、鐘身の中央部には鋳張りとおぼしきものを確認できなかったので鐘身部は一体で作っているのであろう。また上帯と下帯の牡丹唐草文は優美であるが、部分的に同紋ではないので、手彫りによって施紋した可能性がある。

本鐘の特徴として、2個の撞座以外に鐘身部を装飾する紋様がないことがあげられる。撞座には活け込みの痕跡が認められる。

124　専修寺鐘　高麗前期12世紀

本鐘の法量は総高65cm、口径38cmで、これまで紹介してきた梵鐘と比較して小型品である。笠形端辺には蓮華紋はなく、笠形と鐘身の屈曲する境界から数cmほど内側の所に円圏がある。笠形の甬と龍頭の中心を結ぶラインに沿って、8cm×3cmの楕円形の堰（揚り）と、それよりやや小型の楕円形の堰（揚り）の痕跡が確認される。日本鐘のA2型の湯口系に近いものではないかと推定する。

乳郭の紋様は浅く鋳出されている。撞座は四方にあり、その間に天人などの装飾はまったく付加されていない。撞座の周囲には活け込みの痕跡が明瞭である。また、笠形と鐘身の屈曲部が鋳型の境界となっていたと考えられるが、さらに乳郭の5mm直下で、鐘身の表面を数mm幅に削った痕跡が水平方向に鐘身を一周しており、ここにあった鋳張りを削平したと推定できる。つまり、鐘体の鋳型を笠形以上・鐘身上半・鐘身下半の3個に水平分割している。朝鮮鐘では、日本鐘のように鐘身鋳型3分割はないようである。

（3）　高麗後期鐘

25　九州国立博物館鐘　承安六年（1201年）

　九州国立博物館の常設展示で何度も見学しているが、なかなか本性を現さない資料である。総高43cm、口径27cmの高麗後期鐘の小型鐘であり、この時代の特徴である突起帯が、ちゃんと鋳あがっていない。笠形の端辺からすこし入ったところに周圏があり、あるいはここが天井部と鐘体部の境界となっていたと思われる。鐘体の紋様は、全体としてにぶく鮮明でない。撞座や天人の装飾には活け込みの痕跡はみられない。天人四体の紋様には小異があり、同一紋様の原形を使った活け込みや押型ではなく、蠟原形あるいは手彫りと考えられる。鐘体に鋳型分割の痕跡がなく、口径27cmの外型の内面に手彫りで施紋することは難しいので、蠟原形をもとにして外型を製作したとみるべきであろう。

31　高麗美術館鐘　貞祐十三年（1225年）

　鄭詔文氏の収集された朝鮮鐘で、総高50cm、口径27cmの小型品。鐘身に鋳張りはなく、鐘身鋳型は分割されていなかったとみてよい。笠形の半分が壊れており堰（揚り）の有無がわからないが、反対側の残存部には、直径２cmの円形の堰（揚り）の痕跡が明瞭に１箇所残っている。Ｃ２型またはＣ３型の湯口系であった可能性がある。

141　正伝永源院鐘　高麗後期13世紀

　2014年４月に、東京国立博物館で開催されていた建仁寺展に出陳されているのを見学した。総高56cm、口径36cmの小型品である。鐘身中央部には鋳張りがなく、鐘身は鋳型分割されていないようである。龍頭の両側に４cm×１cm程度の２個の堰（揚り）の痕跡が、甬と龍頭の中心を結ぶラインに平行して明瞭に突出しており、Ａ２型の湯口系とみられる。

151　辰馬考古資料館鐘　高麗後期13世紀前半

　総高43cm、口径24cmの小型鐘。やや長胴の鐘身をなす。鐘身中央部には鋳張りがなく、鐘身は鋳型分割されていない。龍頭の両側に1.5cm×２cm程度の堰（揚り）の痕跡が、甬と龍頭の中心を結ぶラインに平行して明瞭に突出しており、Ａ２型の湯口系とみられる。

ｂ　国立中央博物館鐘　乙巳（1245年）

　2014年２月に国立中央博物館１階の展示室で見学した朝鮮鐘であり、「乙巳」の干支銘から1245年の紀年と推定されているものである。総高63cm、口径44cmのやや小ぶりの鐘であるが、笠形に見られる堰（揚り）の痕跡が、よく見慣れている日本古代鐘のＢ２型湯口系を彷彿させるものであったため、見学した時に非常に驚いた。

　同様の湯口系は、福岡市聖福寺蔵の朝鮮鐘（高麗前期11世紀）にもみられる。この「乙巳」は13世紀半ばのものであり、日本古代のＢ型湯口系ではなく、日本中世のＢ型湯口系の梵鐘との関連が予想される。

Ⅲ　朝鮮古鐘の鋳鐘技術

　以上のように、これまでに筆者が観察した朝鮮鐘はまだまだ少数にすぎず、観察をおこなう
方法も不十分であり、今後も継続して検討をおこなう必要があるが、章末に、簡単にまとめを
おこなって、今後の課題を提出しておくこととする。

（1）　韓国に現存する鋳鐘技術

　筆者は、2014年2月18日に鎮川鐘博物館を訪問して展示を参観したが、その機会に幸いにも、
元光植・元千秀・元普炫の諸氏と朝鮮鐘の造型と鋳造を中心とする技術について懇談すること
ができたので、その技術は第6章に紹介する。その時の話によると、聖鐘社において元光植氏
が中心となって古鐘復原をおこなってこられたが、その技術は、朝鮮王朝の時代から継続して
きたものではなく、古い鋳鐘技術がいったん断絶した後に、新たに技術の復原を試みたもので
あるということであった。このため、この民俗技術を韓国古鐘の技術復原のための直接的根拠
とするのではなく、まず朝鮮鐘の現物を観察して、その技術的痕跡についての検討をすすめる
ことのほうが先決と思われる。

　聖鐘社でおこなわれている梵鐘製作技術は、精巧な蠟原型を最初に丁寧に成形して、全体を
鋳物土で覆い、焼成して蠟を流し出して内型と外型を完成させ、その鋳型に溶金を流入させる
という方法であり、典型的な失蠟法による鋳型生産を基本的技術としている。また、堰や揚り
などの鋳造技術の痕跡を徹底的に消して製品を完成させていることも特徴である。

（2）　鋳鐘技術の研究視点

　次に、朝鮮古鐘の技術を復原するにあたって、注意すべきだろうと思われる視点を整理して
記述し、技術復原への道筋をたててみよう。

1　これまでの研究

　坪井良平氏は、朝鮮鐘の造型方法について『天工開物』に記載の失蠟法を詳しく紹介して、
さらに梵鐘の各部に紋様を付加するために、地紋板という道具を使用したことを、解説されて
いる［坪井1974 pp22-26］。しかしながら、蠟製原形をどのようにあつかって原型を作成する
のか詳しくは述べられていない。また、朝鮮鐘の様式を、統一新羅や高麗時代の鐘のみならず
朝鮮王朝時代の鐘も検討された崔應天氏も、朝鮮鐘の製作技術を失蠟法と判断し、作業工程を
順に説明されている［崔2007 pp56-57］。しかし、個々の朝鮮鐘について製作技術を解説する
にはいたっていない。このほか、上院寺鐘や国立慶州博物館蔵聖徳大王大鍾の造型鋳造技術に
関する個別研究が公表されており［月精寺聖寶博物館2005, 国立慶州博物館1999a・1999b］、
その概要については前述のとおりである。

2　基本的鐘体と龍頭・甬の製作方法

　朝鮮鐘の鐘身の表面には、横方向の精美な引き目が鐘身上に残っているものが多く、土製の鋳型に対して引き板を回転させて外型を成形する方法（惣型法）で製作していると筆者は考えてきた。しかし、先述したように、韓国忠清北道の鎮川鐘博物館を訪問し、元光植・元千秀・元普炫の諸氏の案内で、付設の梵鐘製作のためのアトリエを拝見した際、蠟製原形を製作するための引き板を用いて製作すれば蠟の表面に引き目が形成され、その蠟原形から製作した外型を使って鋳造すれば引き目が製品に転写されることを知った。つまり、引き目の存在だけでは、基本的鐘体の製作方法が失蠟法なのか惣型法なのか決定できないのである。ただし、調査した多くの朝鮮鐘において、鐘体は精美な回転体の形状を保持しており、引き板をつかって鐘体の基本形を製作していることが想定できる。

　また、龍頭・甬はきわめて複雑な形態をしているので、蠟原形による失蠟法で鋳造されたと一般に考えられているが、厳密な観察による検討はまだおこなわれず筆者も果たせていない。中国浙江省杭州市の南屏晩鐘の龍頭は、日本鐘の龍頭と比較すると複雑な形態をしているが、周家の工房では、失蠟法ではなくて組合せ鋳型による鋳造で作成している［五十川編2008］。このほか、笠形上の鐘身との境界から数cmほど内側に、周圏がある例がしばしばみられるが、これは龍頭や甬を含めた、笠形の鋳型の成形に関連する痕跡であろう。これが正しいならば、朝鮮鐘の造型法として、一体型の失蠟法でないものが、けっこうあるということになる。

3　紋様の付加

　基本的鐘体に紋様要素を付加する方法として、一般的に以下の四つの方法が考えられる。

①失蠟法の場合には紋様を付した蠟製のパーツを本体の蠟製鋳型に貼り付ける
②惣型法の場合に紋様単位をなす土製部分鋳型を本体鋳型に活け込む
③惣型法の場合に紋様単位の部分鋳型の陽型を本体鋳型へ押圧する
④惣型法の場合に紋様を手彫りする

　これまで調査した朝鮮古鐘のうち、照蓮寺所蔵鐘は、鐘身を横に一周する凸線が、引き板で引いたように水平でなくグニャグニャと曲折しており、蠟を材料にして原形を作ったことが、確実な唯一の朝鮮鐘である。また、撞座や天人などの紋様単位の周囲に、外郭線らしいものがある場合、活け込みの痕跡があると記述したが、活け込みの痕跡だけから、失蠟法か惣型法かは容易に判断できない。また、単位模様の結合が不良な部分があるからといって、押型によるものとはかぎらない。

　そして、その正確な製作技術を、どうしても見破れなかったものが多々あるはずだと思う。朝鮮古鐘は、日本鐘と比較して、鋳張りの痕跡を徹底的に削平研磨して消し去っているものが多いようである。そのような悪条件を乗りこえて、鋳型分割や湯口系をからくも見破った時、鬼の首でも取ったかのように記述したが、実はそれを見逃している場合のほうが多いだろう。

（3）　朝鮮古鐘の造型と鋳造

　以上の朝鮮古鐘資料にみえる技術について一覧表に整理し、若干の整理をおこなうとともに、朝鮮古鐘と日本鐘・中国鐘との比較検討を最後にしてみたい。

1　基本的鐘体の製作と鋳型分割

　照蓮寺所蔵鐘は小型鐘であり、全体の原形を蠟で製作して失蠟法によって鋳造した可能性の高い資料である。しかし、その他の梵鐘において、失蠟法による可能性のあるものにおいても笠形と鐘身の屈曲部に鋳張りがあるもの、あるいは笠形端辺から少し入ったところに円圏があって、その部分に鋳張りに近いものがある鐘が認められる。これは笠形以上の部分と鐘身が一体の鋳型ではなかったことの証拠である。

　また、鐘身中央に鋳張りの痕跡がある場合は、鐘身が2個の鋳型に分割されていたと考えられる。これらの鋳型分割は、日本の奈良・平安時代の梵鐘にみられる鋳型分割に類似しており、朝鮮鐘のなかには、失蠟法ではなく、真土を引き板で引いて2段の鐘身の土製鋳型を製作し、笠形以上の鋳型と組合せて鋳造する方法が使用されたものもあったと考えられる。

2　湯口系

　朝鮮古鐘の湯口系は、日本鐘よりもはるかに多様であると思われるが、その変遷を日本鐘と比較してながめてみよう。

　上院寺鐘（725年）や国立慶州博物館蔵聖徳大王大鍾（771年）の最古級朝鮮鐘の鋳造技術は、いまだ確定できない点が多く、筆者の判断力の不足を痛感するが、湯口系を冷静に観察すると長方形の堰の痕跡が笠形の端部に並んでおり、日本鐘のＡ1型湯口系の近縁と考える。しかも上記の二鐘は大型鐘に属するので、湯口のほかに数多くの揚りを付設したのだろうと考えたが、それが東大寺の大鐘にも類似することは興味深い。また高麗前期の最古鐘で失蠟法によるものとほぼ確定できる日本照蓮寺蔵鐘も湯口系がＡ1型であり、Ａ1型が古い湯口系を示すものの可能性が高いと考える。これは日本の奈良時代鐘のありかたと類似する。

　さらに9〜10世紀の新羅鐘では、Ａ1型の仲間は消え去ってＡ2型・Ｃ型が出現しており、Ａ1型からの変化がおこったとみられる。高麗前期の10〜11世紀の梵鐘では、日本照蓮寺蔵鐘を除けば、Ａ2型・Ａ3型が盛行し、Ｂ2型も存在する。こうして、多様な湯口系が出そろっていったとみられる。

　平安時代には乳郭をもつ日本鐘があり、朝鮮鐘の様式が日本鐘の様式に影響を与えたことは古くから知られているが、さらに技術の側面においても、最古鐘にみられるＡ1型湯口系や、後に展開するＡ2型・Ｂ2型のありかたをみると、朝鮮古鐘の技術は、日本鐘の奈良時代から平安時代における展開と関連しているのではないかという可能性を指摘したい。何度も書くが、唐鐘やその後の中国の鐘には、ほとんどＡ型やＢ型の湯口系がみられないからである。

表13 朝鮮古鐘の技術

新 羅

番号	所在地	年代	鋳型分割場所	湯口系
1	上院寺	開元十三年(725年)	笠形鐘身境界	A 1 + 2
3	国立慶州博物館	大暦六年(771年)	鐘身中央	A 1 + a
5	常宮神社	太和七年(833年)	鐘身中央	A 2
7	宇佐八幡宮	天復四年(904年)	笠形鐘身境界	A 3 ?
101	雲樹寺	新羅時代8世紀前半	笠形鐘身境界周辺?	C 1 + 1 ?
104	光明寺	新羅時代9世紀中葉～後葉	鐘身中央	A 2
105	国立清州博物館	新羅時代9世紀中葉～後葉	鐘身中央	A 2
106	住吉神社	新羅時代10世紀前葉	笠形蓮弁紋上	C 2

高麗前期

番号	所在地	年代	鋳型分割場所	湯口系
9	照蓮寺	峻豊四年(963年)	なし	A 1
10	国立中央博物館	統和二十八年(1010年)	不明	不明
11	天倫寺	辛亥年(1011年)		B 2
13	恵日寺	太平六年(1026年)	鐘身中央	A 3
16	園城寺	太平十二年(1032年)	鐘身中央?	A 2
17	国立中央博物館	清寧四年(1058年)	笠形蓮弁紋上	A 3 ?
107	西大寺観音院	高麗前期10世紀中葉	鐘身中央?	T字形
108	円清寺	高麗前期11世紀前半	笠形鐘身境界	A(細部不明)
110	龍珠寺	高麗前期11世紀前半		C 2
113	聖福寺	高麗前期11世紀前葉		A 2
114	不動院	高麗前期11世紀前半	鐘身中央?	A 2 + 2
115	長安寺	高麗前期11世紀前半	笠形鐘身境界?＋鐘身中央	A 2
a	甘木歴史博物館	高麗前期11世紀前葉～中葉	笠形蓮弁紋上	B 2
118	鶴林寺	高麗前期11世紀後半	笠形鐘身境界	B 2・C 2
124	専修寺	高麗前期12世紀	笠形鐘身境界＋鐘身中央	A 2

高麗後期

番号	所在地	年代	鋳型分割場所	湯口系
025	九州国立博物館	承安六年（1201年）	突起帯	C 3
031	高麗美術館	貞祐十三年（1225年）	突起帯	C 2・C 3
141	正伝永源院	高麗後期13世紀	突起帯	A 2
151	辰馬考古資料館	高麗後期13世紀前半	突起帯	A 2
b	国立中央博物館	乙巳（1245年）	突起帯	B 2

a 参考文献 甘木市教育委員会編 1991年 『朝鮮鐘 福岡県甘木市秋月城跡出土の朝鮮鐘調査報告』（『甘木市文化財調査報告』第23集）

（４）　朝鮮古鐘と日本鐘との関連

　筆者が、日本鐘の技術と朝鮮古鐘の技術との関連をはじめて考えたのは、上院寺鐘の笠形の拓本を坪井氏の『朝鮮鐘』で、ぼんやり見ていた時であり、2013年11月14日のことであった。その後、『新羅鐘・高麗鐘拓本実測図集成』に掲載されている園城寺鐘・聖福寺鐘の笠形部の拓本、『朝鮮鐘』に掲載されている天倫寺鐘・恵日寺鐘の笠形部の拓本をよく見ているうち、日本鐘の笠形部にみられる湯口系との類似を感じざるをえなくなった。

　このほか、日本に所在する常宮神社鐘・光明寺鐘・長安寺鐘は、鐘身鋳型が明確な横方向の２分割で、湯口系がＡ２型を示し、平安時代の日本鐘と、技術痕跡が酷似していることは、疑うことができないだろう。これらの朝鮮鐘を観察すれば、多くの人々は朝鮮鐘の日本鐘との関連に思いいたるのでないかとも現在は考えている。

　このように、日本鐘と朝鮮鐘の技術の関連性を想定することは、突飛な発想なのだろうか。日本鐘にはあって中国鐘にはほとんどないＡ型やＢ型の湯口系が、朝鮮鐘に存在することは、日本鐘の成立や展開過程において、朝鮮鐘の技術が影響を与えたことを示すものと考えるのが自然ではないかと筆者は考える。

　たしかに日本鐘と違って、朝鮮鐘には、失蠟法を想定しないと製作ができないと考えられるものもある。だからといって、すべての朝鮮鐘が失蠟法によるものとはかぎらない。朝鮮鐘のなかには横方向の鋳型分割をしているものがけっこうあるが、縦分割はまったくみられない。このことも、古い中国鐘との大きな違いでもあり、むしろ日本鐘の技術のありかたとの関連を考えるべきではないかという筆者の考えは、ここからきているのである。

　朝鮮鐘の鋳あがりの美しさには目を見張るものがあり、最古の朝鮮鐘の上院寺鐘においても、それは変わらなかった。これが、精密鋳造すなわち失蠟法（ロストワックス）による鋳型製作を連想させるが、個々の朝鮮鐘が失蠟法によるものかどうか、また、朝鮮鐘が日本鐘の形成と展開にどのような影響を与えたのかに関して、今後も朝鮮鐘の実物をもとにして検討をすすめたいと思う。また、第６章において、韓国の鋳鐘民俗として、鎮川鐘博物館において展示され、聖鐘社において復原製作がおこなわれている蜜蠟鋳造工法（失蠟法）について、その鋳造工程の概要を紹介するとともに、朝鮮古鐘の鋳造技術復原のための論点をまとめた。

（５）　大鐘と少女献身伝説

　国立慶州博物館の鐘楼に懸かっている朝鮮鐘は、新羅第三十三代聖徳王の冥福を祈るために作られたもので、総高370cm、口径230cm、重さ25tを測る大鐘である。この鐘の製作は難事業だったようで、悲しい伝説が残っている。それは、鋳造が難しく失敗が続いたことによって、少女を溶解炉に投げ込んで人柱にして、溶解と鋳造を完成させたが、そのために鐘を撞くと、

第5章　朝鮮古鐘の様式と技術

図117　国立慶州博物館の聖徳大王大鍾　大暦六年（771年）

その響きは「エミレ（お母さんよ）！」と聞こえたという。そして本鐘は「エミレの鐘」とも呼ばれている。

　同類の伝説は、北京や南京にもあることを、庾華女史が「金炉聖母鋳鐘娘娘廟考」で紹介している［庾2014］。すなわち、北京では明の永楽帝が、鐘楼を建立して、楼上に報時のための大鐘を吊そうと計画した。鋳造工人は鋳型を製作して鋳造作業をおこなったが成功せず、期限が迫った。鋳造工人の娘は聡明で美麗しかも孝順で、父親を助けようとひそかに心を決めて、身を翻して溶解炉に飛び込んだ。かくして、鋳造は成功して、身を捨てて父を助けた若い娘を金炉聖母鋳鐘娘娘と人は呼び、廟を立てて崇拝したという。今でも、北京の下町に「金炉聖母鋳鐘娘娘廟」と記された石製篇額が残り、そこに明清時代の北京城の銅鐘鋳造の工房があったことが判明している。また、南京の伝説も、鋳造工人の三人の娘が命を捧げて、鋳造を成功に導くというものである。

　いずれも若い女性が命を捧げることによって、鋳造が成功するという奇跡を伝えるもので、もとより事実ではあり得ないが、大鐘の鋳造が、あたら命を捧げなければ成功できないような難事業であったという伝説が東アジアに広く分布していることは、梵鐘鋳造技術のありかたを示唆するものとして、今後の研究する必要があるだろう。

　なお、本章作成にあたっては、ハングル文献の翻訳と解釈に関しては、友人の黒田慶一氏、巻末のハングル要約製作には、朴惠貞先生のお世話になった。お礼を申し述べる次第である。

第6章　鋳鐘民俗の世界

　京都大学教養部構内で梵鐘鋳造土坑を調査した時、坪井良平氏のほか大勢の見学者が現場を
訪れられたが、奈良国立文化財研究所の田中琢氏は、この遺跡を見学された後、今なお梵鐘を
鋳造している工場を見学するように助言された。恩師の高井悌三郎先生には、先生の出身地で
銅鋳物の名産地である越中高岡の鋳物師さんを紹介いただき、お訪ねしたほか、京都市東山区
の上田鋳造所や右京区の岩澤の梵鐘などの工場に依頼して、梵鐘がどのように作られるのかを
筆者は見学することができた。そして、鋳物生産の民俗事例を丹念に調査されている研究者の
存在も知った。考古学的遺跡は、どんなに遺存状態が良くても遺構や遺物はなかば破壊された
状態を示しており、実際に操業している状態を思い浮かべるのは難しいが、鋳鐘民俗の知識は、
それを補ってくれる貴重な情報となることがわかった。しかし、民俗資料は長い歴史の到達点
である現代のありかたであり、古代から変化なしに続いてきたのではないことを後に思い知ら
された。筆者は鋳鐘民俗研究の専門家ではないが、本章では、故吉田晶子さんに同行して実施
した聞き取りを思い返しつつ、東アジアの鋳鐘技術についての民俗学的研究成果を紹介する。

I　日本の鋳鐘民俗

（1）　現代日本の梵鐘づくり

　日本において、鋳物生産工場は、明治・大正ごろまでは各地で操業していたが、鋳鉄鋳物を
もっぱらにするものは、都市部における洋式の鋳物生産工場の発展や、戦後のアルミニウムの
プレス加工による鍋釜の生産によって、茶釜・鉄瓶など、一部の地方特産品の生産工場を除い
て衰滅してしまった。しかし、青銅鋳物である梵鐘の生産は、いまだ健在であり、第2次世界
大戦時に軍需産業の金属材料として供出された梵鐘の復興への要求もあって、梵鐘の生産は、
越中高岡・常陸真壁・京都の各地で活発におこなわれている。その製作工程や技術をみると、
いくつかの道具には材質転換による改良があり、金属の溶解や溶湯の運搬にも機械化がすすん
でいるところもあるが、これらの梵鐘づくりの技術は、古代以降の梵鐘鋳造技術復原のための
貴重な資料を提供しているといえよう。

　日本の鋳鐘民俗の研究の歴史は第1章で概説し、鋳造遺跡の研究にどのように貢献している
のかについては第2章で詳述したので、以下本節では、滋賀県東近江市五個荘三俣町において
操業していた西澤梵鐘鋳造所の梵鐘づくりの技術を紹介する［滋賀県教委1988］。この技術は、
これまで筆者が見学した鋳鐘工場のなかで、最も古式を残していると思われる。

183

（2）　西澤梵鐘鋳造所の鋳鐘技術

梵鐘の製作工程は、基本的に以下のとおりであり、順に細かく作業内容を解説する。

原図の製作→引き板づくり→外型鋳型（外型・内型）づくり→鋳込み→型ばらし→後処理

1　下絵を描く

紙に実物大の大きさに鐘を真横から見た図を描き、鐘の表面にいれる天女や唐草などの紋様の絵も描く。鐘の厚さも記入する。

2　引き板の製作

引き板のうち、外型用は中心軸と回転体である鐘の輪郭を写し取った部分を連結した形状をしており、内型用は、中心軸と鐘の内面の輪郭を写し取った部分を連結した形状をしている。

3　外型づくり

鐘身を形作るドーナツ状の鋳型数段、および笠形と龍頭の部分の鋳型を作る。まず、クレと呼ばれる粘土の芯材に、マネ（鋳型用粘土）を塗りつけてドーナツ状の外型を作る。鋳型の外側に補強のための竹タガを巻き、竹タガと鋳型の隙間にはクレイタを打ち込んで密着させる。そして、鋳型の内面にマネを塗りつけながら、外型用の引き板を回転させて外型を作ってゆく。梵鐘の横方向の紐状の凸線は、この引き板の凹凸によって形成される。外型づくりは、通常は梵鐘を逆にした状態で、下から上へと鋳型を積み上げて完成させてゆく。梵鐘の縦方向の凸線は外型内面の演習を４分割する点を決めた後、Ｔ定規を使って凹線を引いて形成する。これらの成形が終わったら、木炭で焼成して水分を除去する。一連の外型づくりの作業は、基本的に鋳造土坑の外でおこなわれる。

4　活け込み

乳や種々の紋様を鋳出すために、その紋様部分の紋様単位を彫り出した木製原形を、粘土に転写した部分的鋳型を別に作る。それらを外型の内面の掘りくぼめた穴に埋めこむ。最上部の鋳型には左右対称形の龍頭の鋳型を埋めこむ。

5　内型づくり

鋳造のおこなわれる土坑の底に設置した金属製ジョウの上の定位置で内型を製作し、鋳造が終了するまで動かすことはない。内型は、スジガネ（鋼鉄の柱）を何本か立て、粗いマネで作ったコンニャクと呼ばれる芯材を、ひとまわりの小さな円形に配列し４段程度に積み上げ、マネを塗りつけながら内型用引き板で引き板を引いて作る。内型の全形が完成するとヤカモトと呼ばれる煉瓦を、その外側に積み上げ、隙間に木炭を入れて焼成する。内型・外型ともに、ハジロ（泥水）とキラ（雲母）、最終的に黒味を塗る。上述のマネは工場内にあるものを何度も再利用する。

第6章 鋳鐘民俗の世界

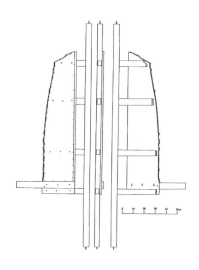

1 外型用の引き板［滋賀県教委1988p69］

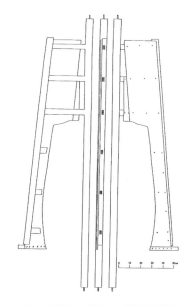

2 内型用の引き板［滋賀県教委1988p70］

3 引き板を回転させて外型製作

4 活け込みされた乳

5 鋳造土坑内に設置された内型

6 内型と外型の設置

図118 西澤梵鐘鋳造所の鋳鐘民俗技術①

185

6 湯量の推計（砂溜め）

外型と内型の両方の鋳型が完成したなら、これらを組合せて、製品となる隙間に砂をいれ、その体積を推計して必要な金属を調査する。

7 鋳型の装填

完成した外型を内型にはめこんで、それらを組合せる。外型の継ぎ目には縄を巻き付けて、鋳型の隙間から湯が漏れるのを防ぐ。鋳型の上下に設置した掛木に、チェーンを掛けて締めあげて上下に動かないようにする。鋳型が設置し終わったら、次に述べる炉から鋳型までの間に、ユバチ（湯鉢）とトユ（樋）からなる湯の流れる溝状の装置を設置する。トユの先端は鋳型の湯口の真上にぴったりとあわせる。

8 金属の溶解

溶解炉は、近世のこしき炉に類似するものが使われている。炉は、ル（湯が溜まる部分）・コシキ（中段で送風口が付く）・上コシキ（燃料と材料の投入口）の3段で形成されており、上から燃料のコークスを、炉内に投入して金属材料を溶解させる。かつてはタタラと呼ばれる踏み板を人力で踏んで送風したが、今では機械の送風装置を利用する。

装填したコークスに種火を入れて数時間してコークスが上コシキに満杯になり、全体に火がまわったところで、送風を開始し原料を投入する。まず、ノコリ（前回溶解した金属の残り）を炉内に投入し、次に銅線と錫のインゴットを交互に投入する。

9 鋳込み

トユの乾燥と保温のために、燃やしていた木炭を取り除いて、細かい塵埃をブロアーで吹き飛ばす。ノミクチ（出湯口）をほじくって穴をあけ、湯をトユに流し出して湯口に流入させ、鋳込みをおこなう。鋳物を作る諸工程で最も緊張する時で、職人の立ち位置は決まっている。溶解した湯は、ユバチとトユと呼ばれる樋状の湯の通路を通して鋳型の湯口に注ぎ込まれる。湯口と揚りの湯の具合によって、鋳型に湯が一杯になったことを確認した親方の「ヨッシャ」のかけ声でノミ口を閉じる。湯は少し縮むので再度少量の湯を鋳型に注入する。オシユという。

10 型ばらし・後処理

金属が冷却したら、掛木をとりはずし、そのままの状態でクレーンで穴の外に吊りあげて、鋳型を解体する。堰を折り、鋳張りをヤスリで磨いて取り仕上げる。

この西澤梵鐘鋳造所に古式技術が継続的に伝承されたことについて、棟梁西澤吉太郎氏は、熱中したのであまり近代化しなかった、また、一人で大半の仕事ができると語っておられる。古式の技術が、どのように現代にまで生き残ったかについて興味ある発言である。残念ながら西澤梵鐘鋳造所は、2010年に操業を終えた。なお、この工場の梵鐘鋳鐘技術については、国立民族学博物館がビデオ「梵鐘づくり」（72分・1997年）として記録化しており、技術の詳細を知ることができる［五十川2009d］。

第6章　鋳鐘民俗の世界

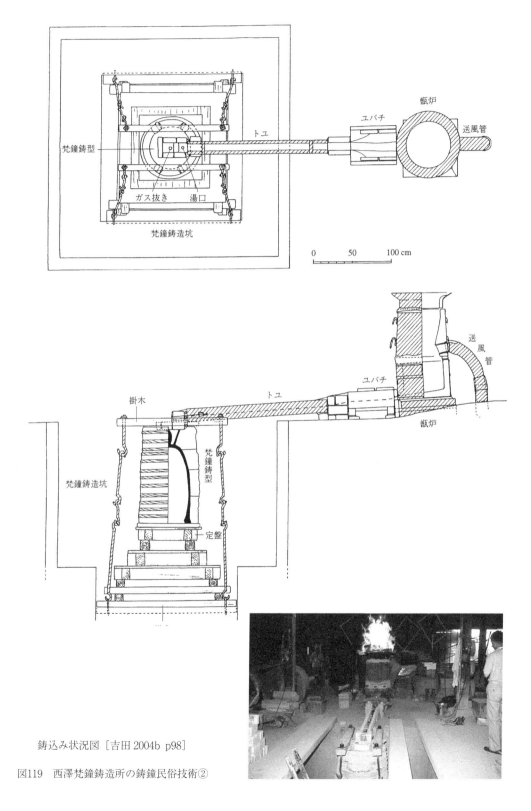

鋳込み状況図［吉田 2004b p98］

図119　西澤梵鐘鋳造所の鋳鐘民俗技術②

（3）　日本の鋳鐘民俗の特徴

1　原形を製作しない

外型を失蠟法によって製作するには、土製の内型を作った後、その上に蠟製原形を製作しなければならない。また、土製外型を縦横分割法によって製作する場合にも、なんらかの原形が必要である。後述のように、中国遼寧省瀋陽の鋳鐘工場では、本体を石膏で製作し突帯などの装飾を樹脂で作り本体に貼り付けて原形を成形している。しかしながら、日本の鋳鐘民俗技術では、基本的に原形を製作せずに、外型を作成する方法をとっている。

2　外型の造型法

梵鐘の外型は、製作する梵鐘の大きさにもよるが、通常は鐘身を形成する数段の円筒形鋳型および龍頭と笠形を形成する天井部の鋳型によって構成される。これらは、基本的に鐘の外側の半断面を形作った板に回転軸を付けた、引き板と呼ばれる道具を使って成形される。鋳型の上下の境目の面も引き板を使って形成する。

回転体をなさない部分的な鋳型、たとえば乳や撞座、上帯・下帯の装飾などは、活け込みによって本体鋳型に埋め込んで完成させる。銘文は、原形をあらかじめ製作して、本体の鋳型に型押しで付されるものが多い。

日本鐘の龍頭は、中国鐘や朝鮮鐘と比較すると、平板な形態をしているので、先に製作しておいて鋳ぐるみにして鋳造することはなく、鐘身とともに同時に鋳造するのが原則である。

3　内型の造型法

日本全国で、外型の製作は引き板の回転によるという、かなり均質なものであるのに対して、内型の製作には各種の方法がある。内型（中子）の造型方法のうち、民俗例の主流をなすのは、挽き中子法である。これは、鋳造土坑内に底型（ジョウ）を設置して、中子外型部の半断面をかたどった引き板で内型を形成する方法である。込削り中子法とは、鍋釜と同様に外型に土を込めて、それの表面を製品の厚さの分だけ削平する方法である。また、中子の下部を引き板によって製作し、上部を外型に込めて作り、それらを結合する挽中子・込削り中子折衷法も存在することが判明している［吉田2004a・2004b］。

4　湯口系と鋳造

内型・外型は、鋳造土坑の底部に置かれた底型（ジョウ）の上に設置され、笠形の上部から注湯される。注湯の方法としては、多くの工場で移動式の取瓶が使用されており、湯口の傍にまで運んで取瓶を傾斜させるのが多いが、西澤梵鐘鋳造所では、こしき炉と梵鐘鋳型の湯口をユバチ（炉から流れ出す溶金をうける部分）とトユ（樋）でつなぎ、溶湯を流すという方法をとっている。西澤梵鐘鋳造所ではＡ３型湯口系を採用しており、中世河内鋳物師の鋳造技術に類似している。

第6章 鋳鐘民俗の世界

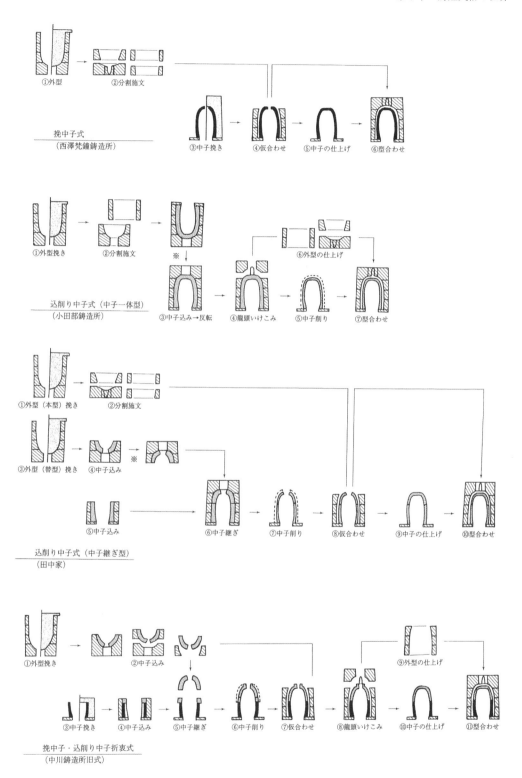

図120 梵鐘鋳型の造型方法模式図［吉田2004b］

II 中国の鋳鐘民俗

（1） 中国の鋳鐘民俗調査

　中国の鋳鐘技術を詳しく記録した最古の資料は、明代の宋應星が著した『天工開物』である。本書は、文献史料（歴史資料）であるとともに技術書であり、中巻の冶鋳第八巻の鍾（鐘）の記述と挿図は、明代の鋳鐘民俗技術の記録と考えられる。そして、この記録は、梵鐘鋳造技術を解説する時に、日中の研究者によって頻繁に引用されているが、再検討が必要な時期に来ていると思われる。この『天工開物』の検討をはじめとして、以下に中国の鋳鐘技術の研究経過を記載して、本節の構成について解説する。

　現代の鋳鐘民俗関連資料としては、以下のようなものがある。まず、温廷寛氏による、河北軍区の鋳造工場の鋳像作業にもとづいて、高さ２mの銅鐘を製作する場合を想定した鋳鐘技術の解説があり［温1958］、筆者は訳出して検討を加えたことがある［五十川2000a］。しかし当時、筆者の中国鐘に対する認識が非常に浅く、その鋳鐘技術は日本の梵鐘と大きく異なっているようだという感覚にとどまっていた。

　中国の文物（文化財）には、中国非物質文化という１領域が設定されており、そのなかに、八手工技芸（八つの手工業技術）がある。日本では、無形文化財の工芸技術にあたるだろう。八手工技芸の鋳造技術に関するものとしては、山西省陽城県生鉄冶鋳技芸が登録されており、鋳鉄犂鏡（犂先）の鉄范による鋳造技術を記録したビデオ「中国古代製鉄史Ⅱ」（岩波映画）も公開されている［五十川1997］。しかし、梵鐘鋳造技術は八手工技芸には登録されておらず、詳細な民俗調査報告もみかけない。その理由は、梵鐘鋳造が近代的工場の敷地の一隅を借りて近代的な装置を使っておこなわれているからだろう。しかし、そこで用いられている鋳鐘技術のなかには、中国古鐘の技術を復原するために、参考とすべき古式のものが含まれているかもしれないと筆者は考えてきた。

　そこで、吉田晶子さんと五十川は、2007年以来、北京大鐘寺古鐘博物館の庾華女史、および北京芸術博物館の韓戦明氏のご紹介によって、以下の３ケ所を訪問して、鋳造工人の諸氏から現代の鋳鐘技術に関して、聞き取り調査をおこなうことができた［吉田2008・2013］。

①江蘇省揚州市　鋳鐘棟梁周希棠氏の子息周健民氏
②安徽省蕪湖市　蕪湖新聯造船有限公司の陳殷舫氏
③遼寧省瀋陽市　銭鑫銅工程有限公司社の張忠誠氏

　このほか、中国の鋳鐘民俗に関しては、写真資料や映像資料などがあり、それぞれ特徴ある鋳鐘技術のありかたを知ることができる。本節では、これらを整理して紹介し、第４章で解説した実物観察による中国古鐘の調査結果と比較し、日本鐘との類似点や相違点を解明してゆくこととする。

（2）『天工開物』にみえる鋳鐘技術

　中国鐘の造型技術を考えるために、明の宋應星の『天工開物』中巻の冶鋳第八巻の鍾（鐘）の中で、造型を中心とする記述をとりあげて検討する。『天工開物』の原文と日本語訳に関しては、『天工開物の研究』（京都大学人文科学研究所研究報告）を参考にした［藪内編1955］。

1　二つの造型法

　まず、鋳鐘技術の記述によれば、中国の造型方法には大きく分類して二つの造型技術があるとされる。その一つは、銅鐘の製作方法として、失蠟法と呼ばれるものである。その造型法とは、土で原型の芯、すなわち内型を作り、その上に蠟によって原形を製作する。その上に、土を塗り重ねて外型を形成し、乾燥した後、外から火をあてて内部の蠟を溶かし出し、鋳型を完成させるというものである（①）。もう一つは、鉄鐘の製作方法として、鋳型を分割して製作し、それを合体して鋳造するものであり（②）、以下に原文と日本語訳を記す。

①「凡造萬鈞鍾。與鑄鼎法同。掘坑深丈幾尺。燥築其中如房舍。埏泥作模骨。其模骨用石灰三和土築。不使有絲毫隙拆。乾燥之後。以牛油黃蠟附其上數寸。油蠟分兩。油居什八。蠟居什二。其上高蔽抵晴雨。夏月不可爲油不凍結。油蠟墁定。然後彫鏤書文物象。絲髮成就。然後春篩絕細土與炭末爲泥。塗埋以漸而加。厚至數寸。使其内外透體乾堅。外施火力。炙化其中。油蠟從口上孔隙鎔流淨盡。則中空處。即鍾鼎托體之區也。凡油蠟一斤虛位。墳銅十斤。塑油時。盡油十斤。則備銅百斤以俟之。中既空淨。則議鎔銅。」

　「重さ萬斤の鐘を作るのは、鼎を鋳る方法と同じである。深さ一丈何尺という穴を掘り、その中を乾かし突き固め室内のようにする。泥をこねて鋳型を作る。その鋳型は石灰三和土で突き固め、少しの隙間もなくする。乾燥してから、牛油と黃蠟をその上に数寸の厚さに塗りつける。油と蠟の分量は、油が八割で蠟が二割である。その上を高くおおい、日光や雨を防ぐ。夏に作ってはいけない。油が固まらないからである。油と蠟が塗り固まってから、字や絵を彫りつけ、すみずみまで作りあげると、ついで篩にかけた非常に細かい土と炭粉とを泥状にして、だんだんに塗り重ねて数寸ほどの厚さにする。その内外を中まで乾かし固め、外部から火をあててその中の油と蠟をあぶりとかすと、油と蠟が下端の孔からとけてすっかり流れてしまう。その中空になった所は、鐘や鼎がその体をいれる場所である。油と蠟の一斤分にあたる中空の場所には、銅十斤を流しこむ。だから油で鋳型を作る時には、油十斤を使い果たしたならば、銅百斤を準備しておく。中がすっかりなくなると、次は銅をとかしこむことにとりかかる。」

②「凡鐵鍾模不重費油蠟者。先埏土作外模。剖破兩邊形。或爲兩截。以子口串合。翻刻書文于其上。内模縮小分寸。空其中體。精算而就外模。刻文後以牛油滑之。使他日器無粘攬。然後蓋上。泥合其縫。而受鑄焉。」

　「鉄鐘の鋳型は油や蠟をそんなに使わない。先ず土をこねて外型を作り、<u>縦に二分するか横に二分するかして、切口をとめ合せる</u>。字や絵をその上に刻む。内型は寸法を縮小し、内型と外型の間を中空にし、精密に見計らって外型にみあわせる。字様を刻んだら、牛油で滑かにし、後で鐘が粘りつかないようにする。それから内型にかぶせ、その継目を泥で塗り合せて鋳造にかかる。」

　鐘を鋳造するにあたっては、上等のものは銅で作り、下等のものは鉄で作るとしているので、①は銅鐘の製作技術、②は記述のとおり鉄鐘の製作技術ということになる。

2　挿図との対応関係

　日本語訳・現代中国語訳から、外型の分割と文字や紋様の施紋の工程がわかるが、筆者が気になるのは、下線部の解釈に検討が必要だということである。この部分の原文「剖破兩邊形或爲兩截」のうち、剖破は切開・破開の意であるが、両辺形は解釈が難しい。また、両截という表現を、横に2分割すると解してしてよいだろうか。

　挿図には、失蠟法による造型において、原型を蠟で製作している情景とともに、外型を縦に分割し、文字や紋様を刻んでいる情景があるが、鋳型を横方向に分割する造型法は描かれていない（図121）。

　記述と挿図との対応を重視して、下線部の記述を外型縦分割造型と考えれば、下線部分は「鐘の外型の外面に、相対する縦方向の二辺を決め、そこを刃物で縦に切開し、さらに、その部分を完全に截断する」と解せないだろうかという提案をした［五十川2010c］。今後さらに、検討が必要であろう。

　『天工開物』の鋳造の部分は、吉田光邦氏が、訳文の訂正と注釈をおこなったとされており、下線部の縦分割と横分割の2種の鋳型分割という解釈は、日本鐘の外型は横方向に分割することを知っていた氏が、日本鐘の淵源たる中国鐘の造型技術に、日本鐘の造型技術のもとになるものがあるだろうと想定された結果として導き出されたものではなかろうか。そして、第4章で詳細に紹介したように、横分割・縦分割さらに縦横分割など、各種の造型法によって製作されたによる梵鐘が中国にはあり、その民俗例も確認されている

3　明代の中国鐘の研究

　『天工開物』の著者宋應星は江西省の人と言われているので、ここに記載された技術は明末の中国南方地域の鋳鐘に関するものの可能性がある。北京市に残る明代鐘については、前述のように、大鐘寺古鐘博物館によって調査がすすめられており、古鐘の様式と技術が報告されているが、日本鐘の様式は中国南方地域の影響を受けており、日中鐘の比較研究をおこなうには、金陵という別称をもつ明の旧都南京をはじめ、江蘇省・浙江省・江西省に残る古鐘の調査をおこなって比較検討する必要があろう。

　『天工開物』の解説文中では銅鐘と鉄鐘で製作技術が異なり、銅鐘は失蠟法、鉄鐘は泥范法（惣型法）によって製作すると記載されている。失蠟法によって製作された梵鐘で、これまで筆者が確認しているものは、京都市北山別院が所蔵する銅鐘一口にすぎない［五十川2010c］。本鐘は、明の嘉靖二十三年（1544年）に京都順天府（現北京市）宛平県宣北坊広徳寺住持慧璇が作ったものであることが外面の陽鋳銘文によってわかる。しかし、縦分割法による明代鐘に筆者は遭遇していない。今後の課題である。また、銅鐘でも、鉄鐘の製作技術とされる造型法によって製作しているものがある可能性があり、先入観を持たないで中国鐘を観察する必要があると考えられる。

第6章 鋳鐘民俗の世界

千斤の鐘の鋳造

鐘の鋳型の製作

萬斤の鐘の鋳造

萬斤の鼎の鋳造

図121 『天工開物』にみえる鋳鐘技術

（３）　温廷寛氏が紹介した華北軍区の鋳鐘技術

　これは、搬砂法・干模法と呼ばれるもので、解放後の華北軍区の鋳造工場の鋳像作業をもとにして、構造が簡単で高さ２ｍの銅鐘を作る場合を想定して解説したものという［温1958］。日本の鋳鐘技術と違いが大きく［五十川2000a］、その工程を以下にたどる（図122）。
①乾燥した土地に平面円形の土坑を掘って、底部に煉瓦を詰め、鋳物砂で円形の底型を作る。その上に木柴を積み、粘土を塗りつけて鐘の原形を作る。原形の外面には文様や文字を作る。
②鐘の原形の表面に薄く蠟を塗り、鋳物砂を積んで外型を作る。外型は、１段50cm、厚さ20cmになるように積んでゆく。
③外型の頂部には、鈕が付くので、最上部の鋳型は２分割したものを作る。円木を使って横梁の穴、木棒で湯口や押湯の穴を作る。
④完成した外型を鏝で縦方向にも分割し、ほぼ同じ大きさの塊にする。四角の棒を外型の外面に横柄として塗りつけ、合印をつける。土坑の周囲に炉を置いて３日間焼成すると乾燥が完了し、外型をばらばらにする。原形は不要になったので解体する。外型を補修し黒味を塗布し、２日焼成する。
⑤土坑の底部の中心に鉄芯を立て、外型をもとの位置に結合し、その空間に鋳物砂を充塡して、内型（中子）を作ってゆく。
⑥外型をはずし、先端を尖らせた短い木釘を内型のあちこちに打ち込む。木釘の頭は、内型の表面にぴったり合うように打ち込む。
⑦内型に打ち込んだ木釘を目安にして、鐘の厚さの分だけ内型を削る。黒味を塗布し、湯口に当たる部分には、大きい鉄釘を差し込む。
⑧小火炉を土坑に置いて、内型を２日間焼成する。その後、内型の外側に外型を積んでゆく。外型の外側は鉄線で固く縛る。大量の煉瓦を土坑内に充塡する。湯口には溶銅漏斗を付ける。これは一気に金属を流入するための仕掛けであり栓がついている。大石は圧力を掛けるもの。
⑨必要量の金属よりも多い目の金属を複数の溶解炉で溶解して、漏斗に注入して栓を抜けば、溶けた銅が鋳型中に注入される。ガスは、押湯や鋳型中の細かい空間を通して逃げる。
⑩型ばらしの後、頂部の湯口や押湯を切断するなど、後処理をおこなって鐘が完成する。

　日本鐘の製作技術との違いは、引き板や活け込み手法という表記がみられないこと、縦方向にも鋳型を分割して１個の鋳型を細かいブロックにするという手法の存在などである。原形を削って内型を作ることをしないのも気になった。しかし、この報告をはじめて読んだ当時は、中国の鋳鐘技術にも各種あること、その違いが地域差にも関わっていることなどが、ほとんど解明されていなかったので、日本鐘の鋳鐘民俗技術と中国鐘のそれとは、あまりにも違うのだという感覚にとどまった。

第6章　鋳鐘民俗の世界

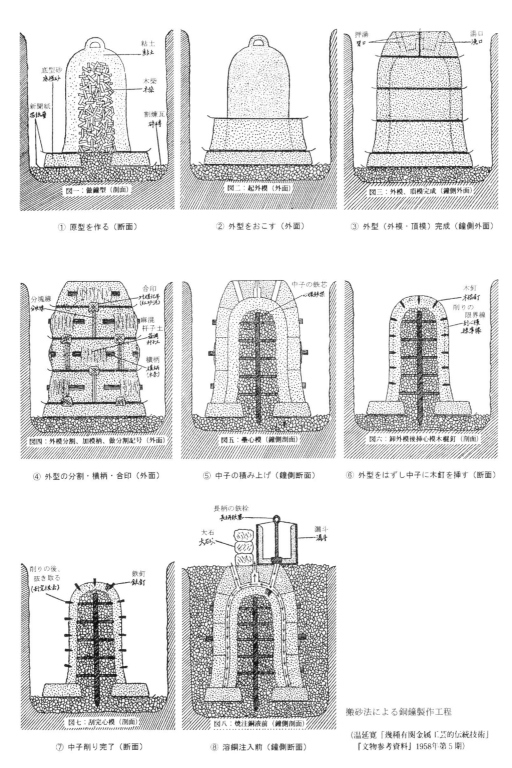

図122　中国の銅鐘鋳造技術　搬砂法による梵鐘製作工程［五十川2000a］

（4）　中国の鋳鐘民俗技術の聞き取り調査

1　江蘇省揚州市の周家

　2006年末に、筆者は北京大鐘寺古鐘博物館庾華女史から「江蘇揚州伝統鋳鐘技術調査小記」のコピーをいただき、中国江蘇省揚州市に鐘鋳技術をもつ鋳造工人がおられることを知った。この「小記」は、庾華女史『鐘鈴文物探微』の「古鐘裡蘊含的非物質文化遺産」の末尾に収録されている［庾2014 pp203-206］。

　そして、庾華女史から周健民氏を紹介いただき、2007年3月18日と9月5日に吉田晶子さんと京都橘大学文学部の王衛明教授と筆者の3名が揚州市を訪問し、同氏から梵鐘の鋳造技術について聞き取り調査をおこなうことができた。周健民氏は、既に鋳造業をやめておられたが、周家の造型方法は、外型と内型の両方を引き板によって造型するもので、吉田さんが、日本鐘の挽型法挽内子式と名付けられた造型方法と酷似することを確認した［吉田2008］。そして、周健民氏から梵鐘の設計図面と父希棠氏が執筆された原稿が提供された。それは、周希棠氏が1886年に、浙江省杭州市南屏山浄慈禅寺鐘の鋳造技術を詳細に解説したものであり、譚徳睿・陳美怡主編の鋳造技術書『芸術鋳造』（上海交通大学出版社1996年刊）に、中国の古式の鋳鐘技術の一例として掲載された「南屏晩鐘―改進后的伝統泥型鋳造産物―」の元原稿であった。

　2007年9月7日、筆者達は、周一家が鋳造して南屏山浄慈禅寺の鐘楼に吊り下げられている「南屏晩鐘」を観察した。そして、鐘の内外面に残る周家の鋳鐘技術の痕跡を、目をこらして確認した後、風光明媚な西湖の景観を満喫した。本章Ⅲ節に、上述の周希棠氏による鋳鐘技術についての報告の日本語訳を掲載する。

　この調査により、龍頭（蒲牢）を別鋳して、本体の鋳型に組み込んで鋳ぐるみをおこなう点では日本鐘と異なっているが、日本鐘と酷似する造型法が中国にあることを発見したことは、大きな成果であり、日本鐘の系譜を考えるうえで重要な手がかりとなるものであった。

　上記『芸術鋳造』には、江蘇省無錫の鋳造工場曹三房や浙江省杭州酸素製造機工場鋳造分室の民俗実例が紹介されているが、小異はあるものの、基本的に周家の鋳造技術に準ずるものであることも判明した［五十川2008a］。

2　安徽省蕪湖市蕪湖新聯造船有限公司

　2012年2月20日に、安徽省蕪湖市の蕪湖新聯造船有限公司で陳殷舫氏に鋳鐘技術の聞き取り調査をおこなった。陳氏は、上述の江蘇省揚州市の周希棠氏から鋳鐘技術の手ほどきを受けて鋳鐘をおこなっているとのことで、その鋳鐘造型法は、小異はあるものの横分割造型法によるものであることが判明した［吉田2013］。このようにして、中国南部の江南地方一帯の鋳鐘民俗技術は、外型横分割の造型法が一般的であることがほぼ確定的になり、日本鐘の系譜を考えるために重要な材料を提供することとなった。

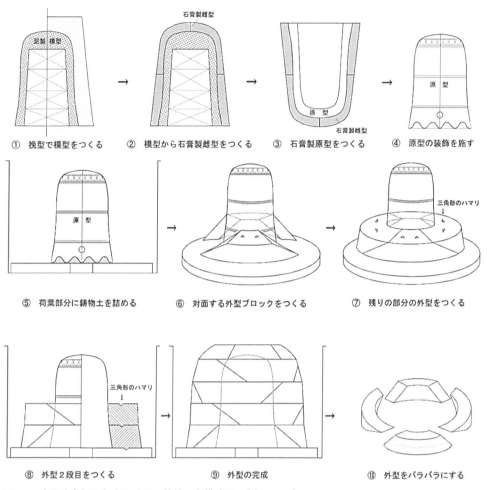

図123　瀋陽銭鑫銅工程有限公司の鋳鐘工程模式図　［吉田2013］

3　遼寧省瀋陽市銭鑫銅工程有限公司

　以上のように江南地方の鋳鐘技術の内容を了解したので、2012年8月23日に、遼寧省瀋陽市銭鑫銅工程有限公司を訪ねて、張忠誠氏に鋳鐘技術の聞き取り調査をおこなった。その結果、あらかじめ引き板を利用して石膏製の梵鐘原形を作り、それをもとに縦横分割法によって外型を製作するという、日本鐘にはない造型法の存在を知った［吉田2013］。

　図123に示したように、外型の横1段の縦方向の分割数はおよそ4個で、その分割ラインは互い違いの斜めとし、台形状のブロックと逆台形状のブロックを交互に積む。段ごとに斜方向の分割ラインが一致しないようにする。また、注湯の時、土坑の底に設置された内型・外型・底型を土で埋めてしまい、土のプレッシャーで鋳型を固定する。掛木で上下を締め上げることはしない。この鋳鐘技術には、温廷寛氏が紹介した華北軍区の鋳鐘技術に共通する点が多く、中国北方地域の民俗例としての共通点とみられる。

（5）　中国の鋳鐘民俗に関する写真資料・映像資料

1　Leone Naniが撮影した出吹き作業所

　イタリアの宣教師Leone Nani（1880-1935）は、陝西省漢中に赴任し布教活動にあたったが、彼が大型写真機によって撮影した鮮明な写真は、20世紀初頭ごろの中国の姿を今に伝える貴重な資料である。そのなかに鋳造が完了した鋳造土坑の情景がある。筆者は、この写真の存在を北京大鐘寺古鐘博物館の展示で知り、ナーニの写真集"La Cina nelle lastre di Leone Nani"を、京都橘大学文学部の蒲豊豊彦教授に教示いただいた［Bertuccioli1994 p75］。

　鋳造土坑は円形で四角い部分が付属する。土坑中央には鋳あがったばかりの梵鐘の姿が見てとれる。梵鐘は、鐘身最上段の外型を取り外した状態で、上から2段目の外型は縦横分割法であることがわかる。また横方向の上下の接合部は水平でなく段があり、ハマリと考えられる。土坑の壁面には細かい凹凸があるので、地表下は排水性の高い砂礫層であったと推定される。

　背後の左右に民家が見えることから、ここは、村の中の広い空き地、もしくは通路のような場であることにも注意すべきであろう。覆い屋もなく露天で作業をしているのは、雨の少ないこの地の特性なのかもしれないが、この作業空間には塀や柵のような区画もなく、鋳造工人の拠点的工場というよりも、出吹きによる臨時の作業場ではなかったかと考える。いずれにせよ、中国北方地域の民俗例として、縦横分割がみて取れる貴重な記録である［五十川2011］。

2　ビデオ中国古代科学技術「鐘王的奥義」

　鐘王とは、15世紀の初期に明成祖永楽帝が作り、現在は北京大鐘寺古鐘博物館の鐘楼に懸垂されている大鐘のことである（第4章Ⅰ（3））。このビデオは神崎勝氏から拝領したＤＶＤ「中国古代科学技術」（1989年）の一部であって、永楽大鐘の来歴・法量・銘文・形態と構造・造型法・鋳造技術・鐘楼を詳しく説明しているが、そのなかで、現代中国の鋳鐘工場の作業状況も紹介しているため、鋳鐘民俗技術を知る資料となりうるものである［五十川2009b］。

　基本的に二つのシーンが収録されており、図示したのは焼成して乾燥した土製鋳型（外型）に刻字の専門家が銘文と装飾紋様を精緻に刻んでいる情景で、その他の工人は鋳あがった龍頭と完成した内型に寄り添っているものである。もう一つは、外型を1個ずつ慎重に隙間なく、ゆっくりと植物油を塗った内型にかぶせるというシーンである。

　北京芸術博物館の韓戦明氏のご教示によれば、これらは、江南地域で梵鐘生産にたずさわっておられた鋳造工人の王忠全氏が指導して、梵鐘を製作している工場の情景であった。そして、前述の揚州市の周家の技術とほぼ同じように、あらかじめ龍頭を鋳造しておき、本体の鋳型に組み込んで鋳ぐるみによって全体を完成することを除けば、その造型法は、日本の造型技術に酷似することが了解される。これは中国江南地方の鋳鐘技術であり、横分割の造型法を明確に確認できる。

第 6 章　鋳鐘民俗の世界

図124　Leone Naniが撮影した出吹き作業所にもとづくスケッチ　北村まや画

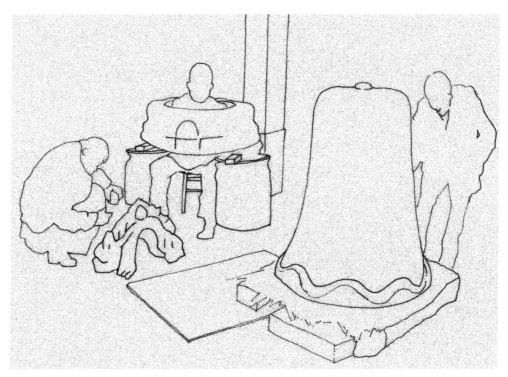

図125　ビデオ中国古代科学技術「鐘王的奥義」中の1シーンにもとづくスケッチ　北村まや画

（6） 中国の鋳鐘民俗の特徴

1 鋳鐘民俗技術の地域性と中国鐘

　これまでに紹介した中国各地の鋳鐘民俗例のうち、北方地域の遼寧省瀋陽市銭鑫銅工程有限公司における鋳鐘技術は、あらかじめ原形を作り、原形から外型を縦横分割法で製作し、外型から内型を成形するものであった。一方、江南を中心とする中国南部の鋳鐘民俗例では、原形を製作せず、基本的に引き板を利用して外型と内型を製作する造型法によっており、造型法を中心とする鋳鐘技術に大きな地域性があるものとみられる。また、唐鐘のうち外型縦横分割法のものは伝統的に北方地域に、横分割を示すものは中国南部に分布していることを解明した。外型縦横分割と外型横分割法の伝統が、唐代にまでさかのぼりうるとすれば、民俗例の技術は各地域に伝統的技術として1000年以上も継承されていることとなる。

　こうした鋳鐘技術の地域性の伝統のほかに、坪井良平氏は、古い祖型鐘が江南地方から南部の地域に多く分布している事実をもとにして、日本鐘の淵源を中国南方の地に求めておられる［坪井1984a］。日本鐘の伝統的な造型法である横分割の造型技術が、中国の南部に多いという地域性は、そのことと矛盾しないのであるが、さらに以下のような検討を要する。

2 中国鐘の横分割の起源

　江蘇省の周家の造型法が日本鐘の伝統的な造型法に酷似することを知ったとき、吉田さんと筆者は驚き、周家の横分割の造型法は、近代に日本から中国に持ち込まれた技術ではないかと疑ったのであるが、中国の南部地域の祖型鐘の様式を保持する唐鐘には横分割法によるものがあるため、日本鐘の淵源が中国南部にあることが技術面からも論証できたと考えた。しかし、中国唐鐘の調査が進展するにしたがい、唐代初期の中国鐘には縦分割法が主流を占めており、湯口系も異なっており、日本の最古段階の鐘と中国の唐代初期鐘との技術的接続が、きわめて悪いことが判明した。そこで、日本の初期梵鐘の技術を別のところにもとめることとなった。

　注意すべきことは、唐末以後の中国南部の梵鐘に、この横分割の造型法が確実に採用され、その後の時代の鋳型分割法の主流となってゆくことである。このために、中国南部の横分割による造成技術は、唐末以降の伝統であり、日本の最古段階の梵鐘の技術の直接的祖先となったものではなかったと推定されるのである。ただし、第4章で述べたが、北方系の縦横分割法において、外型の造型においては、温廷寛氏が紹介した華北軍区の鋳鐘技術では、横分割に成形した数段の鋳型を縦に切開して縦横分割に完成しており、遼寧省瀋陽市銭鑫銅工程有限公司では、横分割になるように、細かい鋳型を積み上げてゆく方法がとられ、いずれにせよ横分割と関連はないのだろうか。もしかしたら、縦横分割は、横分割から発展した技術である可能性もある［五十川2010a］。こうした技術間の時期差や系譜関係の解明は、今後の研究課題であるが、第4章末尾に試案を提示した。

3 鋳鐘民俗が明らかにする社会

民俗例が示す鋳造工人の操業形態や組織形態、鋳造工人集団の社会的な動向を参考にして、過去の鋳造工人の鋳物生産や社会生活の実態を推定できないかと考え、中国江南の梵鐘製作にあたって、家族的な生産体制が存在する可能性を指摘した［五十川2008a］。

周健民氏の聞き取りにおいては、鋳鐘の操業形態について、詳細には聞く機会を逸したが、周希棠氏が中心に鋳造をおこなった南屏晩鐘・浄慈禅寺の別鐘・普陀山普済禅寺鐘の銘文に、製作関係者の氏名や作業場が詳しく記載されているので、これにより操業形態を推定したい。

王衛明氏によれば、銘文に記載された工人達は、ほぼ男性であろうとのことであった。日本にも女性鋳物師はいない。①と②において周希棠・周廉藻・朱志澤の名が上位に位置しており、彼らがリーダー格とみられる。また、張根生もこれに準ずる地位を占めているらしく、彼は、杭州酸素製造機工場鋳造分室の工人として「砂背泥面車板造型法による鋳鐘」を『美術鋳造』に寄稿している。それ以下の人のうち龔堯渭・高鳳英・周健民は①と②にあらわれ、ベテランの常勤工の感があり、①の□桂泉・張□揚・陳愛春・楊金華、②の景喬才・卞和平・章月樵・宣来芳は、より下位の不熟練工ではなかろうか。③普陀山普済禅寺鐘は、南堺晩鐘鋳造4年後の1990年に、鋳造されたものであるが、周希棠・高鳳英がリードして、丹徒呆坩堝廠で鋳型を作り、蕪湖造船廠鍛鋳分廠で鋳込みをしている。造型は周健新・周健平・張全・周健民が担当しており、周健民とその近い親族により作業がおこなわれたとみられる。鋳込みに関する人名は、①と②の下位の工人とは異なって、蕪湖造船廠鍛鋳分廠の工人とみられる。なお、丹徒は鎮江市の区名である。蕪湖は鉄絵で有名な安徽省の町で、江蘇省の南京にほど近い。

①南屏晩鐘（1986年）		②浄慈禅寺別鐘（1986年）		③普陀山普済禅寺鐘（1990年）		
鋳造工程師	周廉藻	製作工程師	周廉藻	制作　　高鳳英　周希棠		
	朱志澤	製作者	周希棠	丹徒呆坩堝廠設計製型		
制作者	周希棠	参加製作者	朱志澤　張根生	周健新　周健平		
張根生	龔堯渭		龔堯渭　高鳳英	張全　　周健民		
毛安剛	宣来芳		毛安剛　周健民	蕪湖造船廠鍛鋳分廠客注		
高鳳英	周健民		景喬才　卞和平	呉傳晒　劉彬　邢厚清		
□桂泉	張□揚		章月樵　宣来芳	季徳華　呉啓貴		
陳愛春	楊金華	杭州製氧机廠鋳造				
杭州製制氧机廠　造						

以上のように、周家の鋳造技術集団は、指導層・熟練層・不熟練層からなっており、その時々の事情に応じて集合分散しながら、作業をおこなったと推定される。また、彼らは独自の作業工場をもたず、造型も鋳込みも近代的な工場の中に作業場を借りて、操業をおこなった。彼らは、中国の伝統的な鋳鐘技術を、現代の近代的工場において実現した最後の鋳造工人集団ではなかったかと思われる。

Ⅲ 南屏晩鐘の鋳造——古きものを今に用いて古きものと今を結び合わせる——

周 希棠（五十川訳）

南屏晩鐘は、杭州浄慈寺の鐘楼に懸かっている梵鐘であり、西湖十景の１つにかぞえられる。この梵鐘は、日本仏教界の曹洞宗大本山永平寺が発注して杭州浄慈寺に寄贈したものである。我々は、1985年12月に、この鐘の研究製作を引き受けて、中華民族の祖先が伝えてきた泥范法の技術によって製作した。10ケ月をかけて準備して、1986年10月４日に一挙に鋳造を完了させた。これは、青銅芸術品の振興のため、贈り物をささげ、祖国の青銅鋳造技術を高揚させるために、その力を尽くしたものといえよう。

（１）梵鐘の設計プラン

１口の梵鐘を製作するには、寸法・形状・音響・材料が、まず最初に考慮すべき問題である。南屏晩鐘製作にあたって、日本の仏教界から、次のような希望が出された。それは、青銅による鋳造であること・重量は10t・高さは約3.6m・鐘の音が大きくよく通り重厚であること・余韻が長く続くこと、そして「聞鐘音、煩悩軽、智恵長、菩提増」という言葉のように、超越解脱の境地に到達するようなものを希望するということであった。同時に、鐘体上面に一字も漏らさず、妙法蓮華経一部六万八千余字を刻みつけることも求められた。大梵鐘をひと撞きすれば、振動によって「字字皆声」、経文をとなえたのに等しいのである。

以上のような日本側の希望にもとづいて、広い視野の調査研究のもとに、自分の実践経験に結びつけて、梵鐘の設計プランを確定していった。

１ 寸 法

浙江省仏教協会が提供した手がかりをもとにして、まず、余杭県径山万寿寺の明代の大鐘を実地に調査して縮小模型を作った。この万寿寺鐘は、口径が1.8m、高さは2.75mであり、重量は８tといわれているが計算によれば６tしかない。この鐘の下の口径と鐸身上部の直径の比は10：8、口の直径と鐘体の高さの比は10：13であり、下端の口唇部の厚さは10cmである。また、北京大鐘寺古鐘博物館において、いくつかの明代の古鐘を実地に実測して比較をした。最後に、仏教協会の意見をもとにし、いつくかの古鐘資料を参考にして、南塀晩鐘の口の直径を2.3m、鐘体の高さを2.96m、蒲牢を含めた総高を3.64m、重量を約10tとすることとした。このプランは、この鐘にふさわしい鐘楼にあわせたものであり、浄慈寺に既に建てられている金剛殿の高さよりも低く、仏教協会の規定にもそったものであった。

２ 形 状

鐘は、よい音を発するように形を設計しなければならず、音が大きく豊かで朗々として余韻が長く続くのが望ましい。明代の長いラッパ形の鐘は、手持ちラッパの形をしており、拡音・

散音を出しやすく、清代と中華民国の桶形の梵鐘（鐘体の高さと口の直径との比率は1：1）よりも優れている。そこで、南屏晩鐘は、明代古鐘の長ラッパ形のものをまねることとした。そして、鐘の音が朗々と抑揚と起伏があり遠くまでとどくように、鐘体の各部分の壁の厚さが緩やかに変化するように作り、最も薄い部分は4〜7cm、口唇部の厚さは12cmとした。

3　材料

　北京大鐘寺古鐘博物館の永楽大鐘の銅合金の成分は、錫16.4％、鉛2％、それ以外が銅で、鉛を含み錫が多い青銅である。鉛をいれると鐘の音色はよくない。上海交通大学の黄良余教授は、かつて、これを実験したことがある。錫は、貴重な有色金属である。自分は、実践経験によって、鉛を含まず錫の含有量を減らして、適量の亜鉛を加えて調合した青銅を使って梵鐘を鋳造している。また、仏教信徒は鋳鐘には「五金（金銀銅鉄錫）」を調合するという伝統を考慮して、さらに少量の銀を加えると、鐘の音色が柔和でまろやかになって鐘音の趣が増す。以上に述べたことをまとめれば、梵鐘の原料配合は以下のような成分配合となる。すなわち、銅83％、錫8.5％以上、亜鉛8.5％以下、銀0.2％である。

4　紋様と経文の配列

　鐘体の頂上の蒲牢には、立体的に鋳造された2匹の龍が採用されている。鐘体上端には七仏の浮彫と蓮弁紋があり、鐘体の外面には寺名のほかに中国仏教協会会長の趙樸初、および日本の友人秦慧玉と丹羽廉芳の題辞を刻み、外面と内型の表面には妙法蓮華経一部六万八千余字を刻まなければならない。鐘体外面の字の大きさは、20mm×20mm、内型上のものは16mm×16mmである。鐘体の最下面は八弁の蓮華紋を施し、蓮弁の上には撞座と「六字真言」の梵文を刻む。蓮弁の上端には卍紋が鐘体を一周しているが、これは吉祥をほのめかしている。

　上述の設計プランを設計図として描き、施主の確認を得て、南屏晩鐘は、製作の幕が正式に切っておろされた。

（2）　梵鐘の造型技術

1　造型材料

　泥范法による鋳鐘法において、鋳型は土製である。その主要な材料は鎮江の黄色泥である。浙江農業大学土壌学部が、かつてサンプリングテストをおこない、この土が中性土壌であり、乾強度と収縮率が、ともに比較的理想的であることを明らかにした。麻糸や稲藁を加えると、黄泥の湿強度や可塑性、成型性が増す。土製内型は、黄泥に籾殻や糠を加えて麻糸の代わりにする。これは土製内型の透気性を高め、潰散性を改善するものである。その組成比率は、下の数値を参照されたい。

　　外型用　黄泥重　85％　　麻糸に稲藁を加えたもの　7.5％　　その他水。
　　内型用　黄泥重　85％　　籾殻と糠に稲藁を加えたもの　7％　　その他水。

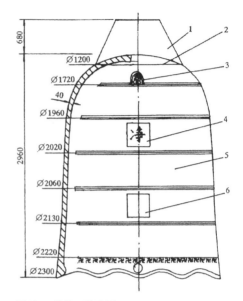

図126　南屏晩鐘　　　　　　　　　　　図127　鐘体の設計図

2　鋳型の製作方法

①泥瓣（弁）の製作　　まず、湿黄泥を乾かして、水を吸収してふくらませ、砕いた麻糸（麻織物工場で生じる麻糸の切れ端で、使う時は雑物を取り除いて油分を避け、丸くなったものは、ばらばらにして切断しなければならない）と３〜５cmに切断した稲藁の茎を加え、一緒にして足で踏みつけ、シャベルで混ぜ合わせる。泥池に堆積して２日ほど軟化させ、柔らかくなったら使用できる。これは、俗に穏子泥と呼ばれている。麦殻を麻糸や草茎のかわりにできるが、強度が及ばないし、季節の制限を受ける。

　穏子泥を平地（セメントを張った地面が最適）にシャベルでならし、長さ44cm、厚さ３cm、上幅15cm、下幅17cmの台形泥塊を数個作る。これを泥弁と呼ぶ。その大きさや数量は製作する鐘体の鋳型の１段の高さや周長をみて決定される。その役割は、作りおきの板であり、成型性を高めるためのものである。泥弁の製作には、木棒でよく叩いて乾燥したら径12〜14mm程度の空気抜きの穴を突きあける。４〜５cmごとに穴をあけ乾燥して硬くなったら使用可能となる。

②骨組みの製作　　前近代［古代］には、土製の鋳型の製作に、鋼の骨組みを入れていない。大鐘の鋳造時の万一の危険を考えると、装置によって鋳型を吊り上げたほうがよい。近代的な条件がゆるされるならば、骨組みを設計する。鋳型の各段に骨組みを作る。大鐘の外型は七つにわかれ、それらを結合するので、その１段ごとに骨組みを用いる。径16mmの鋼筋を溶接して円形にし、上中下の３圏を鋼筋で、15cmずつ離して支柱を溶接する。そして円を６等分して、空心で継ぎ目のない鋼管（長さ約45cm）に六つの吊り上げ用の取っ手を溶接する。鋼管の先は厚さ１cm、長さ44cmの長方形の鋼板に溶接する。７段の外型に対して七つの骨組みを作るが、内型は鋳造後、除去しやすくするため、内型には骨組みは作らない。

③引き板の製作　　外型を作るための簡単な引き板［車板・刮板］は、木板で作った引き板である。引き板の鋼管の両頂端には、定金加工された錐形体が釘で打付けられており、引き板をゆがみなく回転するようにしている。内型製作用の引き板は、長さ4m、直径10cmの鋼管が、その上部で横に伸びる腕木に溶接されている。腕木はまっすぐな軸で、引き板にボルトで強く固定されている。腕木と鋼管は垂直にしなければならない。鋼管の両頂端は、定金加工された錐形体が溶接されており、引き板が回転するようにしている。

④外型の製作　　上述の道具を準備したら鋳型製作を開始する。まず空心塼（石炭の燃え殻で作った塼）を地上に必要な円の寸法に囲んで並べる。自製の長い木の尺を使って水平を調べる。長方形の長い木板を使って横軸を作り、引き板をきちんとかける。型作りにはまず、空心塼の上に穏子泥を敷き、骨組みを上に置く（骨組みは麻縄でよく縛り、鉄筋を外に露出させない）。次に1塊の泥弁に湿泥を平均的に塗りつけて、骨組みの内側に順にくっつけてゆく。骨組みの内外に泥を塗りつけて、引き板をすりつけて円を作ってゆく。2～3日の乾燥後、空気抜きの穴を突きあける。穴は直径が12～14mm、約10cmごとに一つは開ける。外側に泥の取手を6ヶ所作り、燕の巣のように外型の上に平均的に配置する。このようにすれば鋳型の乾強度を高め、鋳型を組合せる時には、足踏みや手すりともなる。外型は7段でできているので、後で正確に重ね、ずれないように土製鋳型の各段の上下の合わせ目（ハマリ）［止口］を、引き板で作っておかなければならない。下の合わせ目は母止口、上の合わせ目は公止口と呼ぶ。

　外型は自然乾燥する時に、シュロ縄を巻き付けた木棒でしばしば叩きしめる。こうしておくと鋳型に亀裂があらわれない。自然乾燥には、半年の時間がかかる。鐘の大きさと外型の作り方によって季節を決めるが、夏の終わりから秋の初めには乾燥が早く、なおかつ、よく乾く。

⑤内型の製作　　これまでの内型の製作方法は、鋳鉄製の円形骨組みを鋳造し、この骨組みの上に草縄を縛りつけ穏子泥を塗って、ジョウ（底型）［塾子］を製作し、ジョウが乾燥した後、その上面に泥弁を一層一層積み上げ内型の本体を作るというものであった。しかし、この方法は時間がかかり、10tの大鐘を作る特殊な要求（吊り上げ・箱の準備・鋳込み・箱の敲打）にはあわないので、今回は、近代的な製作条件を考慮して、枠のついた鋳鉄砂箱に穏子泥を充填してジョウを作った。砂箱の中心には、1mくらいの穏子泥をつめないで空間を残して、人が内型にはいって内型の材質を検査し、内型を組み立てる時、鋼縄をしっかり固定できるようにしておく。内型は四つにわかれ、1段ずつ製作する。乾燥の後、これらを組み立てて、一つの内型を完成させる。内型は乾燥中によく叩き空気抜きの穴をあけておかなければならない。

　冬季の造型においても春季においても、空気が湿潤なので、型の製作時に中空の塼を用いて鋳型の底の通風をよくする。鋳型の上に移動式の日よけをかけ、天日と風による乾燥をうながす。冬季と雨の日には、さらにビニールシートをかけて防寒する。かくして露天で鋳型を製作して6ヶ月以内乾燥して完成する。

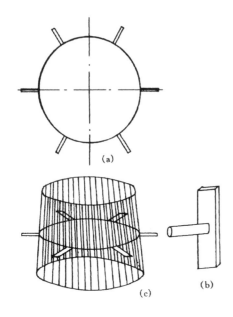

a 鋼骨組の一段
b 鋼骨組の取っ手
c 製作する芯の骨組み

図128　外型の骨組み

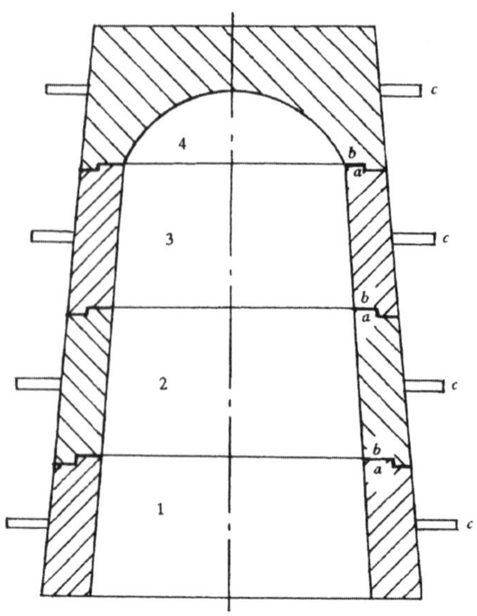

1〜4　完成した外型
a ハマリ［公止口］
b ハマリ［母止口］
c 吊り上げ用の取っ手

図129　粗製の外型

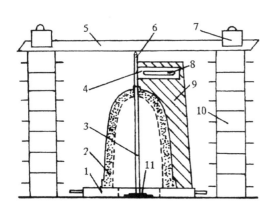

1 ジョウ［底座］　2 内型　3 引き板の軸［鋼管］
4 溝形鋼の腕木　5 厚木の腕木　6 金属の錐体
7 重しの鉄　8 腕木の溝形鋼（ボルトで引き板を固定）
9 内型用の木質の引き板　　10 鉄砂箱を積み重ねた支え
11 回転軸の座

図130　引き板による内型の製作

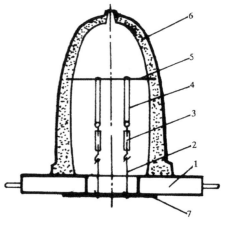

1 ジョウ［底座］　2 鉄筋の鉤
3 ターンバックル
4 スチールワイアーロープ
5 鋼管　6 内型　7 工字鋼

図131　内型の構造

⑥鋳型の精製　　鉄線の10mmメッシュの篩いで瀝青炭粉やコークス粉をふるって、爛黄泥に加えてよくこね合わせ、手でよく揉んで練り粉のような状態にする。手で掻くと魚の卵のように見える状態にしなければならない。手ですくっても落ちない状態になって、規格にあう焦子泥ができあがる。焦子泥を手でひと塊ずつ外型の内面に、2.5〜3cmの厚さに塗りつけたならば、引き板を使って内面をこすり、予定の大きさにする。きつく叩いて天日乾燥し、薪で赤くなるまで焼く。こうすれば強度が増し通気性も生じる。

　焦子泥の外層に、厚さ2cmに糠灰砂を引き板で引いて塗布する。かくして、大鐘の鋳型作りは基礎が完成した。乾燥を待って、表面を磨いて線を彫り字を刻む。糠灰砂は籾殻を焼いた灰であり、手または足で揉んで粉末にした後、40メッシュ（土製内型の表面用）と80メッシュ（外型の表面用）の銅線の篩いで細かい粉末をふるいだし、黄泥漿を調合して作る。

⑦刻　字　　南屏晩鐘の鐘体の内外には、妙法蓮華経一部、あわせて七巻二八品六万八千余字を鋳出さなければならない。経文を端正に書かなければならないし、簡体字は使わず、遺漏や彫り違いがあってはならない。このために、字体は宋体をまねた書体を選んだが、端正で彫りやすく、ひとめみただけでよくわかるものとした。

　これまで、銘文を刻む時は、水を使って顔料を調整し、唐紙〔毛辺紙〕に文字を臨書して、鋳型の表面上に反対にして写していた。このようにすると速度は遅くて、しかも写った文字はそんなに明瞭ではない。また、顔料の付着する力が劣るので短時間のうちには落ちてしまう。これでは字を刻むのに影響する。だから、その場で書き、その場で写し、その場で刻まなければならない。わずか100日のうちに、一冊の書を写して彫らなければならないので、ほんとうに大きな困難が存在する。筆者（周氏）は以下のようにした。アルコールに水を混ぜて薄め、桃丹（銀朱と藤黄を混ぜた顔料）を加えて溶液状としておくなら、いつでも毛筆に吸着させて書いて、裏返して鋳型の表面に写した。このようにすれば3〜4日は色が落ちないし、写した字は目立ってはっきりとしており、理想的な効果が得られた。

　印字の困難を解決しても、字を刻む速度は、なかなか改良の道がつかない。これまで筆者は、ずっと1本の刀と片手だけで字を刻んできた。この方法は、砂を落とすのはたやすいが、破損修正は手間と時間がかかる。仕事の早い人でも1日で刻めるのは200字にもおよばない。筆者は砂の特性を研究した結果、両手に両刀をたずさえて字を刻むこととした。両手を使って同時に、それぞれ彫刻刀を操り、同時に上から下まで、横に引く筆画も、はらいの筆画も同じく刻んで成功をおさめた。このようにすれば、能率が5倍になるばかりでなく、刻む文字の字体が完全で、なおかつたくましく力強いものとなることが保証できる。

　刻字法を改良したので、期限通りに完成した。その後、アメリカ・サンフランシスコ萬佛城の6tの青銅大鐘上に刻んだチベット文・英文・中国文・サンスクリット文の銘文は、良好な基礎をうち立てた。この鐘に刻んだ楞厳神咒の中国文は、2800字から成っている。

⑧塗　料　　前近代の鋳鐘の塗料は「酒酔烟子」であり、烟子とは油煙、または薪炭のススのことである。これらの原料は、今やほとんどなくなってしまった。

　筆者は、水ガラス（Na_2SiO_3）を選んで、これに水・粘土・鱗状石墨粉を加え混合攪拌して、塗料を製作している。このような塗料は、乾燥後、鋳型の表面で一種の保護膜を形成することができ、刻み出された字が、溶けた金属によって洗い流されて、形を失い壊れないようにしている。同時に、水ガラスの硬化膜が「炭灰隔」の生成を阻止し、字の欠陥が出ないようにしている。しかも、高温の銅液が土製鋳型をいちじるしく侵食焼結することを軽減して、後処理をしやすくしている。

⑨七尊仏の製作　　一般の大鐘には、仙人や仏の浮き彫りは鋳出さないものであるが、この鐘の設計によれば、七尊が鐘の頂部（笠形）の仏龕中に座している仏像を鋳出さなければならなかった。筆者は、まず多塊分塊泥芯造型法によって仏像の鋳型を製作してから、それによって内型を作ってドーム状をなす鋳型内にはめ込んで、7個の欠陥のない荘厳な仏像を製作した。

⑩蒲牢の製作と据え付け　　蒲牢は鐘の鈕（釣り手）であり、龍の9匹の子のなかの1匹の子で「蒲牢」という名の小龍の形状をなす。南塀晩鐘は鐘鈕を龍の形にすることとなった。

　大鐘の蒲牢を製作するには、まず龍の土製の原形を作り、これによって原形〔母模〕とする。分段分塊造型法によって龍の外殻の鋳型を切り開き、それらを寄せ集めて造型砂で包みこみ、よくついて、乾燥後鋳造をおこなって完成させる。南屏晩鐘の蒲牢は重さ870kgを測り、歴代の大鐘のなかでも、例をみないものである。両辺の龍頭がかなり大きいことを考えると、ひけ〔縮松〕、巣〔縮孔〕などの鋳造欠陥が発生し、吊り下げに対応する力に影響するので、あらかじめ龍身と龍頭の中に、口径10cmの1本のステンレス棒をいれておく。鋳造の後、棒は溶けた銅によって内部に包みこまれるので、効果は理想的である。

　龍の爪は、頂部の鋳型の上に別に刻む。鋳上って後処理もすんだ爪のない蒲牢を、大鐘の頂の鋳型の上にセットすれば、鋳型の空間に伸びた脚と爪が、自然にできあがり、大鐘鋳造後、鋳ぐるみ〔鋳合〕の方法によって、渾然一体となる。

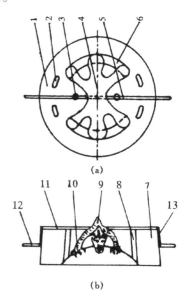

　(a) 蒲牢取付け後の頂部の平面図　(b) 蒲牢の装着構造図
　　1 頂部の外型　　2 内直湯口　　3 押し湯　　4 蒲牢
　　5 蒲牢を吊る鉄筋　6 頂部の鋳型に残した弧形溝は、
　　　蒲牢取付け後平にする　　7 頂部の外型　　8 内直湯口
　　9 既に鋳造した蒲牢　　10 頂部の鋳型上に刻んだ龍爪
　　11 蒲牢吊り上げる鉄筋　　12 土製鋳型上の鋼管の取っ手
　　13 鉄筋と取っ手は溶接

図132　蒲牢と本体部分の連結

3　湯口系　[澆注系統]

大鐘は２段階で鋳造する。まず蒲牢を鋳造して鐘体の頂の外型の内に取り付けて、そのあと鐘体を鋳造する。これまでの大鐘の鋳造では、鐘鈕の中心に湯口をもうけ、銅液が龍脚・龍頭を通過して下にむかったが、これを改めた。今回は、大鐘の内側の湯口を鐘体の頂部の蓮花の上、蒲牢の両脚との間に開けた。こうすると注湯の高度を下げ、銅湯の落差を減少させ、頂部の穴［天門］から湯が漏れて蒲牢が加熱焼結し、後処理困難を引き起こすのをさけられる。

鐘体頂部の鋳型に４ヶ所の内直湯口を開けて、外型の上面に４個の鉄箱を置いて外直湯口を作った。内湯口と外湯口の間には、鉄の詰め物［墊鉄］を使って約２〜３cmの空間をつめる。外直湯口の高度は、鐘の本体の鋳型に装着された蒲牢の突出より１〜２cm高い。こうすれば、さえぎるものがないので、上に砂箱を置き平面が十字形の横湯口とする。さらに砂箱の上には滓取り［閘門］のついた掛け堰［澆口杯・澆注斗］を置く。

銅の溶液が、鐘体となる鋳型の空間を満たして、内直湯口の頂端部にまで上昇した時、内外の直湯口は連結していないので、銅溶液は鋳型から流出して集液槽の中にいたる。こうして、銅液が跳ね上がらないように注湯圧力を減少させ、箱を爆破するのをふせぐ。注湯は地面に掘った穴のなかでおこない、注湯の前に底部と頂部天門は火で水分を抜かなければならない。

4　鋳型の乾燥と組み立て

鋳型の焼成と乾燥は、一つの非常に重要な段階であって、辛抱強く念入りにすすめなければならない。土製鋳型は粘土を主体として、稲藁・麻糸を加えて作ったものであり、鋳型を焼成する温度は220℃をこえてはいけない。鐘の鋳型は、大きいので焼成室にいれて焼成乾燥することができないため、外面を薪の火でゆっくりと焼き、火炎は土製鋳型の最低底線を越えてはいけない。内型は鉄箱で一段一段つんで、その内部を鉄板でおおい、四隅の小火でゆっくりと焼く。火炎が直接鋳型を焼成することは防がなければならない。１日と２夜焼けば完了する。質が理想的な場合は、ひびや割れ目が生じず手で敲くとごおんと音をたてれば表層が乾燥して合格である。外型と内型を検査し、よくないところを発見したら修理し鉄釘で補強する。

土製内型は、常に10tの銅液を注湯する時に、内型内壁の巨大なガスの膨張を受けとめられるように、底型の砂箱の上に、型持［泥芯撑］を固定するように、設計しなければならない。外型は全体に砂箱を外側にとりつけ、適度に乾燥した造型砂をつきいれる。ずっとつきいれて鐘の頂部の鋳型が水平になるようにし、上面に４個の集液槽を掘る。最後に、全体に鋼の掛木をボルトで固く締める。鋳型を組み立てる時、各層のはまりの上はすべて生の小麦粉で作った糊を１層塗りつけて、段と段の間に鋳張り［披縫］が生じたり湯が漏れたり［跑水］、來子がおきることを防止する。鋳込み終了して約２時間後に鋳型の着装を壊す。穴の中で鋳型をひっくり返し、内型の内壁に縦向きの凹みを掘る。大鐘が収縮時に内型の退譲性が悪くて、鋳物にひびや割れ目が生じ、おしゃかになるのをふせぐためである。翌日最後の後処理をおこなう。

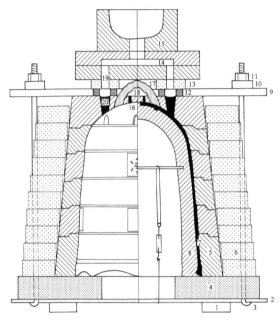

1 ジョウ［底座］下に敷いた鉄塊　2 レール
3 締付ボルト　4 ジョウ［底座］　5 外型
6 鋳型周りの砂箱　7 型の隙間　8 内型
9 レール　10 締付鉄板　11 締付ボルト
12 外湯口と内直湯口の間の鉄のつめもの
（銅水が充満後、余分はここから溢れ出る）
13 小鉄箱で作った内湯口の上端
（横湯口取付けのため蒲牢の高さに合わせる）
14 横湯口（2層の砂箱からなる）15 掛け堰
16 天門　17 鋳造した蒲牢 18 押し湯（2個）
19 外直湯口　20 内湯口（4個）は腰形をなす

図133　鋳込みの際の湯口系統［五十川編2008］

（3）銅合金の溶解［熔煉］と鋳込み

　伝統的な鋳鐘においては、複数の土製炉を使って銅を溶かし銅液を集める。この種の方法は化学成分と銅液の十分な供給において大きなリスクをかかえている。銅合金の成分と溶解後の注湯温度は、鐘に対して重要な影響を与えるので、現代の反射炉をつかって、南屏晩鐘の銅液を溶解し、挿入式熱電対で測温することによって比較的うまくコントロールできた。

　合金の溶解温度は1150℃、注湯温度は1050～1070℃とした。鋳込み［澆注］の温度は、あまり高くすべきでない。鐘体の上にはびっしりと経文を刻んでいるので、銅液の温度が高すぎると、ZnO黄斑を産出する。これは形成に影響するだけでなく、温度が高すぎると合金の焼損が大きくなり、成分をコントロールしにくく、音響に対して不利な影響を生じる。

　溶解炉に原料を投入する順序は以下のとおりである。電解銅が溶化した後、燐銅を加え酸素をぬき、錫と亜鉛を加えて充分攪拌後、1150℃の時に炉から出す（溶解炉底部［澆包］には、あらかじめ銅銀半々の合金をいれておく）。滓を捨てた後に、米糠をかぶせて、落ち着くのを待ち測温した後、鋳込み［澆注］の位置に吊して再び温度を測り、すぐ注湯する。注湯の前に鐘体中央の天と底箱下で火をおこして水分をぬく。これは爆発をさけるためであり、鐘の成形に影響する。大鐘は12分で鋳込みが完了する。

（4）　結　語

　上述の生産技術にもとづいて、南屏晩鐘は、1986年10月4日にいっぺんで鋳造に成功した。後処理の完了後、この鐘は、中国仏教協会会長正果法師・日本国側の代表・浙江省仏教協会・浙江省宗教局・杭州市公証所等の単位組織が検査のうえひきとられた。鐘の表面はなめらかで整って傷がない。鐘の頂部の蒲牢は、生き生きとしている。七万字にもおよぶ経文が、端正に刻まれて整然と配列されており、遺漏や錯刻もない。直径が20cmのシュロの棒で、80cm離れたところから鐘を撞くと、撞くごとに連続して2分以上振動して響く。音は朗々たるもので耳にここちよい。抑揚と起伏があり、はるか遠くまで伝わる。七仏は荘厳で仏龕にきちんと座している。鐘の重さは10tと21kgであった。完全に設計図面にあうもので、検収に合格した。

　1986年11月21日、仏鐘は正式に浄慈寺の鐘楼に懸けられた。日本仏教界と日本の友人380人と中国仏教協会浙江省・杭州市政府が指導して、浙江省仏教協会が盛大に式典をおこない祝賀した。これで100年間沈黙していた南屏晩鐘が、再び中国と外国の旅客におめみえすることとなった。鐘声は再度、西子湖畔に響きわたった。

　泥范法による鋳鐘法は、中華民族の祖先から伝えられてきた芸術的至宝であり、既に千年の歴史がある。この技術を継承して、現代の鋳造技術と結合させているが、この南塀晩鐘の鋳造の基礎のうえにたって、続いてアメリカ・サンフランシスコ萬佛城の6tの青銅の「楞厳神咒王鐘」を完成して輸出した。このほか浙江省奉化渓口雪竇寺の3tの青銅大鐘、浙江省普陀山、山西省五台山、揚州観音山、鎮江金山寺、南京霊谷寺等の大寺院の10余口の大鐘を作った。

　現代の鋳造技術に伝統的泥范法を結合して、各種の青銅仏器を鋳造するのは、まさに巨大な経済的社会的効果と利益を生み出し、なおかつ国際文化交流を促進し増強している。私は先人のあとをうけて新しく発展する端緒を開き、不断に伝統的な青銅鋳造技術を発揚し、これをさらに輝かしいものにしようと心に決めた。

揚州鋳鐘工人　周希棠　1990年12月20日　鎮江にて

訳者補記

　以上が、周希棠氏による南屏晩鐘の製作技術を記した手書き原稿（A）を訳出したものである。ほぼ同様の内容が、譚徳睿・陳美怡主編『芸術鋳造』に、論文（B）として収録されているが、細部を点検すると両者には違いがある。すなわち、（A）には、普通話（標準語）とは異なった漢字遣いがあり、また（A）には後からつけ加えたとみられる書き込みがいくつかあり、それが（B）に生かされて加筆されている場合がある。後者は『芸術鋳造』の編集者の意向によるものであろう。日本語訳は、周希棠氏による手書き原稿（A）をもとにしながら、（B）も参考にして手書き原稿の内容を補っておいた。挿図は、『芸術鋳造』に掲載されているものを利用した。文中に付記した［　］内の語句は、中国語の鋳造関連用語である。

Ⅳ　韓国の鋳鐘民俗

（1）　鋳鐘技術の基本

　鎮川鐘博物館において展示され、聖鐘社において復原製作がおこなわれている朝鮮鐘の鋳鐘技術は、蜜蝋鋳造工法（失蝋法）によるものである。この技術は、鎮川鐘博物館の図録に解説されており、以下に、その概要を紹介する［鎮川鐘博物館2011］。

　蜜蝋鋳造工法（失蝋法）は、エミレの鐘・上院寺鐘・天興寺鐘など、現在の韓国を代表する国宝級の鐘の多くが製作された時に使われた代表的な伝統的鋳造工法であり、重要無形文化財第112号の指定をうけている。その材料は蜜蝋と牛脂で、松脂を蜜蝋に混ぜるならば、混ぜなかった時より彫刻した面が変形したりするのを防ぐことができる。蝋と牛脂を適当に配合して作った蝋を使って、製作しようとしている鐘と同形の蝋製原形を作った後、熱に強い粉末状態の鋳物砂を水でこねて表面に数回塗り付けて適切な厚さに仕上げる。その次に、これを完全に乾燥させた後、ゆっくり熱を加えて内部の蝋製の原形を流し出して除去した状態で、溶解した金属を流し込んで鐘を製作する。この方法は他の方法に比べて作業工程が複雑なだけでなく、高度の技術を必要とするために、長い製作期間が必要であり、失敗の可能性も高い。しかし、成功すれば、他の方法とは比較できないほどの繊細な模様と清浄な鋳肌そして美しい音が得られるという特徴をもつ。この鋳造方法は、現在の精密部品や切削加工が困難な部品を製作するために活用されているだけでなく、アクセサリーや貴金属製の装身具などの製作にも利用されている。

（2）　梵鐘の製作工程

1　蜜蝋による原形本体作り

①蜜蝋と松脂の溶解　　『天工開物』では、蜜蝋と牛脂の配合比率を、2：8としているが、実験の結果、牛脂よりも松脂を利用して使うほうが容易で、蜜蝋と松脂の比率は、原形を作る時は7：3で、彫刻を押圧する時は5：5が適切である。

②原形の内部構造　　原形の芯は、木を垂直に立てて骨組みを構築し縄を巻いて鐘形を作る。

③内型用・原形本体用の引き板の製作　　回転する引き板は、大きな木板上に図面を描き、それに合わせて内型用と原形用のものを製作する。

④蜜蝋塗り　　大釜で沸かして精製した蜜蝋を縄の上に薄く塗る。

⑤蜜蝋による原形本体の製作　　蜜蝋を塗り、引き板とウマを利用して原形表面を鐘の形に整える。

⑥原形本体の完成　　完成した外型は回転板の上に置いて、蜜臘による文様を添付しやすいように準備しておく。

第6章　鋳鐘民俗の世界

2　蜜蠟による文様単位作り

①文様の描写　　模様の下絵を描いた後、黒煙粉を利用してポル石に文様を転写する。

②石板への文様彫刻　　図案の絵にしたがって、木刀でポル石に文様を押し描いて転写し、その文様を彫刻すれば陰刻文様板が完成する。

③石板への水塗布　　陰刻が完成した文様板の上に水を塗る。こうしておけば、文様板から蜜蠟を引き離すのが容易である。

④蜜蠟液を注ぐ　　蜜蠟と松脂を混ぜた蜜蠟液を文様板に注ぐ。

⑤蜜蠟文様はずし　　蜜蠟が固まったら、文様板から蜜蠟の紋様単位をはずす。

⑥乳郭と乳の配置　　蜜蠟でできた乳を乳郭のなかに整列して配置する。

⑦蜜蠟文様単位の貼り付け　　蜜蠟文様単位を蠟製原形本体の適切な位置に貼り付ける。蜜蠟文様単位に弱い熱を加えた後に、原形本体に付けるとたやすく接着できる。

⑧湯口作り　　文様付けが完成した原形の甬や笠形の部分に湯口を作る。

3　外型作り（失蠟法）

①鋳物砂の調整　　ポル土・きれいな砂・粘土などを33％の比率で調合して水で練り捏ねる。

②蠟製原形に鋳物砂塗り付け　　鋳物砂は蜜蠟の表面に時間をおきながら塗り付けてゆく。初塗りをした後に少し乾燥させ、さらに塗り付けを反復してゆく。

③紬糸の巻き付け　　初塗りが終わった後に、鋳物砂が付着するように紬糸を全面に等しく巻き付ける。

④蜜蠟の溶解　　外型の鋳物砂が完全に乾いたら、縄を除去してカマドへ移し、鐘の下面に弱く火を与えて蜜蠟を溶かし出す。

⑤土煉瓦中の鋳型加熱　　土煉瓦を外型の上部まで積みあげて加熱する。これは鋳型の水分をなくし湯流れをよくするためである。温度は慎重に調節する。

⑥外型の完成　　完成した外型の内部には繊細な文様が付加されている。

4　鋳造土坑と内型作り

①内型用の土煉瓦作り　　泥土と稲藁などを切り刻み、土煉瓦を作る。

②鋳造土坑の掘削　　平面形が四角形の土坑を掘って、その中を乾燥させれば、内型と外型を設置する空間ができあがる。この底部に内型を成形する。

③内型を形成するための引き板の設置　　内型が設置される位置に内型の引き板を設置する。引き板は丸太を支持台として、地面と直角になるように正確に設置する。この設置の正確さはきわめて重要な要件である。

④土煉瓦への鋳物砂の塗り付け　　土煉瓦を積んだ後に、カンポ土と黄土粉で煉瓦の隙間を充塡する。その上に鋳物砂を塗り付けながら引き板を回転して、内型の表面を調整する。内型が完成したら引き板を撤去する。

213

⑤内型の焼成　　引き板を撤去した部分に炭を入れて内型を焼成し、外型と同様に内型の水分を除去する。焼成が終わったら内型の上部の穴を閉じる。

⑥黒味の塗装　　内型の全体に黒味を塗布する。

⑦内型の完成　　内型上部まで黒味を塗布したら内型は完成する。

⑧内型の合印　　外型と設置するための合印を付ける。これは鐘の厚さを決めるために重要。

5　湯溶解と注入

①外型の合印　　焼成した外型の表面に、鐘の厚さと胴周りを計算した後、内型と同様に合印をつける。外型の内部には松脂の煤を塗り付ける。こうすれば、溶湯と外型の内面が粘着せず、注湯終了後に外型との分離が容易である。

②外型と内型の組み合せ　　土坑に設置した内型の上に外型をかぶせて組合せる。この時に、合印を正確にあわせれば設計図どおりの正確な鐘の厚さを得ることができる。この後に、外型の外側に土煉瓦を積んで土坑をカンポ土で埋めてゆく。

③鋳型の埋設　　鋳型の設置が終わったら、空気の排出口と湯口だけを残して、鋳型は完全に地面に埋める。湯口は、異物が入ってゆかないように完全に塞いでおく。

④湯口端部（掛け堰）の製作　　湯が入ってゆきやすいように、湯口端部を漏斗形に仕上げて固形剤を塗る。

⑤取瓶の加熱　　取瓶を加熱し、熱を奪われないように炭で囲んでおく。

⑥金属の溶解　　青銅鐘のための材料は、鐘の大きさにしたがって若干異なるが、一般的に銅（83～85％）と錫（15～17％）を基本にして、燐（0.5％）を脱酸処理のために添加する。異物が多い銅を初めに溶かして、次に銅の不純物を除去する役割をおこなう燐を入れ、最後に錫を入れで溶解させる。6時間程度加熱すれば1200℃の溶湯が完成する。

⑦取瓶の縄入れ　　鋳型口に注ぐ前に、炭を取り除き、縄を湯に入れてやるが、これは坩堝内の湯の熱が外へ抜け出ることを防ぎ、溶湯中の不純物を取り除いてやる役割をする。

6　鐘の完成

①溶湯の注入　　注湯は梵鐘鋳造の諸工程のなかで、最も緊張する瞬間である。注湯が梵鐘の乳の部分まで流入したら、注湯をいったん中止して、排出口からガスがぬける様子を観察する。ガスが出ないならば、湯が爆発的に出る危険がある。

②土坑の掘削　　通常、1日程度の時間の後、湯が固まりだしたら土坑を掘削する。

③鋳型の解体　　外型を解体し除去し内型を掘り出して、鋳造された鐘を取り出す。鐘を加工し仕上げをすれば、澄んで余韻が長い鐘の音を得ることができる。

④鐘の調律　　鐘を吊り下げて撞座を撞き、鐘声を確認する。全体的に均等に鳴るならば鐘声がよいが、鳴らない部分があればよい鐘声を出すことができない。このような時は鐘の内部を少しずつ削って音を調律する。

第6章　鋳鐘民俗の世界

（3）　韓国の鋳鐘民俗の特徴

　聖鐘社や鎮川鐘博物館のアトリエにおける鋳鐘技術を、筆者は詳しくは見学したことがないので、朝鮮鐘の鋳鐘民俗技術への理解は不十分だと思うが、日本鐘や中国鐘の鋳鐘民俗技術との比較をおこなうために、朝鮮鐘の鋳鐘技術の特徴を列挙する。

1　最初に蠟製原形を製作する

　あらかじめ内型を製作しておいて、その上に蠟製原形を作るのでなく、蠟製原形の芯として木を垂直に立てて骨組みを構築し縄を巻いて鐘の形を作り、蜜蠟を塗り付けて原形の本体部を成形するのが特徴である。原形の本体部分の表面は引き板で作られるので表面に引目が残る。梵鐘製品の外面に引目が残存していても、土製外型によるものとはかぎらないことがわかる。

2　内型は後で引き板によって作る

　外型は、完成した原形に鋳物砂を塗り付けた後、全体を焼成して蜜蠟を溶かして流し出して作り、一方外型と組合せる内型は、鋳造土坑を掘削した後に、その底部に引き板で成形する。内型の芯には、泥土と稲藁などを切り刻んで製作した土煉瓦を、表面には鋳物砂を使用する。内型の製作を土坑内でおこなうことは、万国共通のようである。

3　掛木と鋳型の埋積

　鋳型の埋設の部分の解説写真からは、外型の上部に2本の掛木を設置してチェーンで締めている状態が見てとれ、掛木で緊縛した鋳型を土坑に埋めている。中国の鋳鐘民俗においては、鋳型の縦横分割法では掛木を使わず、土坑内に鋳型全体を土砂で埋めて鋳造するのに対して、横分割法によるものは掛木で締め上げるが、土砂で埋めることはしない。日本の鋳鐘民俗では掛木を使い、鋳型全体を土砂で埋めることはしない。

4　蓮台による鋳造・大型クレーン式の取瓶による鋳造

　溶解炉から溶湯を受け取った取瓶によって注湯がおこなわれており、取瓶には、二人が両手で運搬する蓮台も使われているが、クレーンを使った近代的な注湯方式の採用も確認できる。日本の滋賀県西澤梵鐘鋳造所のように、樋を通じて溶湯を溶解炉から鋳型の湯口に流しこんでゆく方法とは異なっている。

5　『天工開物』の盲信は危険

　鋳鐘技術の復原には、多くの研究者が『天工開物』の記載を重視して考察をおこなっており鎮川鐘博物館の図録中の記述もしかりである。しかし、『天工開物』の記述や挿図に示されたものが、中国の鋳鐘技術のすべてだとはいえないことを、筆者は本書で繰り返し述べてきた。上質な青銅製鐘は蜜蠟鋳造法（失蠟法）で、下級の鉄製鐘は砂型鋳造法（惣型法）で製作するという『天工開物』の記述を、梵鐘作品を熟覧しつつ鋳鐘技術復原をおこなうことによって、検討すべき時期に来ていると考える。

215

V　絵で見てわかる梵鐘鋳造技術

（1）　鋳造遺跡・鋳物生産の民俗例からの技術の視覚化

　今を去る30数年前、梵鐘の鋳造遺跡の発掘調査に遭遇した筆者は、梵鐘という未知の世界を知るために、現在も操業をおこなっている鋳物生産工場をいくつか訪ねたが、そこで得た鋳物製作の実際的な知識によってはじめて、遺跡で検出された鋳造土坑の遺構や、出土した鋳型や溶解炉などの遺物を、どのように解釈したらよいのかを知ることができた。梵鐘鋳造遺跡は、その後も各地で発見されており、鋳物の歴史的研究に欠かせない重要資料となってきた。

　また、1980年代以降、国内では吉田晶子さんを中心とする民俗学研究者によって、現代に残っている鋳物生産の民俗例の調査研究が進められた。これらの民俗例の研究は、鋳造遺跡の研究に不可欠なものであり、国内の地域的な検討や国際的な調査研究もおこなわれている。

　そこで、梵鐘鋳造遺跡や鋳鐘民俗技術の研究の蓄積によって、梵鐘がどのように作られたかという技術的な視点で解明されてきたことがらを、石野亨氏の試み［石野ほか1984］を参考にしつつ、一般の方々にも理解していただけるように解説図・復原図として視覚化して提示することに挑戦してみようと筆者は考えた。

（2）　鋳造状況の解説図（図134）

1　解説図①──未熟な知識と幼稚さが誤りを起こす

　こうした個人的趣味的な発想ながら、これまでに何度か梵鐘鋳造土坑における鋳造（注湯）状況の解説図を描いてきた。解説図というのは、説明図や復原図と呼ばれているものと同じである。美術の素養のない筆者は、鋳造状況をラフに描いたものをもとにして線画で表現した。そのうちの「古代・中世の鋳鉄鋳物」（『国立歴史民俗博物館研究紀要』46　1992年）に掲載したもの（図134①）は、各地の博物館の展示解説パネルや生産遺跡に関する書籍の解説に、よく使用されているのであるが、決定的な誤りがあるので、これを使用しないでほしい。

　まず、この図を描いた段階では、まだ、内型・外型を設置するための台となる粘土製の底型（ジョウ）と、内型・外型・底型（ジョウ）の全体を載せるために木製の板を並べた台である定盤を区別すべきであることに気がついていなかった。筆者が調査した京都大学構内ＡＰ22区土坑ＳＫ257の底型の下部には、明確な板材は残っていなかった。しかし、木製定盤があったのだが、腐敗して消失してしまったと考えるべきである。なぜかというと、この遺構では底型の下部に明瞭な掛木の痕跡が残っているが、もし定盤がなかったら掛木で締めようがないからである。掛木とは、梵鐘鋳型の上下に置く木材であり、これを締縄で締め上げて、鋳型がずれないように固定するための道具である。本図では、掛木は粘土に塗り込められており、こんなものは何の役にもたたないことは、よく考えればわかることである。

このほかに、掛木を使わない鋳造法もあり、その場合には鋳造土坑を土砂で埋めてしまい、土砂の圧力によって、内型・外型・底型（ジョウ）の全体を固定して、ガスや比重差のために鋳型が移動するのを防ぐのである。また、掛木を設定したうえで、土坑全体を土砂で埋めつくして鋳造をおこなった例も、大分市豊後国分寺跡の梵鐘鋳造土坑で確認されている。これらの技術の違いについては、今後の検討が必要であろう。

さて、古式の梵鐘鋳造において、掛木には締縄をかけた。締縄には、もじと呼ばれる小さい棒を縄の中央付近に挟んでくるくると回転させて、縄に撚りをかけて張力を生み出して鋳型を固定したことが知られている。本図は、これを視覚化しようとしたのであるが、締縄の撚りの方向が、もじの上下で逆になるはずなのに、本図は愚かにも同じ方向に描いてしまっている。この重大な誤りを指摘したのは、京都大学名誉教授小野山節先生であった。先生の慧眼に対しては、恥じ入るばかりである。

2　解説図②——想像は研究の進展に追い抜かれる

これらの誤りを訂正したものが図134②であり、「日本古代中世の鋳造技術」『日本中世における銅鉄の金属生産とその流通に関する研究中間報告』（2005年）に掲載した。本図も上記の梵鐘鋳造土坑ＳＫ257を念頭に置いて描いたものであり、今回は木製定盤を描いて、掛木による締め付けが、鋳型によく利いているさまを思い浮かべながら描いて、これでいいだろうと安堵したことを記憶している。

また、底型の上に残る、外径が104cmで幅が７cmの凸帯の役割を考慮した。しかし、外型の下端に証拠もないのに勝手に段を想定し、外型を安定して着装したものと推定したのは失敗であった。豊後国分寺跡の梵鐘鋳造土坑検出例では、この凸帯の上に梵鐘の駒の爪の底部が載るように、内型と外型を設置して鋳造をおこなっていたことに気がついて、この勝手な推定は、あえなく破綻した。

さらに、鋳造土坑ＳＫ257が平安中期ごろの遺構であるとすれば、鐘体の鋳型分割について、大きな誤りを犯していることが１年後に判明した。それは、梵鐘の製作技術の研究によって、外型の分割方式が古代と中世で変化をすること、堰の痕跡の形態や位置（湯口系）が、時代や流派によって異なることが、明らかになってきたからである。図134②では、鐘身は３分割されているが、12世紀以前の古代の鐘は、鐘身が２分割されるのが基本なのである。

このほか、Ｃ３型の湯口系を描いているが、日本古代にＣ３型の湯口系は一般的ではない。しいて言えば、近畿地方の梵鐘としては、平安時代の石山寺鐘、鎌倉時代の東大寺真言院鐘にＣ２型が確認されているが、これらは特殊なものと考えられる。

そして、ＳＫ257のある京都大学構内の鋳造遺跡は、平安京周辺の鋳造工人の根拠地であり、その梵鐘作品はＢ型の湯口系である可能性が高く、本図とは矛盾してしまう。これらの議論は本書を最初から丹念にひもとかれた読者には、よくおわかりいただけるだろうと思う。

3 解説図③——研究をさらに深めなければならない

　そこで名誉挽回とばかりに、2005年度に京都大学考古学研究室の諸君とともに実測調査した京都市山科区安祥寺鐘（1306年銘）の鋳造状況を、さらなる試行錯誤をしながら描いたのが、図134③である。本書では、3回目の登場である。

　当時は、梵鐘の実物を詳しく調査していたので、その結果をもとにした［五十川2008b］。まず、鋳型分割は、定型化が完成した日本中世鐘の典型であり、鋳型分割の位置を上から順に上帯付近・池の間上辺のやや下・池の間下辺のやや上の3ケ所にしていること、その湯口系はA3型であることを、鋳造状況として正しく描いたので、ひとまず安堵した。

　しかし、第2章のⅢに詳述したように、中世以降のジョウ（底型）と内型・外型の組合せにB1型とB2型があり、そのいずれなのかという問題は、梵鐘の実物観察だけからでは解決できず、今後の鋳造土坑の検討が待たれるのである。

　このように解説図を作成する作業において、完璧への道ははるかに遠く、そのほか、いまだ気がついていないが、きっと問題点が多々あるだろうと思う。

（3）　技術解明のために描く

　こうした解説図の描きなおしは、いつ果てるともしれぬ終わりなき旅路のようなものである。描きなおしの必要性は、これまで紹介したように描く人の思慮分別の欠如によって生じる場合がもちろん多いのであるが、それとともに、研究の進展が、それを促進させている場合もあるのではないかと思う。

　まだ発見されていない遺跡・遺構・遺物について、様々な予言的発言をするのが、すぐれた研究者だという人がいる。不確定ながら、それなりの根拠があって予言をされているのだとは思うが、凡愚な筆者は予言的なものに賛成できない。むしろ、事実にもとづき現在推定できることがらを、解説図　復原図として一生懸命に表現することが、自分の仕事として大切なものではないかと思っている。

　また、現状では解説図・復原図に確定版が望めないので、それを見た人が特定のイメージにとらわれてしまうのはよくないとして、遺跡の現地説明会や博物館において復原図を展示することを、かたくなに拒否している方々もおられる。彼らは完璧主義者だといえよう。しかし、どんなにつたなくても解説図・復原図を提示し、多くの批判を受けつつ描きなおして前進するほうが、完璧主義者ではない筆者にはむいている。読者には本節の図に対しても、忌憚のないご批判をたまわりたいと思う。

　以上のように、解説図・復原図の完全版を提示するというようなことはもとより望まないで、新しい仮説を諸賢に検討していただくために、つまり鋳造技術の解明のための捨て石として、つたない復原図を、あえて描き続けてゆくことにしようと思う。

第6章　鋳鐘民俗の世界

解説図①

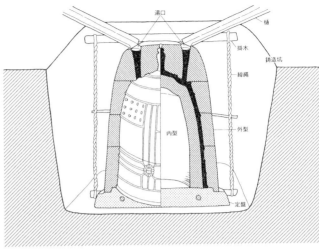

解説図②

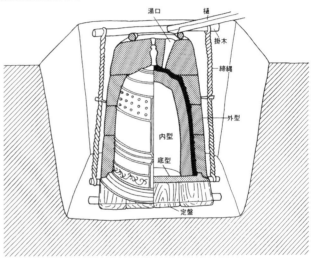

解説図③

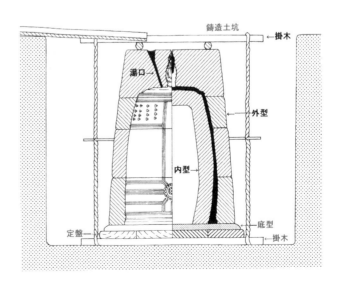

図134　梵鐘鋳造状況の解説図

第7章　梵鐘をめぐる東アジア文化交流

　これまでに述べたように、筆者は、日本鐘・中国鐘・朝鮮鐘について、様式（形態・装飾・銘文）のみならず、技術（鋳型の分割・湯口形態）を検討し、時代的変化や技術系譜を研究してきた。そして、日本鐘の淵源を求めて、中国鐘や韓国鐘の関連を追究してきた。本章では、日本鐘は、その様式の原産地から、様式と技術が一括して一元的に日本に到来したのでなく、中国南部の様式をベースにして、それを朝鮮鐘の技術によって表現するという、東アジア世界に関わる複雑な展開によって成立していったと推定されること、また日本鐘成立の後に生じた展開や定型化の変容過程も、東アジア世界の文化動向と無縁ではなかっただろうという推定を整理し、さらに日本鐘にまつわる混淆や模造などの現象を考察したい。

Ⅰ　日本鐘成立の経緯

（1）　日本鐘の成立

　日本における梵鐘の最初の記録は、『日本書紀』欽明天皇二十三年(562年)に、大伴狭手彦が銅鏤鐘三口（青銅製の飾り入りの鐘）を高句麗から持ち帰った記事、次いで天智天皇十年(671年)に、漏剋（刻）を置き鐘と鼓で時刻を報じたとある記事など、断片的なものが挙げられるが、その実体はよくわからない。

　また、聖徳太子崩御を悲しむ妃橘大女郎が、太子の天寿国への往生を願って発願し、一年以内に完成したとされる天寿国曼荼羅繍帳には、両端に鴟尾のついた入母屋造りの鐘堂で、鐘を撞く僧侶が描かれている。これから、7世紀前葉の初期寺院において梵鐘があったことが推定されるが、鐘の位置が低くて僧侶が腰のあたりで撞いていることが特徴である。ここに描かれた梵鐘が日本製か中国製か、はたまた朝鮮半島製なのかはわからないが、日本鐘の古い様式を示すものであることは明確である。天寿国曼荼羅繍帳と同種同巧の絵画は、敦煌莫高窟晩唐の経変（絵解き）壁画中にもあり、僧侶が鐘架と呼ぶべき鐘の懸垂装置に吊り下げられた梵鐘を腰のあたりで撞いている。壁画に描かれた梵鐘の様式は明らかに荷葉鐘であり、坪井良平氏は荷葉鐘の様式が西方文化の流入によって生まれたと考えられている［坪井1984a］。

　日本鐘の成立、つまりこの日本列島における梵鐘の製作については、7世紀後半の梵鐘鋳型が出土しており、最古鐘として7世紀末の日本鐘が残るが、7世紀前半にさかのぼりうる考古資料はない。このため、日本鐘の最初の作者が、列島の住人であったとしたら、倭人であったのか、それとも日本人であったのかは、今後の研究課題である。

（2） 中国鐘と朝鮮古鐘

　唐都長安は現在の陝西省西安市であり、洛陽は河南省に位置するが、首都と周辺において、唐代に流行していた様式の梵鐘は荷葉鐘であったとみられる。そして、遣使の倭人や日本人は荷葉鐘を見たと思われるが、その様式は日本鐘の様式として採用されなかった。そして、中国の南方地域に展開していた祖型鐘の様式が選ばれた。荷葉鐘が、なぜ日本鐘の祖型として選択されなかったのか、なぜ祖型鐘の様式が採用されたのかは、解決の難しい検討課題である。

　筆者は、日本鐘の淵源は中国鐘にあり、中国の祖型鐘を検討すれば、日本鐘が来た道が判明するだろうと単純に考えて、中国鐘を様式と技術の両面において調査してきたが、研究が進展するにしたがって、日本鐘の様式（形態・装飾）の淵源が中国鐘にあることに間違いはなく、この研究課題の解明には中国の祖型鐘の調査が不可欠であるが、日本鐘の技術（造型・鋳造）の淵源の研究には、中国鐘のみならず、朝鮮鐘の検討も必要だとわかってきた。

　現存する唐代の祖型鐘（8～10世紀）の技術を分析すると湯口系はC型が多数を占め、古い唐鐘には外型縦分割が多い。この縦分割は奈良国立博物館所蔵の陳太建七年銘鐘に確認できる古い技術である。しかし、初期の日本鐘は外型横分割でA型湯口なので、日本鐘が唐鐘から、すんなりわかれて成立したとは考えにくいのである。そして、遣隋使・遣唐使が隋都・唐都にいたって花咲く高い文化芸術を吸収して文物を故国に持ち帰ったのだから、平城京や平安京は唐都を日本に再現したものであるということに、筆者は反対する者ではないが、個々の文物の伝播や流入には、さらに複雑な経緯があるように思うのである。

　さて、神崎勝氏は『都氏文集』巻三「大唐明州開元寺鐘銘一首並びに序」を引いて、古代における鐘の日中交流を紹介された［神崎2000］。それによれば、乙酉の年（865年）2月15日に日本国の沙門賢真は謹んで同鐘一口を造った。初め賢真は、入唐時に、現在の寧波周辺にあった明州の開元寺にたどり着いてとどまったが、梵鐘を造って贈ることを約したのを実行したと記されている。そして、神崎氏は、鋳造遺跡研究会2007の討論において、長江流域が古くから日本鐘の上陸点となっており、中国鐘が日本鐘に影響をおよぼしたのも、このあたりからだと考えてよいのではないだろうか、ここは遣唐使が中国に上陸する地点であり、日本とは近しい関係にあった地域と考えられるとの仮説を指摘された［鋳造研2008 p75］。

　しかし、遣唐使は、630年の第1次から669年の7次の後、30年にわたって途絶し、遣唐使が再開され、第8次の遣使が出発したのは702年のことであった。また、上陸地点も第8次以降は直接海を渡って長江河口周辺地域に達するものであったが、第7次以前は半島沿岸を西行して、山東半島に上陸していたのであった［東野1999］。日本において、中国鐘の影響下のもとに本格的な梵鐘生産が開始された時期はまだ確定できないが、もし7世紀後半ごろであったとすれば、上記の「空白の30年」は、日本鐘の成立期に大きく重なる可能性がある。

第7章　梵鐘をめぐる東アジア文化交流

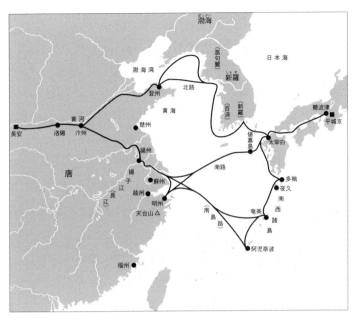

図135　遣唐使のルート［奈良国立博物館2010］

　東野治之氏は、「空白の30年」にも半島経由の文化受容とともに、「人と物の両面にわたる唐との直接交渉」があったとされており［東野2010］、鋳鐘技術の渡来も、遣唐使に関わると限定せずに、日本古代における、日本と長江河口周辺を含めた江南の地との文化交流の問題として、今後追究しなければならないと考えられる。

　また、朝鮮鐘は、様式に日本鐘との違いがあり、失蠟法による製作なので技術系統が異なるだろうとされてきた。しかし、最古の朝鮮鐘の上院寺鐘（開元二十四年（725年））の湯口系を調べると、その位置や形態が奈良時代鐘に類似している。常宮神社鐘（太和七年（833年））・光明寺鐘（9世紀）・長安寺鐘（11世紀）の技術は、鐘身鋳型は横方向2分割でＡ2型湯口系であり、同時代の日本鐘と酷似することも判明した。また、古代日本鐘にはみられるが中国鐘にほとんどみられないＡ型・Ｂ型湯口系が朝鮮鐘に確認できる。様式の一部をなす銘文の形態についても、古代の日朝両鐘の間に類似点があることを、湯川紅美さんが明らかにしている。

　朝鮮古鐘のなかには、様式や技術の一部に、日本の奈良平安時代鐘に通じる要素が含まれていることには間違いなく、日本鐘の成立過程において朝鮮鐘との交流があり、朝鮮鐘の技術によって日本鐘が成立したとみるのが自然だと筆者は考えるようになった。

　こうした奇妙な考えに、読者はきっと驚かれるに違いないと思う。しかし、中国唐鐘と日本の初期の梵鐘を、様式と技術の両面で検討する作業をおこなってゆくうちに、東アジアに展開した梵鐘文化において、出発点としての中国鐘から日本鐘や朝鮮鐘が、すんなり枝わかれしていったという発想では、史実に迫ることはできないことがわかってきたのである。

223

Ⅱ　日本鐘の展開と定型化への道

（1）　日本鐘の展開と定型化

　複雑な経緯を経て成立した日本鐘は、平安時代に入って展開を遂げる。その一つが、乳郭という空間の設定であり、これは朝鮮鐘からの影響で生じた様式の展開と考えられている。また、すくなくとも12世紀には、様式と技術の両面において、大きな変化が生じた。梵鐘の撞座は、時代とともに鐘体の下部へと降下し、龍頭の長軸方向と撞座の位置関係が古式から新式と変化する。梵鐘そのものも小型化して銘文を持つものが一般的となる。また技術に関しては、鐘身の鋳型を横方向に2分割するものから、3分割するものへと変化し、撞座は活け込みによって成形されるようになった。湯口系も、笠形の頂部付近から湯を流し込む方法へと移行した。

　こうした変化は、12世紀の過渡的な期間を過ぎると、13世紀の鎌倉時代にはほぼ確立して、その後の日本鐘の基本様式と基本技術となって、長らく継続してゆくこととなったのである。これが、日本鐘の定型化と呼ばれる日本鐘の歴史で最も重要な変化とされている。この変化をとおして、梵鐘はそれまでよりも量産され普及していったと考えられており、生産の担い手も大きな変化を遂げたとされる。

（2）　国風文化と定型化

　日本では中国唐文化を中核とする国際文化が花開いた奈良時代を経て、平安時代の半ばごろにいたると、平安京の地を基盤として純粋日本的（和風）文化が生成し、その後の伝統文化の基軸となったと言われている。それが国風文化と呼ばれるものであり、支配階級の貴族の生活文化や浄土教信仰などの精神面も、その文化を示す証徴である。とくに、仮名の発明によって、中国語を表記するための文字である漢字だけでは、表現がむずかしい日本語を、わかりやすく書きあらわすことができるようになったことは、日本史上の一大発明であり、和風文化が展開する出発点ともなった。

　こうした文章が教科書にはかならず書かれており、平安時代の貴族文化こそ、純和風文化であり、その聖地が京都ととらえられている。十二単・日記など、宮廷文化を飾った女性文化の基軸も、ここにあるとされている。しかし、たとえば仮名の創出という文化現象も、唐帝国が滅亡して求心力を失った東アジア世界においては、他の諸国家でも、それぞれの民族が、その独自な言語を表現するために固有の文字を創造しており、日本独自の出来事では、けっしてなかったのである。

　国風文化の時代を経てやがて完成してゆく日本鐘の定型化も、日本鐘にだけに生じた独自の変化ではないだろうと筆者は考えている。定型化にいたる道は、日本独自の発展であるというよりも、東アジアの潮流であったことを今後も追究したい。

第7章　梵鐘をめぐる東アジア文化交流

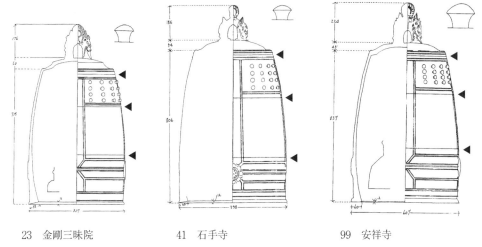

図136　日本の定型化された梵鐘

（3）　東アジア梵鐘文化の交流

　唐末以降元代の中国では、南方地域でも祖型鐘がみられなくなり荷葉鐘が一般的になるが、上帯・中帯・下帯・縦帯で構成する袈裟襷を完備した荷葉鐘は、日本鐘と類似する横分割法によって造型されている。この原因については、いくつかの理由が考えられるが、北方地域の縦横分割の造型法が横分割を前提としていることから、中国国内の技術的影響によるものだった可能性もある。しかし、中国の北方地域では、鋳型の縦横分割法による造型が唐時代から確認でき、その後も、この縦横分割法が継続しており、さらに現代の鋳鐘民俗技術にまで継承されていることが判明した。このため、中国南方地域の唐末以降の横分割の盛行は、おそらく朝鮮半島や日本において定着していた梵鐘鋳型の横分割法による造型法の影響によって生じた現象ではないかと筆者は考えている。そして、この横分割の造型法は、中国江南地域に定着して、今なお継続して採用されて中国鐘が生産されているのである。

　日本鐘・中国鐘・朝鮮鐘の三種は、異なる地域において孤立して発展してきたのではなく、成立から展開にいたる段階でも、様式と技術にわたり、絶えず相互に影響を与えながら様式と技術の交流を繰り返しながら発展形成されてきたものなのである。そこに、みえてくるものは東アジアにおける頻繁で活発な文化交流の世界である。この文化交流には、遣唐使による文化の導入や国風文化の興隆などの既成の歴史概念だけではとらえきれない、複雑な歴史的経緯が潜んでいるのではないだろうかと筆者は考える。それは友好的関係・敵対的関係・互恵的関係など、いまだに解明されていない東アジア交渉史の多様な側面をもってはじめて、説明しうるものなのであろう。今後も、梵鐘の研究によって新しい研究視点への扉を開くために、検討を継続したい。

Ⅲ　混淆型式鐘の意味

（1）　混淆型式鐘と模倣鐘

　坪井良平氏によれば、東アジアには、日本鐘・朝鮮鐘・中国鐘のほかに、異なる様式装飾を導入した混淆型式鐘があり、それらには、和鮮混淆型式鐘・日支混淆型式鐘・韓支混淆型式鐘があるとされている［坪井1970・1976b］。氏の説を以下にやや詳しく紹介する。

　まず、和鮮混淆型式鐘は、日本鐘に朝鮮鐘の要素を加味したもので、鐘身は朝鮮鐘の様式を模倣しているが、龍頭は日本鐘に通有の様式を採用している。古くは、平安時代鐘において、通常の乳の間の内部に、さらに乳郭と呼ばれる内区を凸線によって設定して、内部に乳を配列しているものがあり、朝鮮鐘の影響を受けた作品とされている。時代が下がって15世紀には、北九州の鋳物師が和鮮混淆型式鐘を製作し、江戸時代には全国に流行した。山口市大内御堀の興隆寺鐘は、笠形周辺の突起紋様・鐘身上の四天王像など、和鮮混淆型式鐘の様式を強く備えている［芦屋町ほか1991］。ただし、龍頭に鉄芯を入れる点で、明時代鐘である福岡県田川郡赤村の光明寺鐘と技術的関連をもっているとの指摘がある［西村1987］。

　日支混淆型式鐘は、中国鐘の様式を日本鐘に加味したもので、口縁が波状をしている荷葉の形態や日本の袈裟襷紋様とは異なった区画紋様で鐘体を飾るものが知られている。鎌倉時代のものとして京都府相楽郡笠置町笠置寺に現存する鐘は、口縁部の下端の6ケ所に浅い切り込みを入れて荷葉状にしたもので、東大寺大勧進所鐘も同様の装飾を付している。これらの鐘は、山口県防府市の阿弥陀寺に現存する鉄塔の銘文に記載されている「六葉鐘」に相当するものであり、俊乗房重源に関わる東大寺鋳物師の草部姓の鋳造工人の作とみられる。

　また、愛知県西尾市の実相寺鐘は、鐘身を3段に区画し、交互に食い違うように縦帯を入れ、中国鐘に類似する様式をもっている。しかし、鋳型は横分割法によるもので、龍頭は日本鐘に普通にみられるものを採用しており、湯口系はＡ2型を示す。本鐘は、中国の北方地域にみられる荷葉鐘の様式を、日本の技術で表現したことが明瞭にわかるものである。

　このほか、韓支混淆型式鐘は、朝鮮半島において、高麗が中国の元朝の支配を受けた結果、中国鐘の様式を朝鮮鐘に強く加味したものであり、朝鮮王朝の時代には主流となってゆくとのことである。坪井氏は、この韓支混淆型式鐘を朝鮮鐘の範疇に入れないが、朝鮮半島において東アジア文化交流のなかで生成されたものである。このため、韓支混淆型式鐘を朝鮮新鐘とし、それ以前の朝鮮鐘を朝鮮古鐘として位置づけるのが適切ではなかろうか。

　また、坪井氏は、混淆型式鐘のほかに、模造型式として朝鮮鐘の様式をもつ日本製品があることも指摘されている。

　坪井良平氏が指摘された以上のような混淆鐘・模倣鐘の概念は、日本鐘・朝鮮鐘・中国鐘という明確に異なった、純粋な伝統的様式を重視した考えである。

第7章 梵鐘をめぐる東アジア文化交流

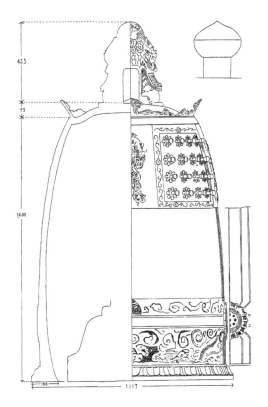

363 興隆寺 和鮮混淆型式鐘

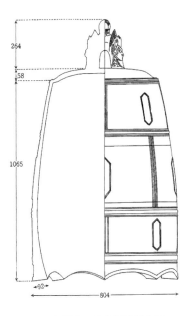

2040 実相寺 日支混淆型式鐘

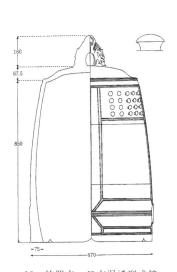

19 笠置寺 日支混淆型式鐘

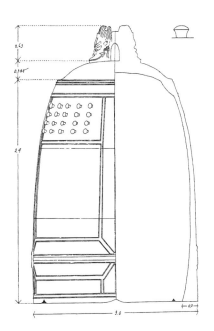

2031 東大寺大勧進所 日支混淆型式鐘

図137 日本の混淆型式鐘 縮尺1/20

（2）　日本の古洋鐘

　さて、上記のような東アジアを特徴づける梵鐘のほかに、日本各地には古洋鐘が保存されている。それらのうち、16～17世紀に位置づけられる鐘が、四口知られている。

　いずれも、天井部はやや丸みを帯びているが、下方にむかって直線的な形状を呈している。鐘身の上部や口縁部外面に凸線で鐘を一周する装飾があり、天井部には釣り手がついている。

　まず、京都市の妙心寺春光院に所蔵されている南蛮寺鐘には、ＨＩＳと1577年の銘がある。ＩＨＳはイエズス会の紋章で、1577年は京都南蛮寺建設の翌年であるため、この鐘は南蛮寺で鳴らされたのではないかとみられている。鋳張りが、中央部の凸帯群の少し上側と、天井部の少し降りた所にみられ、鐘身は３つの鋳型に横分割されていたことがわかる。そして天井部には湯口の痕跡が認められず、吊り手の側面に、わずかなざらつきが認められるので、そこから溶湯を注入したことが推定されている［久保2009］。

　永青文庫所蔵の九曜紋南蛮寺鐘は、春光院蔵鐘と同様に、鐘体を横方向に３分割している。下側の鋳張りが家紋の中心円の下部を切っている。また天井部の少し降った所にＡ３型の湯口の痕跡が明瞭に認められ、その周辺には逃げ遅れた空気の泡の痕跡も残っている。これから、日本鐘製作に習熟した鋳物師の作品であることがよくわかる。また、大阪の南蛮文化館に所蔵されている九曜紋南蛮寺鐘は、永青文庫所蔵品にも類似した鋳型の横分割の痕跡がよく残っているが、湯口の痕跡を丁寧に消し去っている［久保2010］。

　このほか、大分県竹田市の中川神社が所蔵するサンチャゴの鐘があり、これも鐘体の鋳型は横方向に３分割している。この鐘の特徴としては、湯口の痕跡が吊り手の先端部に幅広く残っていることがあげられる。

　洋鐘製作技術をヨーロッパに出かけて調査した吉田晶子さんの研究によれば、洋鐘の製作方法は以下のようなものである［吉田2007］。まず、引き板で鋳物土を引いて内型を成形し、その上に蝋を鐘の厚さだけ塗りつける。装飾や文字が必要な場合には、蝋製の装飾や文字原形をはりつける。その後、上に鋳物土を塗りつけて外型を形成する。そして、これを焼成して、鐘の本体になる隙間の蝋を流し出し、鋳型が完成する。鋳型は一体で形成し、日本鐘のように分割することはない。また、湯口は頂上の釣り手の部分にもうけられるとのことである。

　ヨーロッパの洋鐘の鋳型は一体で作られるのが通例であるが、これらの古洋鐘は、いずれも横方向の鋳型分割法で作られているため、洋鐘の様式を日本鐘の伝統的な鋳造技術で表現したものと考えられる。なお、妙心寺春光院の洋鐘や竹田市中川神社所蔵のサンチャゴの鐘の湯口のありかたは、ヨーロッパの洋鐘の鋳造技術に類似しているが、日本の鋳物師が湯口系の設定において、西洋の技術にのっとって製作した作品とみられる。サンチャゴの鐘は、成分分析によっても日本製とされている［平尾2014］。

第7章　梵鐘をめぐる東アジア文化交流

1　永青文庫所蔵の九曜紋南蛮寺鐘　　　　　　　2　中川神社所蔵のサンチャゴの鐘
　　　　　　　　　　　　　　　　　　　　　　　　（竹田市立歴史資料館寄託）
図138　日本所在の古洋鐘（1　永青文庫写真提供、2　九州国立博物館写真提供）

（3）　様式と技術の混淆型式鐘

　これまでに述べたように、東アジアの中国鐘・朝鮮鐘・日本鐘は、様式と技術の二つの観点からみると、成立展開定型化の過程でたがいに複雑に影響を与えられながら形成されてきた。そして、日本の中世以後の時代においても、様式が混じりあう特徴的な混淆型式鐘も生み出されたことが解明されている。おそらく、近い地域にあって、文化的に相互に影響を受けつつ、なおかつ、民族的な許容性が働いたために、このような現象が生成展開したと考えられるが、成立展開定型化の過程においても、たがいに影響を受けあっているならば、これも混淆現象といえるのではないだろうか。

　この節で紹介した古洋鐘も、坪井氏の分類では模造型式の鐘ということになるのだが、洋鐘の様式を保持しながら日本鐘の技術で作られたということは、異なる様式と異なる技術が合体した、いわば混淆型式とみてよいわけであり、きわめてわかりやすい。

　こうした混淆は、歴史の古い民族や言語の辿った道と同様であり、その混淆のなかにこそ、複雑な歴史の経緯を見いだせるのではないかとも考えられる。つまり、別の様式や別の技術が組合さっているという現象を歴史的に追究することに意味があるのである。そして、それらを単に混淆型式と呼ぶだけでは、その本質はみえてこない。梵鐘の場合は、様式の研究とともに技術の研究をからめることによってはじめて、その製作地や製作者の流派が判明し、その歴史がみえてくるのである。

Ⅳ　東アジア文化交流の世界

（1）　東アジア梵鐘文化に関する研究会

　東アジアの梵鐘を総覧してみようという意図のもとに、最近開催された国際シンポジウムをいくつかあげてみると、以下のようなものがある。

1　北京東アジア梵鐘文化研究会　中国北京市　2004年4月5日　［神崎2004a］

　北京市文物局・大鐘寺古鐘博物館が共催して、中国・韓国・日本の研究者が参加して、講演がおこなわれた。日本からの発表は、杉山洋氏「琉球鐘と中国鐘との文化交流」、神崎勝氏「梵鐘の鋳造遺跡について」の2件であった。

2　国際シンポジウム「東アジアの梵鐘」　日本橿原市　2004年11月5日　［杉山2005］

　奈良文化財研究所飛鳥資料館が主催し、全錦雲女史「中国古鐘の歴史」、崔應天氏「韓国の梵鐘の特徴と変遷について」、杉山洋氏「日本の梵鐘の特徴と変遷について」、神崎勝氏「鋳造遺跡とその変遷」、吉田晶子さん「梵鐘鋳造の民俗技術」の発表があった。東アジア三ケ国の研究者が集った、はじめての研究会として注目すべきものと考えられる。

3　第1回北京国際古鐘文化交流シンポジウム　中国北京市　2005年9月5～8日［五十川2005b］

　中国人民対外友好協会・北京誌文物局が主催し、大鐘寺古鐘博物館が引き受け機関となり、日本国際交流基金ほかの協力により、和敬府賓館において開催された。大鐘寺古鐘博物館館員をはじめとする中国人研究者30名余のほか、フランス・ベルギー・大韓民国の研究者、そして日本人の研究者7名が参加する壮大な集会であった。中国語・日本語・フランス語・ハングルの多様な言語が飛び交い、多数の通訳も大活躍して、華やかな研究会が展開した。

　日本人の発表には、神崎勝氏「古鐘の龍頭」、上野恵司氏「飛鳥奈良時代古鐘の形態分類」、石田肇氏「日本に所在する各種の型式の古鐘」、杉山洋氏「古代梵鐘の日中比較——東アジア三国の梵鐘の世界——」、五十川「鋳造遺跡からみた古鐘の鋳造技術」があり、中国側からは大鐘寺古鐘博物館の全錦雲女史「中国古鐘の期限と変化」、同博物館の庾華女史「中国少数民族の鐘鈴文化」などがあった。また、250頁にもわたる資料集『第1回北京国際古鐘文化交流シンポジム資料集』が参加者に配布され、世界の鐘文化を追究しようとする並々ならぬ意欲が感じられた。

4　韓国月精寺シンポ「上院寺鐘について」　韓国江原道　2005年10月2日　［杉山2006］

　大韓民国江原道昌郡珍富面に現存し、韓国最古の梵鐘とされる上院寺鐘をめぐる研究発表会が開催され、韓国の研究者が、本鐘の製作技術・音声学的研究・銘文などに関して研究発表をおこなったほか、北京大鐘寺古鐘博物館の全錦雲女史による中国鐘に関する発表、杉山洋氏の日本鐘に関する発表があった。その研究発表の詳細については、月精寺聖寶博物館編『上院寺銅鐘の綜合的検討』（2005年）が刊行されている。

第7章　梵鐘をめぐる東アジア文化交流

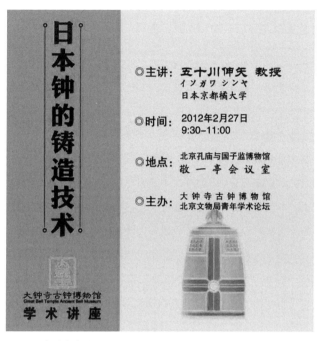

図139　大鐘寺古鐘博物館学術講座のポスター（部分）

　しかしながら、これらのシンポジウムの発表において、筆者も含めて、発表者は、自身の国の鐘の研究成果を紹介するものが多く、他国の研究成果に学びつつ、自国の梵鐘と比較検討をすることは、基本的にはおこなわれなかったように思われる。このような現状に対し筆者は、北京大鐘寺古鐘博物館館長助理の庾華女史のおすすめによって、2012年2月27日に大鐘寺古鐘博物館学術講座として、北京孔廟与国子監博物館敬一亭会議室で「日本鐘的鋳造技術」と題して、中国語で講演をおこなった。この講演では、論題のとおり日本鐘の様式と技術に関して、梵鐘の実物・鋳造遺跡・鋳鐘民俗について、スライドを使って詳しく紹介したが、それにとどまることなく、日本鐘の様式の淵源を中国鐘にもとめる立場から、これまでに調査した中国鐘・中国の鋳鐘民俗をもとに、古代の日本鐘と唐代の中国鐘の様式と技術を比較検討して、日中の梵鐘の時代的変化に連動が認められる可能性を指摘した［五十川編2013 p10］。
　そして、日本鐘の成立と展開は、中国鐘から直線的に説明できるものではなく、朝鮮半島を媒介して実現されたとみるべきであり、日本鐘は、東アジア文化が生んだ多様な様式と技術を融合発展させることによって創生されたと筆者はみる。さらに、これまで述べたように日本鐘の成立と展開の後にも、東アジアにおいて梵鐘の様式や技術の連動や影響があったとするなら、それは東アジアの梵鐘が、混淆的な発展を遂げたことを示すものであろう。こうした東アジア梵鐘文化とも呼ぶべきものの解明は、国際的学術交流を今後も活発に推進しなければ開拓することのできない研究課題であろう。

（2）　東アジア梵鐘文化における伝播・混淆・伝統そして文化的景観

1　文化の伝播──文化は高きところから低きところに自然に流れるとはかぎらない

　文化の始発地点と到達地点を確定することは、文化交流史研究の第一歩であるが、その文化交流の歴史的意義の検討をしなければならない。また、文化は高きところから低きところに、流れるのが自然だというのはまちがいであろう。文化交流史を考えるうえで、注意しなければならないことは、文化を受容する側も、何を受けとめるかを選択したことである。

　礪波護氏は、遣唐使が将来しなかった文化・文物として、隋唐代に仏教に刺激されて盛んとなっていた道教をあげている。その理由として、日本には道教経典の古い写本が残っておらず、唐律の賊盗律には道士・女官の天尊像を盗み毀した時の罰則規定があるが、日本の賊盗律には、そんな条項がなく、まったく想定外のことだったと指摘されている [礪波2005 pp317-318]。道教文化を意図的に拒否し、その侵入を断固拒絶したのは、伝統的な日本の神と道教の神との競合を恐れたからであろう。

　このほか、考古資料からは、奈良時代に三彩釉陶器の実物やその製作技術が流入したことがわかる。しかし、器種の圧倒的多数は、椀や皿などの供膳具、香炉・火舎のような小型仏具、あるいは陶枕というような高級調度であり、造形的な人間像や神獣像は、ほとんど入ってきた形跡がみられない。中国西安に行って陝西省博物館に入ると、たくさんの古代鎮墓神物が並んでおり、その高い写実性におどろかされる [張2004]。しかし、こうした造形的な器物類は、日本にほとんど輸入されず、また日本において製作されなかったのは、道教の流入を禁止したのと同じように、それまで築かれてきた日本の伝統的墓制や信仰との軋轢や競合を恐れたことも一因であろう。高い文化であろうとなかろうと、文化を受け入れる側の者にも、様々な理由により選択するという判断が働いていることを忘れてはいけない。

　話を梵鐘にもどすと，梵鐘の製作技術の渡来にあたっては、中国のある地域にあった様式と技術が、そっくりそのまま日本に将来されることが難しいという事情があったのではないだろうか。梵鐘が、はるばる海を越えて搬送されるという例のあることは紹介したが、それは頻繁で容易なことではなかっただろう。運搬が容易ではない大型鋳物としての特質を、さらに検討する必要があると考えられる。

2　文化の混淆──文化は枝わかれするだけでなく定着後にも絡み合う

　動植物の進化経過を表現するための方法として、よく系統樹が示されている。種の分化を、幹から枝がわかれてゆくというイメージはきわめてわかりやすく、多くの人々を納得させるが、よく考えてみると、すべての種が、枝わかれして発展してきた結果として現在の種が生成したとはかぎらない。たとえば、分化した後に隣接する近縁な別種との影響によって、新たな種に発展するという経過もおおいにありうるのである [中尾・三中信2012]。

そして、これらの現象を説明する方法が混淆という概念であった。しかし、前述のように、両者の混淆ということを語っても、それだけでは歴史的な説明にならない。梵鐘の場合には、まず、その製作者を確定しなければならない。そのためには、様式と技術の両者にわたって、検討をすすめ、そうした混淆の生じた歴史的理由を考察しなければならない。

3　文化の伝統──伝統とは絶えず変化する文化のある定点を示す言葉にすぎない

　古くから確定していて、変化していないと思われるものを、我々は、よく「伝統的」という形容詞をつけて呼ぶことが多い。しかし、古くから確定していて変化しなかったものなんぞ、この世界に存在するのだろうか。そんなものは、あっても極めて少ないのではないか。

　19世紀イタリア統一の混乱と動揺のなかで、没落してゆくシチリア貴族の一家を描いた映画『山猫』（ルキノ・ヴィスコンティ監督）で、あまりにも激しく移り変わる世の中に対して、サリーナ公爵は「（貴族階級は）変革で尊厳を失うだろうが、なにかを変えなければ維持できないのだ」「終わりではない、すべての始まりだ。これも伝統なのだ」と言いはなっている。G.ランペドゥーザによる原作『山猫』に詳しい武谷なおみさんと、夫君である内田俊秀氏にお聞きしたところ、原作の中には「これも伝統なのだ」という台詞はないのだが、政治体制や経済体制の激変する時期において自らの文化や経済的利益を守ろうとするならば、実利を取りつつ体裁も中身も少しずつ変化させる必要があるという貴族の態度を、「伝統」という言葉に込めて表現しているのでしょうとのことであった。

　こうした伝統における内容の変化は、世の中に長く継続して存在するあらゆるものの運命であり、その内容の変化こそが、歴史だといってもよいものである。12〜13世紀に生じた日本鐘の定型化は、龍頭・撞座・袈裟襷などの装飾要素を中心とする様式的伝統の完成ととらえられてきたが、そのほか鋳型分割や湯口系を中心とする技術的伝統の変革も生じていたのである。これは、古代鐘の伝統を乗りこえて達成された新しい伝統と呼ぶべきものであった。今後は、日本鐘定型化における様式的・技術的伝統の変革の歴史的意義を探求するとともに、中世以降の日本鐘の伝統の変容と展開を解明する作業を開拓したい。

4　梵鐘に関わる文化的景観──「煙寺晩鐘」山のお寺の鐘が鳴る

　北宋の官僚宋迪は、長沙(湖南省)に赴任した時に山水図を描いた。後にこの画題が流行して瀟湘八景となり、鎌倉時代後期には日本にも流入した。瀟湘八景の一景である「煙寺晩鐘」は「夕霧に煙る遠くの寺より届く鐘の音を聞きながら迎える夜の情景」を示し近江八景にみえる「三井晩鐘」など、日本人好みの文化的景観として継承されており、童謡夕焼け小焼けにも「山のお寺の鐘が鳴る」として「煙寺晩鐘」の文化的景観が歌いあげられ、日本人の心の中に深くしみこんでいる。このような文化的景観の伝播も、東アジアの各国に展開した梵鐘文化の重要な一形象ととらえられる［堀川2002］。この梵鐘にまつわる文化的景観の展開についても、今後検討をすすめたいと思う。

参考文献

以下の4冊の報告書に関しては、略称を与えたので、了承されたい。

①五十川伸矢編　2005　『新領域創生部門「A01-2日本中世の銅鉄の金属生産とその流通に関する研究　中間報告」』（平成14～18年度文部科学省科学研究費特定領域研究「中世考古学の総合的研究」（研究代表者前川要）新領域創生部門「A01-2日本中世の銅鉄の金属生産とその流通に関する研究　中間報告）

　　　→［五十川編2005］『銅鉄の金属生産とその流通』と略す

②五十川伸矢編　2008　『日中梵鐘の鋳造技術と鋳造工人』（平成19年度文部科学省科学研究費特別研究促進費「中世における銅鉄の金属生産とその流通に関する研究」報告書）

　　　→［五十川編2008］『日中梵鐘の鋳造技術と鋳造工人』と略す

③五十川伸矢編　2013　『中国鐘の様式と技術』（平成23～24年度科学研究助成事業における学術研究助成基金助成金基盤研究（C）「日本鐘の成立展開定型化過程における東アジア文化交流の研究」中間報告）

　　　→［五十川編2013］『中国鐘の様式と技術』と略す

④五十川伸矢編　2014　『日本鐘をめぐる東アジア文化交流』（平成23～25年度の科学研究助成事業における学術研究助成基金助成金基盤研究（C）「日本鐘の成立展開定型化過程における東アジア文化交流の研究」最終報告）

　　　→［五十川編2014］『日本鐘をめぐる東アジア文化交流』と略す

あ

赤熊浩一編　　　　1994　『金井遺跡B区』第3分冊（『埼玉県埋蔵文化財調査事業団報告書』146）

芦屋町・芦屋町教育委員会　1991　『芦屋釜展』図録

足立喜六　　　　　1933　『長安史蹟の研究』東洋文庫

網野善彦　　　　　1984　『日本中世の非農業民と天皇』岩波書店

網野善彦　　　　　1997　「宗教と経済活動の関係」『日本中世に何が起きたか―都市と宗教と「資本主義」―』

　　　　　　　　　　　　　日本エディタースクール出版部（復刊　洋泉社新書002　2006）

池田善文　　　　　2011　「長登銅山跡の調査成果―古代の製錬技術について―」『鋳造遺跡研究資料2011』

池田善文　　　　　2015　『長登銅山跡―長門に眠る日本最古の古代銅山―』（日本の遺跡49）同成社

石野亨・小沢良吉・稲川弘明　1984　『鐘をつくる』（図説日本の文化をさぐる［4］）小峰書店

五十川伸矢　　　　1988　「鴨東白河の鋳物工房」『京都大学構内遺跡調査研究年報　昭和60年度』

五十川伸矢　　　　1991　「土取りの歴史的変遷」『京都大学埋蔵文化財調査報告』Ⅳ

五十川伸矢　　　　1992a　「滋賀県龍王寺の梵鐘」『塑像出土古代寺院の綜合的研究』

　　　　　　　　　　　　　（京都大学文学部考古学研究室編平成3年度科学研究費補助金研究成果報告書）

五十川伸矢　　　　1992b　「鋳造工人の技術と生産工房」『考古学と中世史研究』名著出版

五十川伸矢　　　　1992c　「古代・中世の鋳鉄鋳物」『国立歴史民俗博物館研究報告』46

五十川伸矢　　　　1994a　「梵鐘の鋳造遺跡」『考古学ジャーナル』372

五十川伸矢　　　　1994b　「中世の鋳物生産と鋳造工人」網野善彦編『中世を考える　職人と芸能』吉川弘文館

五十川伸矢　　　　1994c　「京都大学構内の梵鐘鋳造遺構」『月刊文化財』350

五十川伸矢　　　　1995　「丹南の鋳物師」『中世の風景を読む』5　新人物往来社

五十川伸矢　　　　1997　「ビデオ紹介『中国古代製鉄史Ⅱ』」『鋳造遺跡研究資料1997』

五十川伸矢　　　　2000a　「中国の銅鐘鋳造技術」『あまのともしび　原口正三先生古稀記念集』

五十川伸矢　　　　2000b　「鋳造遺跡研究会の10年」『鋳造遺跡研究資料2000』

五十川伸矢　　　　2002　「銅と鉄の鋳造」『古代から近世初頭にいたる鉄と銅の生産の歴史』雄山閣

五十川伸矢　　　　2003　「中世前半の大型鋳物製作技術」シンポジム「中世諸職」実行委員会『中世諸職』

五十川伸矢　　　　2004　「鋳物の歴史的研究と学融合」前川要編『中世総合資料学の可能性』新人物往来社

五十川伸矢　　　　2005a　「日本古代・中世の鋳造技術―鋳造土坑から復原される鋳造技術―」

　　　　　　　　　　　　　五十川編『銅鉄の金属生産とその流通』

五十川伸矢　　　　2005b　「第1回北京国際古鐘文化交流シンポジウム」『鋳造遺跡研究資料2005』

五十川伸矢	2006a	「京都市山科区安祥寺の梵鐘」『安祥寺の研究Ⅱ―京都市山科区所在の平安時代初期の山林寺院―』（京都大学大学院文学研究科21世紀ＣＯＥプログラム「グローバル時代の多元的人文学の拠点形成」成果報告書）
五十川伸矢	2006b	「日本古代の梵鐘と中世の梵鐘」『鋳造遺跡研究資料2006』
五十川伸矢	2007	「記録されたヨーロッパの鐘作り」『鋳造遺跡研究資料2007』
五十川伸矢	2008a	「江南の鋳鐘技術」五十川編『日中梵鐘の鋳造技術と鋳造工人』
五十川伸矢	2008b	「鋳物生産の民俗例と解説図」『いもの研究』17
五十川伸矢	2009a	「日本小型鐘の製作技術」『一山典膳暦記念論集考古学と地域文化』
五十川伸矢	2009b	「鐘王的奥義―ビデオ中国古代科学技術―」『鋳造遺跡研究資料2009』
五十川伸矢	2009c	「中国語古鐘鋳造技術用語集」『鋳造遺跡研究資料2009』
五十川伸矢	2009d	「みんぱく映画会「梵鐘づくり2008.11.1」」『鋳造遺跡研究資料2009』
五十川伸矢	2010a	「みちのくの古鐘生産」『兵たちの生活文化』（『兵たちの時代』Ⅱ）高志書院
五十川伸矢	2010b	「中国鐘の鋳型分割と日本鐘の成立」『鋳造遺跡研究資料2010』
五十川伸矢	2010c	「中国鐘の鋳型分割」『坪井清足先生卒寿記念論文集―埋文行政と研究のはざまで―』
五十川伸矢	2011	「民俗例からみた中国鐘の鋳鐘技術」『鋳造遺跡研究資料2011』
五十川伸矢	2012a	「中国鐘の鋳型分割の変化」『京都橘大学研究紀要』38
五十川伸矢	2012b	「中国鐘の外型縦横分割」『鋳造遺跡研究資料2012』
五十川伸矢	2013a	「中国唐鐘の様式と技術」五十川編『中国鐘の様式と技術』
五十川伸矢	2013b	「梵鐘鋳造の造型技術の変化―ジョウ（底型）と内型・外型の組み合せ―」『鋳造遺跡研究資料2013』
五十川伸矢	2013c	「吉田晶子さん追悼」『鋳造遺跡研究資料2013』
五十川伸矢	2014a	「中国古鐘の様式と技術」五十川編『日本鐘をめぐる東アジア文化交流』
五十川伸矢	2014b	「朝鮮古鐘の様式と技術」五十川編『日本鐘をめぐる東アジア文化交流』
五十川伸矢	2014c	「日本鐘は、どのように形成されたか」『いもの研究』23
五十川伸矢	2014d	「関東物部姓鋳物師と丹治久友」『鋳造遺跡研究資料2014』
五十川伸矢	2015	「庾華女史の新著『鐘鈴文物探微』」『鋳造遺跡研究資料2015』
五十川伸矢編	2005	『銅鉄の金属生産とその流通』
五十川伸矢編	2008	『日中梵鐘の鋳造技術と鋳造工人』
五十川伸矢編	2013	『中国鐘の様式と技術』
五十川伸矢編	2014	『日本鐘をめぐる東アジア文化交流』
五十川伸矢・飛野博文	1984	「京都大学教養部ＡＰ22区の発掘調査」『京都大学構内遺跡調査研究年報　昭和57年度』
五十川伸矢・宮本一夫	1988	「京都大学医学部構内ＡＮ18区の発掘調査」『京都大学構内遺跡調査研究年報　昭和60年度』
伊藤敦史	1999	「京都大学総合人間学部ＡＯ22区の発掘調査」『京都大学構内遺跡調査研究年報　1995年度』
上原静	2009	「首里城城西ノアザナの鍛冶鋳造工房跡」『鋳造遺跡研究資料2009』
大分市教育委員会	1999	『豊後国分寺跡　平成10年確認調査概要報告書』
大阪府教育委員会	1995	『日置荘遺跡』本文編
大重優花	2011	「山口県防府天満宮所蔵の油田天福寺梵鐘」『七隈史学会第13回大会資料』
大道和人	2003	「半地下式竪形炉の系譜」『考古学に学ぶ　Ⅱ』（同志社大学考古学シリーズ　Ⅷ）
大庭泰時	2006	「鴻臚館跡における梵鐘鋳造」『鋳造遺跡研究資料2006』
大森順雄	1987	「願行上人とそれをとりまく鋳師たち」『鉄仏』（『日本の美術』252）

か

鹿取一男	1989	『美術鋳物の手法』アグネ
香取忠彦	1970	「梵鐘（鐘楼）」『奈良六大寺大観』第9巻　東大寺　岩波書店
香取秀真	1914	「丹治姓の鋳師と鎌倉の大佛」『考古学雑誌』5-1（『金工史談』所収）
神崎勝	1993	「梵鐘の鋳造遺跡とその変遷」『考古学研究』40-1

神崎勝	2000	「中国鐘の分類について」『梵鐘』12
神崎勝	2004a	「北京東アジア梵鐘文化研究会参加報告」『鋳造遺跡研究資料2004』
神崎勝	2004b	「真土の語源について」『梵鐘』17
神崎勝	2006	『冶金考古学概説』雄山閣
神崎勝	2007	「中国鐘の変遷」『鋳造遺跡研究資料2007』
神崎勝	2010	「中国鐘の変遷と地域的特色」『立命館大学考古学論集』V

北九州市教育文化事業団　1990　『室町遺跡―小倉鋳物師に関する遺跡の調査―』
京都府埋蔵文化財調査研究センター　1982　『梵鐘鋳造遺構の現状とその諸問題』（第8回研修会資料）

| 久保智康 | 2009 | 「銅鐘　ＩＨＳ紋入」『妙心寺』図録　読売新聞社 |
| 久保智康 | 2010 | 「九曜紋鐘」『細川家の至宝』図録　読売新聞社 |

倉吉市教育委員会　1986　『倉吉の鋳物師』

河野史郎	1999	「豊後国分寺跡梵鐘鋳造遺構について」『鋳造遺跡研究資料1999』
古尾谷知浩	2008	「古代の鋳銅」『名古屋大学文学部研究論集史学』54
古尾谷知浩	2009	「平安時代の梵鐘生産」『名古屋大学文学部研究論集史学』55

さ

財前謙　2015　『日本の金石文』芸術新聞社
堺市みはら歴史博物館　2004　『河内国から摂津国へ―山河姓鋳物師の足跡を追って―』図録
滋賀県教育委員会　1987　『近江の鋳物師』1
滋賀県教育委員会　1988　『近江の鋳物師』2

鋤柄俊夫	1993	「中世丹南における職能民の集落遺跡」『国立歴史民俗博物館研究報告』48
杉山洋	1994	「平等院鐘の製作年代と『空白の二世紀』」『佛教芸術』216
杉山洋	1995	『梵鐘』（『日本の美術』355）至文堂
杉山洋	2005	「特別展示『古代の梵鐘』と国際シンポジウム『東アジアの梵鐘』」『鋳造遺跡研究資料2005』
杉山洋	2006	「月精寺シンポ『上院寺鐘について』」『鋳造遺跡研究資料2006』
杉山洋	2007	「東南アジアの梵鐘」『鋳造遺跡研究資料2007』
杉山洋	2013	「梵鐘の鋳造について」『文化財学の新地平』（奈良文化財研究所編『文化財論叢Ⅳ』）
鈴木勉	1997	「文字の鋳造技術とその分類―梵鐘鋳造技術との関連から―」『第7回鋳造遺跡研究会資料』
関野貞	1934	「遼の銅鐘」『美術研究』26（『支那の建築と芸術』岩波書店1938年所収）

宋応星撰・藪内清訳注　1969　『天工開物』（東洋文庫130）　平凡社

た

| 瀧遼一 | 1941 | 「六朝時代の梵鐘」『考古学雑誌』31-1 |

全錦雲著・神崎勝訳　2001　「中国鐘の変遷とその歴史的背景」『梵鐘』13

| 崔應天 | 2007 | 『韓国の梵音具に関する研究』（博士論文）九州大学・国立国会図書館蔵 |

鋳造遺跡研究会　2008　『鋳造遺跡研究資料2008』

坪井良平	1939	『慶長末年以前の梵鐘』（『東京考古学会学報』第2冊）
坪井良平	1941	「平等院鐘の鋳造年代に就いて」『史迹と美術』131
坪井良平	1956	「中世相模梵鐘鋳物師考」『金沢文庫研究』140
坪井良平	1947	『梵鐘と古文化』大八洲出版
坪井良平	1970	『日本の梵鐘』角川書店
坪井良平	1972	『日本古鐘銘集成』角川書店
坪井良平	1974	『朝鮮鐘』角川書店
坪井良平	1976a	「鎌倉時代の梵鐘鋳物師」『月刊文化財』1976年3月号
坪井良平	1976b	『梵鐘―その源流と変遷をたどる―』学生社
坪井良平	1977	「梵鐘鋳型の出土例」『史迹と美術』477

坪井良平　　　　1983　「梵鐘の鋳造址」『仏教芸術』148
坪井良平　　　　1984　『歴史考古学の研究』ビジネス教育出版社
坪井良平　　　　1984a　「支那鐘随想」『歴史考古学の研究』ビジネス教育出版社
坪井良平　　　　1984b　「支那梵鐘年表稿」『歴史考古学の研究』ビジネス教育出版社
坪井良平　　　　1989　『梵鐘と考古学』ビジネス教育出版社
坪井良平　　　　1991　『梵鐘の研究』ビジネス教育出版社
坪井良平　　　　1993　『新訂梵鐘と古文化』ビジネス教育出版社
坪井良平　　　　1994　『梵鐘実測図集成』（『奈良国立文化財研究所史料』第37・38冊）（同上）
東野治之　　　　1999　『遣唐使船　東アジアのなかで』朝日新聞社
東野治之　　　　2010　「遣唐使の時代―「空白の三十年」をめぐって―」奈良国立博物館『大遣唐使展』図録
常磐大定・関野貞編　1939-1941　『支那文化史蹟』法蔵館
友野良一　　　　1980　『寺平遺跡』長野県上伊那郡飯島町
鳥越俊行　　　　2014　「ハンディ蛍光Ｘ線分析装置による琉球鐘の科学調査」『鋳造遺跡研究資料2014』
礪波護　　　　　2005　「日本にとって中国とは何か」『中国の歴史』12　講談社

な

中井一夫　　　　1994　「東大寺戒壇院東地区の鋳造遺構」『考古学ジャーナル』372
中尾央・三中信宏編著　2012　『文化系統学への招待　文化の進化パターンを探る』勁草書房
中西亨　　　　　1985　「唐景雲二年鐘及びその拓本との出会い」『史迹と美術』553
長野垳志　　　　1933　「愛知県下に於ける鎌倉期の梵鐘」『なのか』9
奈良国立博物館　2010　『大遣唐使展』図録
奈良国立文化財研究所　1993　『梵鐘実測図集成』上・下（奈良国立文化財研究所史料37・38）
奈良文化財研究所飛鳥資料館　2004　『新羅鐘・高麗鐘拓本実測図集成』
奈良県教育委員会事務局奈良県文化財保存事務所　1967　『国宝東大寺鐘楼修理工事報告書』
西村強三　　　　1987　「梵鐘竜頭の鋳造に関する一資料―山口・興隆寺鐘と福岡・光明寺鐘―」
　　　　　　　　　　　『九州歴史資料館研究論集』12
日本鋳物協会　1988　『図解鋳物用語辞典』第2版　日刊工業新聞社

は

原田淑人　　　　1957　『中国考古学の旅』毎日新聞社
平尾良光　　　　2014　「コラム⑤サンチャゴの鐘」『大航海時代の日本と金属交易』思文閣出版
枚方市教育委員会　1990　『枚方の鋳物師（一）』
平子鐸嶺　　　　1907　「薬師寺東塔檫銘憶説」『學燈』11-9（『佛教藝術の研究』三星社出版部1923所収）
藤吉史郎　　　　2000　「田村遺跡の梵鐘鋳造土坑」『鋳造遺跡研究資料2000』
庵丁道明　　　　2001　「河内鋳物師に関する二、三の考察」『鋳造遺跡研究資料2001』
庵丁道明　　　　2007　「梵鐘と鋳物師―技と伝承―」『鋳造遺跡研究資料2007』
Rudolf P. Hommel ホムメル著・国分直一訳　1992　『中国手工業誌』法政大学出版局
堀川貴司　　　　2002　『瀟湘八景―詩歌と絵画に見る日本化の様相―』臨川書店

ま

水野一夫　　　　2013　「仙台市薬師堂東遺跡の梵鐘鋳造遺構」『鋳造遺跡研究資料2013』
三船温尚　　　　2003　「中国明清代の鋳造技法その一・北京故宮博物院の罐に関する調査報告と考察」
　　　　　　　　　　　『高岡短期大学紀要』18
妙見山麓遺跡調査会　1987　『播磨産銅史の研究』
村上伸二　　　　2006　「東国における鋳物師のむら―鎌倉時代の関東にみえる鋳物師の重層的動向とその世界―」
　　　　　　　　　　　『鎌倉時代の考古学』高志書院

や

藪内清編　　　　1955　『天工開物の研究』（京都大学人文科学研究所研究報告）

湯川紅美　　　2013　「中国唐鐘の銘文」五十川編『中国鐘の様式と技術』
横浜市歴史博物館　2000　『中世の梵鐘―物部姓鋳物師の系譜と鋳造―』図録
吉田晶子　　　1992　「鋳物業に使用された踏鞴の構造について ―復元された田中家の踏鞴の紹介と若干の
　　　　　　　　　　　　考察―」『枚方市文化財研究調査会研究紀要』2
吉田晶子　　　1993　「近代産業以前の梵鐘鋳造技術について」
　　　　　　　　　　　『関西大学考古学研究室開設四十周年記念考古学論叢』
吉田晶子　　　1998　「真土型造型における鋳物土の再製造システム」
　　　　　　　　　　　『網干善教先生古稀記念考古学論集』
吉田晶子　　　2003　「鋳物生産の民俗例と鋳造遺跡の研究」『鋳造遺跡研究資料2003』
吉田晶子　　　2004a　「江戸時代の鋳物業」『ふぇらむ』9-3
　　　　　　　　　　　（一般社団法人日本鉄鋼協会『遥かなる和鉄』慶友社2015所収）
吉田晶子　　　2004b　「梵鐘鋳型の造型方法」『国立民族学博物館研究報告』29-1
吉田晶子　　　2007　「欧州の鐘作り」『鋳造遺跡研究資料2007』
吉田晶子　　　2008　「周家の鋳鐘技術」五十川編『日中の鋳造技術と鋳造工人』
　　　　　　　　　　　（五十川編『日本鐘をめぐる東アジア文化交流』に再録）
吉田晶子　　　2013　「中国鋳鐘の民俗技術―蕉湖と瀋湖―」五十川編『中国鐘の様式と技術』
吉田晶子・五十川伸矢　2003　「鋳物生産の民俗例一覧」『鋳造遺跡研究資料2003』

わ

和歌山県文化財センター　2006　『高田土居城跡・徳蔵地区遺跡・大塚遺跡』

中国語文献

北京文物精粋大系編委会・北京文物事業管理局　2000　『北京文物精粋大系・古鐘巻』北京出版社
大鐘寺古鐘博物館　2006　『北京古鐘』上・下　北京燕山出版社
大鐘寺古鐘博物館　2010　『中国楽鐘研究論集』北京燕山出版社
韓汝玢・阿俊主編　2007　『中国科学技術史礦冶巻』科学出版社
韓戦明　　　　2001　「永楽大鐘鋳造工芸探索」『大鐘寺古鐘博物館建館二十周年紀年文集』
　　　　　　　　　　　（大鐘寺古鐘博物館編『北京古鐘』下　北京燕山出版社2006に再録）
蔣廷瑜　　　　2008　「広西所見唐和南漢時期的佛鐘」『巨贊大師誕辰百年学術研討会論文』
李京華　　　　1999　「東周編鐘鋳造造型技術的研究」『中原文物』1999年第2期
梁允華　　　　2014　「越南出土之唐代貞元時期鐘銘―青梅社鐘―」『中原文物』2014年第6期
賈連敏・曽曉敏・韓朝会　2004　「鄭州市商代遺迹及唐宋鋳鐘遺迹」『中国考古学年報』2004
全錦雲　　　　1998　「試論中国古鐘的区分与探討」『北京文博』1998-1
全錦雲　　　　2000　「北京古鐘文化放談」『北京文物精粋大糸古鐘編』北京出版社
全錦雲　　　　2006　「北京古鐘的起源与演変」『北京古鐘』下　北京燕山出版社
山西省文物考古研究所　2011　「大同雲岡窟頂再次発現北魏至遼金佛教寺院遺址」『中国文物報』
　　　　　　　　　　　2011年12月2日4版
孫機　　　　　1998　「中国梵鐘」『考古与文物』1998年第5期
譚旦冏　　　　1956　『中華民間工藝圖説』中華叢書委員會
譚德睿・陳美怡主編　1996　『芸術鋳物』上海交通大学出版社
温廷寛　　　　1958　「幾種有関金属工芸的伝統技術」『文物参考資料』1958年第5期
王明琦　　　　1992　「存世大鐘的形制与時代特徴」『瀋陽文物』1992年創刊号
王志高・賈維勇　2005　「南京発現明代鋳鐘遺迹及相関問題」『華夏考古』2005年第3期
廣華　　　　　2011　「従寒山寺元代鉄鐘看鐘鈴芸術的発展」『芸術市場』2011年第2期（[廣2014]所収）
廣華　　　　　2014　『鐘鈴文物探微』北京燕山出版社
張松林　　　　2004　『中国古代鎮墓神物』文物出版社

ハングル文献

国立慶州博物館　1999a　『聖徳大王神鍾　綜合調査報告書』

国立慶州博物館　1999b　『聖徳大王神鍾　綜合論考』

羅亨用　　　　1999　「聖徳大王神鍾の鋳造法に関する考察」『聖徳大王神鍾　綜合論考集』

羅亨用　　　　2005　「上院寺梵鐘の鋳造法に対する考察」『上院寺銅鐘の綜合的検討』

廉永夏　　　　1999　「韓国梵鐘に関する研究」『聖徳大王神鍾　綜合論考集』

月精寺聖寶博物館　2005　『上院寺銅鐘の綜合的検討』

趙由典　　　　1981　「感恩寺址発掘調査概要」『古文化』19　韓国大学博物館協会

鎮川鐘博物館　2011　『鎮川鐘博物館』図録

その他

Giuseppe Bertuccioli, "La Cina nelle lastre di Leone Nani (1904-1914)", Fondacione Civita Bresciana, Grafo, 1994

Shinya Isogawa ; Casting Sites of Bronze Bell and Iron Kettle in Ancient and Medieval Japan, ISIJ International Vol. 54 No. 5, The Iron and Steel of Japan, 2014.5

謝　辞

　まず、梵鐘資料をご所蔵の寺社の皆様方、あるいは文化財関係機関の方々に対して、貴重な名宝を見学させていただいたことに深くお礼を申し述べたい。また、鋳鐘民俗技術の聞き取りにあたっては、鋳造工人の方々に貴重な時間を割いていただき、お話しを聞くことができた。こころより皆様方の親切に深謝する次第である。

　また、この研究を進められたのは、いつも刺激と助力を与えてくれた周囲の人々のおかげである。とくに中国や韓国に所在する中国鐘や朝鮮鐘の調査にあたっては、京都橘大学文学部の王衛明先生に見学の便をとっていただき、先輩の木谷義紀氏にも同行いただいて、はるばると梵鐘を訪ねる旅を満喫できた。また、25年間にわたり研究活動を続けている鋳造遺跡研究会の友人たちがいなかったら、この研究は進んでいなかったと思う。

　鋳鐘民俗技術については、吉田晶子さんに日頃からご教示をいただき、中国の鋳鐘民俗技術の調査は充実したものとなったが、不幸にも2013年3月に急逝され、調査は中断した。また、梵鐘研究者である妙見山麓遺跡調査会の神崎勝氏、奈良文化財研究所の杉山洋氏、科学研究費の研究協力者として銘文研究を分担していただいた日本銀行金融研究所貨幣博物館の学芸員の湯川紅美さん、鋳造遺跡研究会の同人の庖丁道明氏には、たえず学問的教示を深く受けた。

　関西を中心とする古鐘資料の探索と見学については、元興寺文化財研究所の狭川真一氏から様々な情報をいただき、見学の便をとっていただいた。また、埼玉県内所在の物部姓鋳物師による古鐘資料の調査に際しては、埼玉県嵐山町の村上伸二氏のお世話になった。

　ハングル文献の翻訳や解釈については、黒田慶一氏に全面的にたよった。このほか、国外の研究者として、湖北省武漢にある中南民族大学でご活躍中の庾華女氏には、中国鐘の資料の数々を紹介いただき、北京芸術博物館の韓戦明氏には、中国の鋳鐘民俗例についての教示を受け、古鐘調査の便をとっていただいた。

　このほか、奈良大学文学部教授で、高校の先輩である東野治之氏には、たえず有益な助言をいただいた。吉岡康暢先生には、国立歴史民俗博物館における共同研究以来、お世話になってきたが、鋳物生産に関する研究を早くまとめることを慫慂され、たびたび激励をたまわった。さらに、坪井清足先生には、梵鐘の技術研究に関してたえず激励をいただいた。以上の各位の皆様方には、深い謝意を表したいと思う。

　また、本書の姿形を整えていただいた岩田書院の岩田博社長にも、深甚の謝意を表したい。わがままなレイアイトに悪戦苦闘されたことと思う。

研究助成補助金・出版助成補助金

　本書の作成と出版にあたっては、以下のような研究助成と出版助成をたまわることができた。巻末ながら記して、感謝の意を表したい。

Ⅰ　研究助成

①文部科学省科学研究費特定領域研究

　　「中世考古学の総合的研究」（研究代表者前川要）における

　　新領域創生部門「A01-2日本中世の銅鉄の金属生産とその流通に関する研究」

　　2003〜2006年度　課題番号15068214

　　成果報告［五十川編2005］『銅鉄の金属生産とその流通』

②文部科学省科学研究費特別研究促進費

　　「中世における銅鉄の金属生産に関する研究」

　　2007年度　課題番号19900120

　　成果報告［五十川編2008］『日中梵鐘の鋳造技術と鋳造工人』

③京都橘大学学術研究奨励研究

　　「日本鐘の変遷過程における外国鐘の影響」2010年度

④科学研究助成事業における学術研究助成基金助成金基盤研究（C）

　　「日本鐘の成立展開定型化過程における東アジア文化交流の研究」

　　2011〜2013年度　課題番号23520936

　　成果報告［五十川編2013］『中国鐘の様式と技術』

　　　　　　　［五十川編2014］『日本鐘をめぐる東アジア文化交流』

Ⅱ　出版助成

　京都橘大学学術刊行物出版助成　2015年度　40万円

　五十川伸矢『東アジア梵鐘生産史の研究』岩田書院　2016

あとがき

　筆者が高校生の時、世界史を講じておられた宮川秀一先生が、大学では考古学を研究したいと公言していた私に「君は、将来どんな考古学を遂行するつもりか？」と質問された。返答に窮している私に、先生は、坪井良平氏という梵鐘一筋の考古学研究者のことを紹介された。きっと「一つの研究対象にしぼり、一生をかけて研究しつづける」という仕事の偉大さを説明されたと思うのだが、高校生に、そんな深遠な生き方がわからなかったのは当然であった。

　ところが、筆者は、京都大学構内の遺跡調査において、梵鐘鋳造の遺跡に遭遇してしまい、鋳物という一生の研究対象にゆきあたって、まったく予想外の世界に入っていったのである。これは、ほんとうに幸運な遭遇であった。

　以下に、本書に述べた筆者の梵鐘の研究過程について簡単に説明する。

①まず、坪井氏の様式の研究に学びつつも、技術の視点を本格的にとり入れて、梵鐘を分析しようとした。氏の質の高い先行研究があったからこそ、研究をすすめられたのである。

　具体的には、鋳型分割や湯口系という新しい鋳鐘技術の視点を使い、奈良時代から鎌倉時代にいたる日本鐘を観察していった。その結果、鋳鐘技術の時代的な変化や系譜の違いが浮かびあがってきた。日本鐘の定型化という現象も、様式のみならず技術の側面からも、注目すべき出来事であったことがより明確となった。さらに、地方鋳物師の河内国出身伝説も、技術的な系譜をもとに検討する作業によって、より確実に検証しうるのではないかと提案した。

②さらに、中国鐘の調査をおこなって、唐鐘やその後の中国古鐘を中心に現地調査をおこない様式と技術を明らかにし、日本鐘の成立と展開に関して中国鐘との関連を説明しようとした。この基礎的な調査には、相当の時間と資金と労力を消費した。

　その結果、なんと唐鐘と日本鐘とが、鋳鐘技術のうえで、すんなりとはつながらないという本当に意外な事実を発見することとなった！

③そこで、朝鮮鐘の技術を検討して、技術の関連を探求するという作業をおこないつつある。朝鮮鐘は、様式においても日本鐘と大きな違いがあり、また、技術においても失蠟法という、日本鐘とは異なった方法で作られたとされてきた。しかし、朝鮮古鐘の技術を調べてゆくと、日本鐘とほぼ同じ技術で製作されたとしか思えない作品を一定量確認することができた。

　こうした作業の結果として、日本鐘は、唐代に中国南部に展開していた中国鐘の様式を模倣して形態と装飾を決定し、朝鮮半島に芽生えつつあった梵鐘鋳造技術を採用して成立したのではないか、また、その後、日本鐘や朝鮮鐘は、逆に技術的な影響を中国南部の梵鐘に与えたのではないかという仮説を提出した。このようにして、東アジアにおける梵鐘文化は、たがいに影響を与えあいつつ継続してきたと考えられる。

あとがき

1　上院寺入口　木谷氏・王氏

2　孔廟和国子監博物館　庾華女史・湯川さん

3　鎮川鐘博物館　元光植・元千秀・元普炫の諸氏

4　北京大鐘寺古鐘博物館　木谷氏

図140　梵鐘調査行でお世話になった方々と筆者

　本研究は、『日本の梵鐘』や『梵鐘実測図集成』などに結実している、坪井氏の先行研究がなかったら、なんともならなかったような単純な作業である。そして、梵鐘所蔵の寺院の住職や神社の神主の方々に、見学を依頼する手紙を書いて調査を依頼したうえで現地に出かけて、坪井氏が、既に明らかにされている様式を確認した後に、鋳型分割や湯口系などの技術要素の観察結果を記録するという作業を、10年ほど続けてきたが、楽しく充実した時間を過ごすことができた。そして、日本鐘の淵源をもとめてゆくうち、中華人民共和国内にある中国鐘、大韓民国や日本国内に所在する朝鮮鐘へと観察対象が広がってゆき、身のほどしらずにも東アジアの梵鐘を相手にするという事態におちいってしまった。

　本書は、未熟な研究段階のものであり、まだまだ議論を展開すべき段階にはいたっていないことは、筆者自身が十分知っていることであるが、19年にわたって奉職してきた京都橘大学における研究生活の最終年度を迎えるにあたって、区切りの証にしようという身勝手で個人的な思いに流されて、研究の現状報告にすぎないものを、本の形に仕立てた次第である。

　しかも、計画的に論文を作成すべきであるとは思いつつも、今回もまたやはりやっつけ仕事に終わった。恩師の故高井悌三郎先生には「やっつけ仕事であっても、よいものを作らなければならない」と諭されてきたが、今回も果たせなかった。恥じ入るばかりである。

論文の初出一覧

第1章　梵鐘研究への招待
　Ⅰ　梵鐘とはどんなものか・Ⅱ　梵鐘研究の軌跡──新稿
第2章　梵鐘鋳造遺跡
　Ⅰ　日本の梵鐘鋳造遺跡
　　「日本古代・中世の鋳造技術─鋳造土坑から復原される鋳造技術─」『銅鉄の金属生産とその流通』2005年
　Ⅱ　中国・韓国の梵鐘鋳造遺跡──新稿
　Ⅲ　梵鐘鋳造の造型技術の変化
　　「梵鐘鋳造の造型技術の変化─ジョウ（底型）と内型・外型の組み合せ─」
　　『鋳造遺跡研究資料2013』2013年
　Ⅳ　鋳造遺跡からみた梵鐘生産──新稿
第3章　日本鐘の様式と技術
　Ⅰ　日本鐘の様式・Ⅱ　日本鐘の技術──新稿
　Ⅲ　古代的梵鐘の成立展開と中世的梵鐘の生成過程
　　「日本古代の梵鐘と中世の梵鐘」『鋳造遺跡研究資料2006』2006年
　Ⅳ　関東物部姓鋳物師の梵鐘づくり・Ⅴ　丹治姓鋳物師の梵鐘づくり
　　「関東物部姓鋳物師と丹治久友」『鋳造遺跡研究資料2014』2014年
　Ⅵ　日本古代中世の鋳鐘生産──新稿
第4章　中国鐘の様式と技術
　Ⅰ　中国鐘の調査研究
　　「中国鐘の鋳型分割」『坪井清足先生卒寿記念論文集─埋文行政と研究のはざまで─』2010年
　Ⅱ　陳鐘の様式と技術──新稿
　Ⅲ　唐鐘の様式と技術
　　「中国唐鐘の様式と技術」『中国鐘の様式と技術』2013年
　Ⅳ　唐代以降元代の中国鐘の様式と技術
　　「中国古鐘の様式と技術」『日本鐘をめぐる東アジア文化交流』2014年
第5章　朝鮮古鐘の様式と技術
　Ⅰ　朝鮮古鐘の調査研究・Ⅱ　朝鮮古鐘の様式と技術
　　「朝鮮古鐘の様式と技術」『日本鐘をめぐる東アジア文化交流』2014年
　Ⅲ　朝鮮古鐘の鋳鐘技術──新稿
第6章　鋳鐘民俗の世界
　Ⅰ　日本の鋳鐘民俗──新稿
　Ⅱ　中国の鋳鐘民俗
　　「江南の鋳鐘技術」『日中梵鐘の鋳造技術と鋳造工人』2008年
　　「民俗例からみた中国鐘の鋳鐘技術」『鋳造遺跡研究資料2011』2011年
　Ⅲ　南屏晩鐘の鋳造
　　（訳）「南屏晩鐘の鋳造」『日中梵鐘の鋳造技術と鋳造工人』2008年
　Ⅳ　韓国の鋳鐘民俗──新稿
　Ⅴ　絵で見てわかる梵鐘鋳造技術
　　「鋳物生産の民俗例と解説図」『いもの研究』17　2008年
第7章　梵鐘をめぐる東アジア文化交流
　Ⅰ　日本鐘成立の経緯・Ⅱ　日本鐘の展開と定型化への道
　　「日本鐘は、どのように形成されたか」『いもの研究』23　2014年
　Ⅲ　混淆型式鐘の意味・Ⅳ　東アジア文化交流の世界──新稿

244

英文要約　A Study on the history of Buddhist bell production in East Asia
——How was Japanese Buddhist bell formed?——

1 The origin and development of Japanese Buddhist bell

The author has been thinking that Japanese Buddhist bell originated from Chinese Buddhist bell, and so by investigating Chinese prototype bells 祖型鐘, of which style resembles that of Japanese Buddhist bells, I will be able to recognize the way how Japanese Buddhist bell was born. However my recent research produced the unexpected result that the style (form, design) of Japanese Buddhist bell certainly originated from Chinese prototype bell, whereas the technology (mold division, gating system) of Japanese bell did not derive from Chinese bell.

After investigating the technology of early Tang period prototype bells 唐代初期祖型鐘, which are remaining in South China, I discovered that most of them are made by vertical mold division and C-type gating system. We can also see the trace of vertical mold division on the surface of Chen period Buddhist bell 陳代梵鐘 (575AD), which Nara National Museum 奈良国立博物館 preserves. But early Japanese bells (7- 8th century) are made by horizontal mold division and A-type gating system. Therefore, it is impossible to think that Japanese Buddhist bell was smoothly born from Chinese bell in 7th century.

It is said that Korean Buddhist bell is different from Japanese bell in style and technology (lost-wax process). But gating system of Sanwonsa bell 上院寺鐘 (725AD), the oldest bell in Korea, resembles that of Japanese Nara period bell 奈良時代鐘, and several Korean bells, preserved in Japan, such as Jogujinja bell 常宮神社鐘 (833AD), Komyoji bell 光明寺鐘 (9th century) and Choanji bell 長安寺 鐘 (11th century), are made by horizontally two-layered mold division for bell body, and by A-type gating system, like Japanese bells in those days. Mrs. Akemi Yukawa 湯川紅美さん discovered there is considerable resemblance of inscription style between early Japanese bell and Korean bell. Therefore there are assuredly some Korean Shirra-Koryo period bells 新羅・高麗鐘, of which technology resembles that of Japanese Nara-Heian period bell 奈良・平安時代鐘, and so it is natural to think that Japanese bell has had technological exchange with Korean bell in the beginning and developing stages.

2 The mixed formation of East Asian Buddhist bell

In South China, Chinese prototype bell disappeared in the end of Tang period, and lotus-leaf shaped bell 荷葉鐘 prevailed after then. Lotus-leaf shaped bell with Kesadasuki design 袈裟襷紋 was made by horizontal mold division like Japanese bell. This change of mold division was probably caused by the influence of Japanese or Korean bell. This Chinese horizontal mold division has still continued to be used in casting factory of Jiangnan district 江南地方. Mr. Ryohei Tsuboi 坪井良平氏 thought that Japanese and Korean mixed-type bell, of which style are different from initial style, appeared after their formalization. Strictly speaking, Japanese bell, Chinese bell and Korean bell were not independently formed in the different district, but they were formed under the mutual influence of style and technology in the beginning and developing stages.

3 The world of East Asian cultural Exchange

Thus through the analysis of East Asian bells, we can find there has been frequent, active cultural exchange in East Asia. There happened many cultural phenomena which cannot be perceived with the ready-made historic conception, such as introduction of culture by Kentoshi 遣唐使, prosperity of Kokufubunka 国風文化. From now on, we have to study for making it clear what historic meaning this cultural exchange has.

中文要約　东亚梵钟生产史研究——日本钟是怎样形成的？——

1 日本钟的渊源和发展

著者历来认为，日本钟的渊源是中国钟，因此中国祖型钟的研究可以说明日本钟的成立过程。我的最新的研究表明，日本钟的样式（形态、花样）来自中国祖型钟，但是日本钟的技术（外范分割、浇注系统）不是来自中国祖型钟。

查寻了现存的唐代初期的祖型钟，外范纵向分割和C型浇注系统很多。奈良国立博物馆所藏的陈代钟（575年）也是纵向分割。但是初期的日本钟（7世纪末～8世纪）外范横向分割，A型浇注系统占多数，因此难以说明日本钟顺利地是在7世纪从中国钟分离出来而成立的。

一般来说，朝鲜钟的样式和技术（失蜡法）与日本钟不同。但是最古的上院寺钟（725年）的浇口的部位与形态与日本钟相似一点儿。在日本现存的三口朝鲜钟，例如常宫神社钟（833年）、光明寺钟（9世纪）、长安寺钟（11世纪）都是钟身横向2分割，有A型浇注系统，因此它们与当时的日本钟是一样的。另外汤川红美女士发现了奈良平安钟的铭文样式似乎与朝鲜古钟。新罗高丽朝鲜钟技术的一部分与日本钟确实是一样的。由此自然可以认为日本钟的技术与朝鲜钟是有技术上的交流。

2 东亚梵钟的交互混淆之形成

在唐代末至元代没有祖型钟，而普及了荷叶钟。袈裟襷纹完备的荷叶钟用横向分割造型，则与日本钟是相同的。我认为这个现象可能是受到朝鲜钟和日本钟的影响而产生的。在中国江南地方的铸钟工厂，横向分割造型法仍在继续使用。

坪井良平先生曾说，在定型化的日本钟和朝鲜钟中，则有与原来的样式不同的梵钟，应称作混淆型式钟。日本钟、中国钟、朝鲜钟三者不是在不同的地方孤立发展的，而是从成立阶段时开始，到展开阶段时继续，样式和技术在不断地互相影响，三者可以说是在交互混淆之上发展而形成的。

3 东亚文化交流的世界

由此东亚梵钟看来，可以看到在东亚的频繁活泼的文化交流。在此东亚文化交流的世界中，则存在着由遣唐使文化的移入而国风文化的兴隆等等既存概念所不能解释的现象，今后要研究它们的历史的意义。

著者紹介

五十川 伸矢（いそがわ しんや）

1950年生まれ。京都大学文学部・同大学院文学研究科修了後、1979年〜1997年、京都大学埋蔵文化財研究センター勤務。1997年に京都橘女子大学助教授。現在は、京都橘大学現代ビジネス学部教授（〜2016年3月）。鋳造遺跡研究会を1991年から主宰し、鋳造遺跡研究会会長。鋳造遺跡研究会事務局を五十川自宅に置く。

鋳造遺跡・青銅鋳物の梵鐘・鋳鉄鋳物の鍋釜から東アジアの鋳物生産の歴史を研究。鋳物製品を様式（紋様と意匠）と技術（造型と鋳造）の視点から調査し、東アジアの文化的交流のなかに位置づける作業を継続中。

自宅住所　〒612-8031京都市伏見区桃山町松平筑前1-1-614

東アジア梵鐘（ぼんしょう）生産史の研究

2016年(平成28年)2月28日　第1刷 400部発行　　定価[本体6800円+税]

著　者　五十川 伸矢

発行所　有限会社岩田書院　代表：岩田　博　　http://www.iwata-shoin.co.jp
〒157-0062　東京都世田谷区南烏山4-25-6-103　電話03-3326-3757　FAX 03-3326-6788
組版・印刷・製本：三陽社

ISBN978-4-86602-952-8 C3021　￥6800E

ハングル要約 **동아시아 범종 생산사의 연구**——일본종은 어떻게 형성되었는가？——

1 일본종의 연원과 전개

　일본종의 연원은 중국종에 있어 중국의 조형종을 검토하면 일본종이 성립된 길이 밝혀질 것이라고 필자는 생각해 왔다. 그러나 최근의 연구에 의해 일본종의 양식(형태·문양)의 연원은 중국 조형종 祖型鐘에 있지만, 일본종의 기술 (주형분할·욕탕구계 湯口系)의 연원은 중국종이 아님을 알게 되었다.

　중국 남부에 현존하는 초기 당시대 唐時代의 소형종 기술을 분석해 보면, 외형 세로분할 外型縦分割과 C형 욕탕구계 湯口系가 많다. 이 세로분할은, 나라국립박물관 奈良国立博物館에 소장되어 있는 진시대종 陳時代鐘 (575년)에서 확인할 수가 있다. 그러나, 초기 일본종 (7세기말~8세기)은 외형횡분할 外型横分割로 A형 욕탕구계 湯口系가 많으므로 일본종이 7세기에 당시대종 唐時代鐘 으로부터 순조롭게 성립되었다고는 생각하기가 어렵다.

　조선종은 양식과 기술 (실납법 失蠟法) 에 있어서 일본종과 차이가 있다고 여겨지고 있다. 그러나, 가장 오래된 조선종인 상원사종 上院寺鐘 (725년) 의 욕탕구계는 나라시대종에 유사하다. 조구신사종 常宮神社鐘 (833년)·고묘지종 光明寺鐘 (9세기)· 조안지종 長安寺鐘 (11세기) 의 일본 소재의 3종은 종신횡분할 鐘身横 2분할로 A2형 욕탕구계를 보여, 동시 시대의 일본종과 매우 흡사하다. 또, 명문의 양식에는 고대의 일조 日朝 양쪽종에 유사점이 있는 것을 유가와 아케미 湯川紅美 씨가 논하고 있다. 신라 고려의 조선종 중에는 그 기술이 일본의 나라헤이안시대종 奈良平安時代鐘과 통하는 것이 있다는 것은 틀림 없어, 일본종은 그 성립 전개 과정에서 조선종과의 기술교류가 있었다고 보는 것이 자연스럽다.

2 동아시아 범종의 혼성적 형성

　중국 남부에서는 당시대 말에는 조형종을 찾아볼 수 없게 되어 그 이후 하엽종 荷葉鍾이 일반화 되지만, 게사다스키 袈裟襷 문양을 가지는 하엽종은 일본종과 같은 횡분할법에 의해 만들어져 있다. 이 변화는 조선종이나 일본종의 영향에 의해 생겼다고 생각된다. 이 횡분할의 조형법은 중국 강남 江南 지역의 주종공방에서 지금도 계속 사용되고 있다.

　정형화된 후의 일본종이나 조선종에는 본래의 양식과는 다른 혼성 형식종도 나타났다고 쓰보이 료헤이 坪井良平 씨는 말하고 있지만, 일본종·중국종·조선종의 3종은 다른 지역에 있어서 고립되어 발전해 온 것이 아니고, 성립부터 전개에 이르는 단계에서 양식과 기술에 걸쳐 끊임없이 서로 영향을 주면서 혼성해 온 것이다.

3 동아시아 문화교류의 세계

　이와 같이 동아시아의 범종을 통해서 동아시아에 있어서의 빈번하고 활발한 문화 교류의 세계가 보인다. 거기에서는 일본 견당사 遣唐使에 의한 문화 도입이나 국풍문화 国風文化 의 번성 등 기성의 역사 개념으로는 다파악할 수가 없는 문화적 현상이 일어났던 것이어서 그 역사적 의의의 해명을 위한 연구가 앞으로 필요하다.